Vivências de um Psicanalista

Z71v Zimerman, David E.
   Vivências de um psicanalista / David E. Zimerman. – Porto Alegre : Artmed, 2008.
   268 p. ; 23 cm.

   ISBN 978-85-363-1116-6

   1. Psicanálise. I. Título.

   CDU 159.964.2

Catalogação na publicação: Juliana Lagôas Coelho – CRB 10/1798

David E. Zimerman

Médico psiquiatra. Membro efetivo e psicanalista didata da Sociedade Psicanalítica de Porto Alegre (SPPA). Psicoterapeuta de grupo.

Vivências de um Psicanalista

2008

© Artmed Editora S.A., 2008

Capa: Paola Manica

Preparação de originais: Maria Lúcia Badejo

Supervisão editorial: Mônica Ballejo Canto

Projeto gráfico e editoração eletrônica: TIPOS design editorial

Reservados todos os direitos de publicação, em língua portuguesa, à
ARTMED® EDITORA S.A.
Av. Jerônimo de Ornelas, 670 - Santana
90040-340 Porto Alegre RS
Fone (51) 3027-7000 Fax (51) 3027-7070

É proibida a duplicação ou reprodução deste volume, no todo ou em parte, sob quaisquer formas ou por quaisquer meios (eletrônico, mecânico, gravação, fotocópia, distribuição na Web e outros), sem permissão expressa da Editora.

SÃO PAULO
Av. Angélica, 1091 - Higienópolis
01227-100 São Paulo SP
Fone (11) 3665-1100 Fax (11) 3667-1333

SAC 0800 703-3444

IMPRESSO NO BRASIL
PRINTED IN BRAZIL
Impresso sob demanda na Meta Brasil a pedido de Grupo A Educação.

PREFÁCIO

A motivação para escrever e publicar o presente livro consiste, basicamente, em duas razões. A primeira delas é o fato de vislumbrar a possibilidade de ser útil compartilhar com os leitores minha longa experiência, formada de vivências essencialmente clínicas, entremeadas de algumas de natureza pessoal – referentes a familiares, amigos, etc. –, tanto como estudante quanto como médico, psiquiatra, psicanalista, supervisor e professor. Assim, os relatos aqui apresentados provêm de uma múltipla e variada prática clínica, que exerci e ainda venho exercendo em diversas áreas da medicina, psiquiatria e psicanálise. Igualmente, também me inspiro em relatos clínicos provindos de alguns casos que acompanhei em supervisões que realizo com colegas mais jovens, de Porto Alegre, de muitos outros cantos do Brasil e, eventualmente, de alguns núcleos psicanalíticos do exterior.

A segunda razão é o propósito de colaborar com a desmistificação da imagem e da prática da psicanálise, que, como todos sabemos, de longa data, está eivada por graves distorções, falsas crendices, tabus e uma equivocada má fama. Desta forma, pretendo conseguir a identificação do leitor com os sofrimentos psíquicos dos pacientes que ilustram os casos clínicos, seja por remeterem a vivências dele próprio, de familiares ou de conhecidos seus. Assim, pretendo divulgar a intimidade das psicoterapias analíticas sem fazer apelação para o sentimentalismo, o trágico, a erudição exibicionista, interpretações extravagantes e, muitíssimo menos, utilizar qualquer grau de tom ridículo ao, eventualmente, enfocar a intimidade de alguma situação divertida ou pitoresca ocorrida com algum amigo, paciente, ou terapeuta.

Pelo contrário, o objetivo deste livro consiste fundamentalmente em transmitir, tanto quanto possível, relatos parciais das situações clínicas mais comuns, realmente acontecidas, sem nunca fugir do rigor da seriedade científica, embora o propósito seja que tais situações venham a ser abordadas de uma forma amena e facilmente compreensível por parte de qualquer leitor interessado. Desta forma, as vinhetas clínicas ilustrativas, algumas bastante breves e outras mais longas e detalhadas, sempre virão acompanhadas de comentários, sob a forma de reflexões, de como elas foram entendidas do ponto de vista psicanalítico e, logo, de como foram manejadas pelo terapeuta.

O leitor perceberá, ao longo dos relatos clínicos, um misto de situações que são muito freqüentes no cotidiano de nossas vidas, algumas amenas e até engraçadas, e outras muito dolorosas. Também encontrará casos que não obtiveram resultados positivos importantes, e até mesmo fracassos terapêuticos. Em contrapartida, se defrontará com tratamentos analíticos de excelentes resultados quanto à obtenção de profundas transformações na estrutura psíquica, com evidentes mudanças positivas na vida prática de muitos pacientes, em todas as áreas da vida de cada um deles, a ponto de se tornarem "irreconhecíveis" por parte das pessoas mais próximas com quem convivem há muito tempo.

Sei que existe o risco de que um livro desta natureza represente para muitos a possibilidade de estar havendo uma transgressão ética. Meditei bastante sobre isso, ouvi muitas pessoas dignas, sensatas e merecedoras de minha admiração, que, em sua grande maioria, incentivaram a publicação, argumentando que sua leitura pode motivar uma grande parcela do público a entender melhor os seus próprios dramas psicológicos e também ajudar a compreender como age e se processa uma terapia de base psicanalítica. Meus selecionados críticos também argumentam que, em muitos casos, o presente livro pode vir a suavizar o medo de alguma pessoa necessitada ou interessada em um tratamento psicoterápico analítico, de forma que ela possa procurá-lo, na medida em que certas crendices, mitos e tabus forem se desfazendo.

Ademais, a possibilidade de identificação de um determinado paciente é praticamente inexistente, pela razão de que utilizo uma estratégia para garantir total dissimulação da identidade das pessoas que serviram de inspiração para a narrativa clínica. A estratégia consiste em que, embora quase sempre as ilustrações clínicas estejam fundamentadas em situações reais, faço uma espécie de colcha de retalhos, pinçando diferentes fontes, que podem ser casos de minha experiência pessoal, quase sempre relativa a muitas décadas atrás, ou proceder de casos relatados em supervisões individuais (em que o próprio supervisionando omite a real identidade do paciente) ou de alguma significativa experiência de colegas ou ainda de vinhetas clínicas extraídas da literatura psicanalítica, de tal forma que viso a obter uma identificação de características que sejam comuns a muitos pacientes, totalmente distintos entre si. Além disso, sem jamais perder a essência da verdade, adiciono uma certa dose de ficção nas narrativas.

Igualmente, cabe repetir que, virtualmente, todos os relatos clínicos exemplares vêm acompanhados de reflexões, que visam a situar o leitor nas complexas razões localizadas no interior do psiquismo de cada paciente – na maioria das vezes, inconscientes –, que determinam a formação de certas inibições, sintomas, angústias, traços de caráter, quadros de psicopatologia e alguns transtornos de conduta.

Assim, creio convictamente no fato de que o leitor, ao se identificar com a problemática de alguns dos pacientes, ou identificar os conflitos relatados em pessoas próximas a si (cônjuge, filhos, amigos, colegas de trabalho, alunos, pacientes, etc.), será instigado a fazer reflexões com fundamentação na busca das verdades, a despertar a curiosidade para os "mistérios" da mente e dos comportamentos humanos. Isto representa um primeiro e importante passo para um melhor conhecimento e reconhecimento de si próprio, dos que lhe cercam, e, eventualmente, o despertar da necessidade de recorrer a algum tipo de atendimento psíquico especializado.

Um outro ponto que considero relevante é o fato de, em todas as vezes que julgava oportuno, ter procurado incluir nas vinhetas alguns dados históricos relacionados às transformações de costumes e valores culturais, assim como o relato de situações que sugerem apontamentos sobre o desenvolvimento da psiquiatria e da psicanálise em nosso meio.

Quando cheguei ao final da construção do presente livro, percebi que, mesmo tendo feito um esforço para que ele não adquirisse nem de longe uma natureza autobiográfica, não foi possível separar totalmente a minha pessoa, tal como fui e como sou, da minha forma de vivenciar e de praticar a atividade profissional.

Assim, pedindo desculpas, caso peque por um excesso de passagens biográficas, e também para evitar o risco de um excessivo amálgama de situações díspares – embora todas elas tenham um ponto em comum, qual seja, o de permitir tecer reflexões acerca de um aprendizado com as múltiplas experiências da vida, as boas e as más – decidi dividir o livro em quatro partes.

Na Parte I, relato algumas experiências da infância, abordando a minha condição de criança e incluindo algumas passagens exemplares envolvendo meus pais, filhos, netos, etc., e me atenho a poucas experiências vivenciadas com meus amigos no áureo período da adolescência, com passagens caricaturais que se prestam a instigar reflexões e aquisição de conhecimentos.

A Parte II está mais voltada para o início da minha formação médica e os muitos anos em que, já como profissional, pratiquei a medicina em várias dimensões, isto é, na enfermaria 2 da Santa Casa; como pediatra no Hospital da Criança Santo Antônio; no Hospital de Pronto Socorro; como capitão médico concursado na Brigada Militar do Rio Grande do Sul, inicialmente, no 1º Batalhão de Caçadores e, posteriormente, no Hospital da Brigada Militar, ambos em Porto Alegre. Também cliniquei em consultório particular junto a farmácias em Porto Alegre e em Canoas.

Na Parte III constam as primeiras vivências da minha formação psiquiátrica na Clínica Pinel de Porto Alegre, até a ascensão à condição de diretor clínico dessa instituição; minha participação, como psiquiatra, no Programa de Educação Médica (PEC) promovido pela AMRIGS (Associação Médica do Rio Grande do Sul), integrando uma equipe de médicos especialistas que fazia visitas ao corpo médico de hospitais de cidades do interior do estado; minha convocação, como capitão médico psiquiatra, para participar ativamente da "Guerra da Legalidade".

Finalmente, a Parte IV aborda mais enfaticamente os pródromos de minha formação psicanalítica no Instituto da Sociedade Psicanalítica de Porto Alegre (SPPA), desde aspirante a candidato até membro efetivo e, mais tarde, professor didata da referida Sociedade. Fica evidente que resisti à tentação de relatar muitas outras situações de meu passado pessoal e de minha atividade como médico, restringindo-me a poucos exemplos, com a finalidade de evitar que o livro ficasse volumoso demais. Decidi dar maior espaço e ênfase a vivências psiquiátricas, principalmente as extraídas de situações de tratamento psicanalítico, também limitando-me a situações que me pareceram poder servir de exemplos típicos.

Por fim, com o objetivo de fazer uma espécie de síntese dos principais aspectos contidos nas reflexões, pareceu-me útil incluir uma carta dirigida a todos os pacientes e ao público em geral.

O livro encerra-se com Palavras Finais, onde compartilho com os leitores alguns sentimentos pessoais que a elaboração e conclusão deste livro despertaram no meu psiquismo. Também rendo agradecimentos a pessoas queridas que, de alguma forma, me auxiliaram e proclamo que o presente livro está integralmente dedicado à memória da inesquecível e queridíssima figura de meu falecido filho Alexandre.

David E. Zimerman

Sumário

Prefácio / v

Algumas Vivências de Minha Vida Familiar e com Amigos

1. A inesquecível lição que aprendi com dona Paulina, minha mãe / 19
2. Uma difícil, penosa e tocante experiência com seu Jacob, meu pai / 20
3. O primeiro dia de "aula" de minha vida / 23
4. Uma interessante tomada de posição por parte de Letícia, minha netinha, então com menos de 2 anos / 25
5. A imorredoura lição que meu filho Alexandre nos legou: saber viver e morrer com dignidade / 27
6. Os sucessivos casamentos e descasamentos do meu amigo Artur / 30
7. Walter, o bonitão de nossa turma, e a sua mais difícil conquista amorosa / 32
8. Paulo e seu carro com cinco antenas de rádio / 34

Vivências da Prática Médica

Na Santa Casa de Misericórdia
9. Os berros de "dor" da jovem Sônia em seu primeiro parto / 39
10. Éramos 12 estudantes a praticar um toque retal no "seu José", um idoso / 40

No Hospital de Pronto Socorro (HPS)
11. Meu plantão no HPS no dia em que o presidente Getúlio Vargas suicidou-se / 42
12. A tentativa "suicida" de Madalena / 45

SUMÁRIO

No Hospital da Criança Santo Antônio
13 Lurdinha, a menina com mais de 2 anos, que ainda não caminhava / 47

VIVÊNCIAS NO EXERCÍCIO DA PSIQUIATRIA

14 Notas sobre a minha formação como psiquiatra / 53

Na Clínica Pinel de Porto Alegre
15 O uso de insulinoterapia. O choque insulínico em Fernando / 56
16 O "jogo de bola" com Mercedes / 58
17 A internação de Sofia, a "bomba" / 59
18 Dona Berta e o seu "tratamento de choque" / 62
19 Isaías e seu inseparável guia telefônico / 63
20 As mãos de Raul estavam em carne viva de tanto lavá-las / 64
21 Um caso de perversão: Célia, nossa atendente na Pinel, apavorada ante um sujeito exibicionista / 67
22 A estranha bipolaridade de dona Judith / 69
23 As mutilações que Irma provocava em seu corpo / 71
24 A psicose de Paulo devia-se ao "crime" da sua masturbação? / 73
25 Dr. Ricardo, nosso psiquiatra em formação, diante de um paciente que receava ser homossexual / 74
26 Dra. Dora e a "ansiedade de separação" de suas pacientes / 77
27 O "reinado" dos pacientes com transtorno de conduta / 79
28 A resolução da obesidade de Yeda com o auxílio de uma "interpretação selvagem" / 81
29 Pablo, um pintor homossexual que psicotizou / 83
30 Homenagem póstuma a Mario Quintana – um exemplo de paciente hospitalizado / 85

No Hospital Psiquiátrico São Pedro
31 O auxiliar de enfermagem agia como um "caçador de loucos" / 89

Na Brigada Militar
32 O Comandante da Brigada Militar ordenou: todo brigadiano que fosse alcoolista seria sumariamente desligado da corporação. O que, então, aconteceu? / 92

33 Vivências da "Guerra da Legalidade" / 94
34 No Centro Comunitário da Unidade Sanitária São José do Murialdo / 100
35 Um Grupo com gestantes: "As crianças nascem mais bonitas?" / 101

No Programa de Educação Médica Continuada (PEC)
36 A filosofia e o modo de agir do PEC / 103
37 Grupos de Reflexão: Um exemplo com uma equipe de cirurgiões, e um outro exemplo com grupo de bebês, criancinhas e seus pais / 107

Experiências como Psicanalista

38 Minhas peripécias para ingressar como candidato no instituto da Sociedade Psicanalítica de Porto Alegre / 113
39 As primeiras supervisões oficiais de atendimento psicanalítico / 117

Situações Clínicas da Prática Psicanalítica
40 O desnudamento de Marisa no divã no curso de uma transferência erotizada / 120
41 Célia, uma devoradora de homens / 122
42 Dr. Bastos: o paciente narcisista que me comandava por meio de seu polegar / 124
43 A ameaça de suicídio de Vera ao entrarmos em um período de férias / 126
44 Suzi carregava o peso da culpa de "quase ter matado" a irmãzinha / 127
45 Laura – uma bela mulher – julgava-se muito feia / 129
46 A mãe de Zezinho nos "ensinou" como se fabrica um homossexual / 131
47 Doutor, eu estou sempre sonhando com uma cobra. O que significa isto? / 133
48 Uma situação em que o paciente é quem estava tranquilizando o analista / 136
49 O psicanalista não aceitou um presente do seu paciente. Certo? Errado? / 138
50 A resistência de Sandra na análise tinha um significado negativo ou positivo? / 140
51 É possível analisar um paciente mentiroso? / 143
52 Os diferentes tipos de silêncio de Ruth nas sessões / 145
53 Um início extremamente difícil de uma análise / 148
54 Rosália tinha fobia por dirigir automóvel / 150
55 O corpo fala – o ombro de Marcelo que o diga / 152
56 A anorgasmia ("frigidez") de Helena / 155
57 Como Alberto foi criado para ser uma pessoa tímida e submissa / 157

58 A hipocondria de Manuel / 160
59 "Doutor, o senhor não acha melhor eu esquecer o meu passado, tão traumático, em vez de lembrá-lo?" / 162
60 Lúcia: "Meu lugar na vida é ficar entre os últimos lugares" / 165
61 A fobia social de Pedro / 167
62 Rafael sofria de uma "fobia ao casamento" / 168
63 Um casal diante da infidelidade confessa do marido / 170
64 Terapia psicanalítica de grupo: a entrada de uma paciente não virgem em uma época e, 25 anos depois, em outro grupo a entrada de uma outra paciente, ainda virgem / 172
65 A regressão de Luciana em um nível de postura fetal / 173
66 Diva não conseguia engravidar: Esterilidade? Infertilidade? / 177
67 A personalidade narcisista de Maria José / 179
68 O médico Victor não conseguia clinicar devido a seu *Mal de Douglas* / 182
69 Josefa, a colecionadora de infelicidades / 184
70 O casal Silva não sabia como comunicar aos filhos a decisão de se divorciar / 187
71 O "poderoso chefão" não era tão poderoso como julgava ser / 190
72 A obsessão de Romeu: "Tenho que arranjar uma amante" / 192
73 O tratamento de pacientes com depressão no passado e na atualidade / 194
74 Jorginho, rotulado pela família como "aborrescente". Isso representa algum inconveniente? / 197
75 Bia e seu amor tantalizante – aquele que "nem ata, nem desata" / 200
76 Egon, um narcisista do tipo tímido / 205
77 O episódio de "psicose de transferência" que Débora manifestou / 207
78 Duas experiências com pacientes atípicos – um padre e uma freira / 210
79 Humberto: um paciente do tipo *falso self* / 214
80 O problema do "mal-entendido" na comunicação / 216
81 Pacientes – homem ou mulher – que sofrem de "feridas emocionais" devido a abortos provocados / 219
82 Leona, uma paciente com fobia ao defloramento e ao coito / 222
83 A disfunção erétil (impotência) de Marcel / 224
84 Rodolfo, um legítimo Don Juan / 227
85 Marcela e suas fases ninfomaníacas (desejo insaciável por homens) / 229
86 Três situações em que coube ao analista propor a interrupção da análise / 231

87 Lurdes, uma daquelas mulheres que "amam demais" / 236
88 Andréa, uma consumidora impulsiva e compulsiva / 239
89 O poderoso empresário tinha uma perversão: era um fetichista / 242
90 Ângela foi abusada sexualmente pelo pai quando era menina / 244
91 As fronteiras entre o psíquico e o somático / 247

Carta aberta aos pacientes e ao público em geral / 251

Palavras finais / 265

Algumas Vivências de Minha Vida Familiar e com Amigos

1
A INESQUECÍVEL LIÇÃO QUE APRENDI COM DONA PAULINA, MINHA MÃE

Inicio este livro com o saudoso relato de uma situação vivenciada com a minha mãe, quando eu tinha 11 anos e estava me preparando para fazer o exame de admissão a fim de ingressar no ginásio, no colégio Julio de Castilhos. Já na época eu era muito estudioso e, nessa ocasião de véspera de um exame de seleção, afundei nos livros e nem senti o tempo passar. Ao final da tarde, minha mãe entrou no quarto onde eu estudava e exclamou: *Que é isso, meu filho? Você está lendo no escuro, vai estragar a vista.* Eu repliquei que ela podia deixar, que estava tudo bem com os meus olhos, ela não precisava acender a luz. Indiferente ao meu pedido, ela acendeu a lâmpada, a sala se iluminou e dona Paulina só me perguntou: *Não melhorou meu filho?*. Eu percebi que ela estava certa. A minha leitura fluiu muito melhor, meu ânimo se renovou e nunca mais esta cena saiu de minha memória.

REFLEXÕES

O que aprendi com a singeleza desse momento que narrei? Fui me informar sobre as razões orgânicas de eu estar lendo normalmente em uma peça que, logo percebi, estava praticamente às escuras. Uma vez informado, fiquei sabendo que, à medida que a luz escasseia, os olhos fazem uma adaptação natural, as pupilas se dilatam, em um esforço fisiológico para absorver mais luminosidade. Até hoje aplico na minha vida e com meus pacientes o aprendizado que então extraí: o de que, na vida, nós estamos sujeitos a nos adaptarmos – com o sério risco de estagnarmos – ao conformismo, que pode nos levar a uma postura, tanto interior quanto exterior, de aceitar um padrão de sobreviver, em vez de viver plenamente, permitindo a passagem mais livre de nossas capacidades, que estão na penumbra do psiquismo. O grande instrumento da psicanálise é propiciar que o paciente obtenha *insight*. Essa palavra, que vem de *in* (dentro de) + *sight* (visão), alude à capacidade de o analista vir a acender uma lâmpada na escuridão das zonas obscuras da mente de nossos pacientes, tal como minha mãe fez comigo.

Fiz questão de começar este livro com o relato desta lembrança como uma forma de homenagear e agradecer à memória de minha humilde e muito querida mãe.

2
Uma difícil, penosa e tocante experiência com seu Jacob, meu pai

Meu pai não era um judeu dos mais religiosos. Passava a totalidade do ano distante das sinagogas, mas nos feriados religiosos essenciais, como é o caso do Rosh-Hashaná (Ano Novo judaico) e do Yom Kipur (Dia do Perdão), ele cumpria todo o cerimonial religioso, ficando dentro da sinagoga o dia inteiro, inclusive jejuando no Dia do Perdão. Da mesma forma, lembro que oficiava para nossa família, dentro de casa, a liturgia do Pessach (Páscoa judaica), entremeada de lindos cantos, que todos cantávamos juntos. A cerimônia era coroada com uma magnífica ceia, que minha mãe preparava sozinha.

Um arraigado hábito da cultura judaica da época impunha que os filhos freqüentassem a sinagoga por ocasião das festividades das datas que já mencionei. Durante muitos anos, eu, como meus cinco irmãos e todos os conhecidos, colegas e amigos da minha geração, cumpríamos de forma prazerosa este costume. Na pior das hipóteses, o filho deveria dar uma passadinha no lugar onde o pai estava sentado e cumprimentar a ele e aos demais conhecidos que estavam nas cercanias.

Acontece que, por volta dos 18 anos, eu estava começando a fazer uma série de contestações sobre a vida em geral. Passei a usar bigode, suíças, um discreto cavanhaque e um toque algo rebelde na forma de me vestir para cerimônias sociais mais formais. Nessa fase, decidi não mais cumprir o clássico ritual de freqüentar a sinagoga, embora eu nada tivesse contra isso e, por conseqüência, também não iria "só dar uma passadinha", como a pressão familiar me dizia, para cumprimentar e agradar meu pai, com um gesto tão simples e fácil de fazer.

Eu sentia meu pai ficando inconformado, magoado e um tanto irado, mas, não obstante minha confusão e desconforto, tinha certeza de que, de forma alguma, nem consciente, tampouco inconscientemente, eu queria agredir meu pai, até porque nos dávamos muito bem. Algo mais forte me dizia que eu deveria me manter firme na minha atitude e não aceder aos apelos de todos à minha volta.

Algumas décadas se passaram, a minha família toda continuava cumprindo o mesmo ritual todos os anos, menos eu. A pressão sobre mim, porém, era cada vez menor, até me deixarem completamente à vontade. Muitos anos se passaram até a ocasião em que meu filho Leandro estava indeciso sobre se faria ou não o cerimonial chamado Bar Mitzvá (aos 13 anos, o jovem judeu, em uma cerimônia especial, na sinagoga, faz sua iniciação aos costumes religiosos tradicionais e adquire a condição de adulto). Meu pai estranhou que eu estava deixando meu filho decidir por ele próprio e me perguntou se não seria mais indicado eu dar uma forcinha para ele se decidir a favor de fazer a cerimônia.

Aproveitei a ocasião e trouxe à tona aquela velha situação em que me afastei da sinagoga, que continuava entalada em minha mente e em meu espírito, com uma sensação culposa em relação ao desgosto involuntário que então eu provocara em meu pai, embora nunca me arrependesse do que fiz. Expliquei-lhe o melhor que pude as minhas razões subjetivas, pedi desculpas por tê-lo magoado, ele me desculpou e, por sua vez, me pediu desculpas, reconhecendo que na época era por demais intransigente e dizendo que me considerava um ótimo filho e se orgulhava de mim. Eu afirmei que também me orgulhava de ter tido um pai que deixou a todos os seis filhos um legado e um modelo de identificação de uma pessoa com absoluta honestidade, trabalhador, generoso em sua essência, um vencedor dentro das limitações da época.

Espontaneamente nos abraçamos, e algumas grossas lágrimas brotaram nos olhos de ambos. Todas as vezes em que me deparo com os conceitos de Melanie Klein acerca da importância da prática de se fazer verdadeiras reparações e dos sentimentos de gratidão, ao que acrescento o vínculo do reconhecimento (no sentido de ser reconhecido ao outro, nas falhas e nos méritos), me recordo de meu velho pai.

Reflexões

Hoje entendo bem melhor o porquê de ter sido "teimoso" a ponto de ter me recusado a fazer um simples gesto, que teria evitado tanto desgosto indevido a meu pai. Tenho a absoluta convicção de que, naquele tempo, bem de acordo com minha fase adolescente, eu estava lutando pela aquisição de um sentimento de identidade autêntica, em que eu tivesse meus próprios valores, minha ideologia, meus projetos de vida. A reflexão sobre o que se passou comigo me ajudou bastante a compreender os chamados "aborrescentes" ou adolescentes "rebeldes". Na imensa maioria das vezes, pelo menos no início, a "rebeldia" do adolescente representa uma tentativa de construção de sua identidade, que comumente transita para se diferenciar dos modelos paternos.

Aprendi na prática da clínica psicanalítica que o paciente que quer adquirir um sentimento de liberdade (cuidado, isso é bem diferente de libertinagem) deve possuir a condição de dizer não aos personagens vividos como opressores que habitam dentro dele, como uma forma de poder dizer sim a seu próprio ego. Também aprendi que dizer não, muitas vezes, não significa uma atitude hostil ou beligerante, mas, sim, trata-se de uma tomada de posição, que, embora firme, pode ser muito afetuosa e respeitosa.

Às vezes me pergunto se, caso pudesse recuar no tempo, eu teria tido uma atitude diferente daquela referente à sinagoga. Eu me respondo que, com minhas necessidades de auto-afirmação da época, eu faria tudo igual, mas no estado psíquico em que encaro a mim e ao mundo que me cerca na atualidade, isto é, com os sentimentos de identidade, de autonomia e de liberdade consolidados, não tenho a menor dúvida de que, de fato, não me custaria nada conceder alguns minutos de alegria e paz a meu querido pai.

3
O PRIMEIRO DIA DE "AULA" DE MINHA VIDA

Eu tinha aproximadamente 6 anos, estava brincando, tal como um arqueólogo, de cavoucar na terra para descobrir tesouros no pomar que havia nos fundos de nossa casa. Subitamente, apareceu a minha mãe, trazendo nas mãos um uniforme de calça curta azul e blusa branca, dizendo que, conforme tínhamos combinado, chegara a hora de ela me levar ao colégio Israelita, que ficava bem pertinho de nossa casa. De fato, eu já não continha mais a vontade de me alfabetizar, para poder acompanhar meus irmãos mais velhos na escrita e na leitura. Tomei banho, vesti o uniforme (fiquei orgulhoso ao me ver no espelho) e, em um misto de vibração e medo, acompanhei minha mãe até a escola, que, então, ficava nos fundos da sinagoga. Ela me perguntou se eu concordava em voltar sozinho para casa após o término da aula, e eu concordei. Era só dobrar uma esquina e caminhar um pouco; naquela época era raríssima a presença de automóveis; o que, de longe, predominava, era o movimento de carroças.

Conduzido por uma servente, adentrei a sala de aula. Parece que eu era o aluno mais moço entre os demais colegas (naquele tempo, a idade mínima para ingressar na escola era 7 anos). O professor fez uma breve introdução, fez algumas brincadeiras, degradou a nota zero, avisou que ficaria muito decepcionado com quem tirasse uma nota baixa e enalteceu a importância da nota 10, que confirmaria a inteligência do aluno, com sua profecia de um grande futuro pela frente. A seguir, passou uma tarefa a ser feita no curso da "aula": todos os alunos deveriam preencher a totalidade da primeira folha do caderno pautado com uma sucessão de riscos, um ao lado do outro, de um traço vertical de aproximadamente um centímetro, com a recomendação de que o traço deveria "estar bem retinho". Embora o lápis estivesse tremendo na minha mão direita, eu procurei caprichar. Perto do final da aula, o professor recolheu os cadernos, deu uma olhada rápida em cada um, deu a nota e dispensou os alunos com a recomendação de voltarem no dia seguinte, na hora marcada.

Ainda recordo que, quando chegou a minha vez, parecia que meu coraçãozinho saltaria pela boca, tão ansioso o menino David estava para saber sua nota. Finalmente ela veio: era 10! Acredito, hoje, que todos os alunos ganharam essa nota. Peguei o caderno nas mãos e saí correndo em direção à minha casa, em uma alegria incontida. Já de longe, quando avistei a minha mãe, eu não parava de gritar: *Tirei 10! Tirei 10!*. Minha mãe, embora fosse uma pessoa muito simples, teve a intuição de perceber o que aquilo representava para a auto-estima de uma criança, me beijou e encheu de elogios. Nos dias seguintes, eu ia sozinho à escola, chegava antes da hora, e as cenas se repetiam, só que, no lugar de traços verticais, o professor solicitava traços horizontais, diagonais, círculos, uma combinação deles, etc. Posteriormente, como em um passe de mágica, o professor fazia brotar letras dos traços, fazia junção das letras, compondo sílabas, depois palavras, e assim por diante, até que, quando vimos, já estávamos alfabetizados. Guardo uma profunda gratidão ao velho mestre e acredito piamente que ele teve uma grande participação na formação de meu caráter e em minha aquisição do gosto pela leitura, pela escrita e pelo estudo.

Reflexões

O meu primeiro pensamento ficou concentrado no quanto é importante uma criança ser elogiada, o que está de acordo com um célebre psicanalista que morava e trabalhava nos Estados Unidos, Heinz Kohut, que pregava a importância de os pais e professores ajudarem a construir o que ele chamava de *self* grandioso. Por exemplo, quando uma criança de aproximadamente 2 anos pega alguns lápis de cor e desenha as clássicas garatujas (riscos a esmo) em um papel em branco, faz muito bem a seu ego e a seu *self* que a mãe lhe faça grandes elogios, como se o seu filhinho fosse um novo Picasso. No entanto, se ela fizer o mesmo tipo de elogio quando seu "filhinho", que não é nenhum gênio da pintura, já estiver com, digamos, 42 anos, ela não estará mais do que criando um falso *self* no filho, além de o estar infantilizando e ampliando sua fantasia de ser um "príncipe".

Assim, fica evidente que este *self* grandioso não deve se perpetuar; pelo contrário, aos poucos, os educadores devem fazer gradativas "desilusões das ilusões", como uma forma de adaptar a criança às demandas, às exigências e aos valores da realidade exterior, de ajudá-la a reconhecer os seus alcances, mas também os seus limites e suas limitações, de construir nela um senso de responsabilidade, além de reconhecer e aceitar as inevitáveis diferenças que existem entre todas as pessoas.

Ao longo de algumas análises, seguidamente observo em pacientes adultos o quanto determinada conduta de um(a) professor(a), quando tais pacientes eram crianças ou adolescentes, tanto no sentido positivo (tolerância às eventuais falhas e erros, reconhecimento dos esforços e méritos, um eventual prêmio, crença em suas capacidades latentes, aplauso e incentivo), quanto negativo (uma crítica negativa permanente, uma excessiva demanda de expectativas, que ultrapassam a capacidade do aluno, humilhações públicas, ameaças de reprovação, castigos, etc) pode determinar uma poderosa influência, saudável ou insana, na construção da personalidade do futuro adulto.

Outra reflexão é sobre a coincidência de eu, menino pequeno, estar brincando de arqueólogo no meu primeiro dia de aula: será que era uma previsão de que, no futuro, eu escolheria a profissão de médico, dedicando-me a cavoucar nos enigmas do corpo, e, especialmente, de psicanalista que, no fundo, faz um levantamento arqueológico das mentes e almas das pessoas?

4
UMA INTERESSANTE TOMADA DE POSIÇÃO POR PARTE DE LETÍCIA, MINHA NETINHA, ENTÃO COM MENOS DE 2 ANOS

Passaram-se mais de 10 anos, mas recordo como se fosse hoje: minha neta Letícia, filha de minha filha Idete, então com quase 2 anos, estava com as fraldas sujas, e sua babá fora instruída a fazer logo a higiene necessária. A menina se rebelou, com gritos de *Não quero, e pronto!*. A babá, extremamente paciente, argumentou que ela estava cumprindo ordens da mãe, que saíra para trabalhar, que o cocô poderia provocar "feridinhas" (assaduras) na sua bundinha, que o mau cheiro poderia desagradar às demais pessoas, etc. Nada adiantava. Letícia mantinha-se irredutível. Quando a babá voltou a insistir, com novas táticas de persuasão, Letícia parou de gritar, postou-se na frente dela, colocou nos dois lados da cintura as mãozinhas, com o dorso voltado para dentro e os cotovelos para fora, e, com um olhar desafiador, sentenciou, com firmeza, em alto e bom som, de forma definitiva: *A minha bunda é minha! Ninguém pode mexer nela se eu não quiser!*. Somente mais ou menos uma hora após andar desnuda pela casa é que Letícia, espontaneamente e com alguma humildade, foi pedir para que a babá a limpasse e lhe desse um banho.

Reflexões

Essa historinha pode ser banal, o que não impede que permita extrair algumas reflexões acerca do desenvolvimento emocional primitivo das crianças. Letícia (este nome, em latim, significa alegria, o que está totalmente de acordo com ela, hoje com 12 anos) estava atravessando o período anal, em que a criança vai desenvolvendo o seu sentimento de posse, de um início de reconhecimento de seu espaço e de seus direitos, de valorização das fezes e dos outros significados destas. Aliás, Freud assinalou que, para a criança de tenra idade, suas fezes equivalem a tesouros e a presentes, visto que é a única coisa que é só ela quem fabrica e entrega no peniquinho, se quer presentear mamãe, ou não entrega, se quer fazer birra com ela.

Da mesma forma, o período anal corresponde à etapa evolutiva em que a criancinha aprende a dizer "não", como uma forma sadia de começar a construir seu sentimento de identidade, por meio de atitudes de diferenciação, separação e individuação em relação à sua mãe. Cabe assinalar que a rebeldia da menininha Letícia exemplifica um momento sadio, até porque, espontaneamente, de forma cordata, ela veio pedir os cuidados necessários para a sua higiene, como se, em linguagem indireta, ela estivesse dizendo: *Eu não estou desobedecendo por beligerância, mas, sim, para fazer as coisas de forma espontânea e livre, e não de maneira forçada*.

Entretanto, uma rebeldia mais sistemática e generalizada da criança nessa idade, ou uma rebeldia continuada no correr dos anos, pode significar uma evolução patogênica da personalidade. Nesse caso, deve merecer uma séria avaliação por um técnico especializado na área psicológica, para verificar possíveis conflitos com os pais, o que pode redundar em futuras complicações nos relacionamentos em geral.

Outra reflexão que cabe fazer alude ao fato de que, em diversas situações psicanalíticas, muitos pacientes revivem, na transferência com seu analista, uma espécie de "resistência": por exemplo, o paciente fica em um estado de mutismo prolongado ou entra em períodos de muitos atrasos e faltas às sessões, etc. (ver a vinheta 50, sobre a "Resistência de Sandra"). O importante a considerar é o fato de inúmeras vezes o analista interpretar a resistência como uma manifestação negativa, hostil, quando, na verdade, ela pode estar tendo um significado altamente positivo, no sentido de o paciente estar buscando autonomia, liberdade e espontaneidade, tal como a menina Letícia comprovou.

5
A imorredoura lição que meu filho Alexandre nos legou: saber viver e morrer com dignidade

Quando estava rememorando situações com meus familiares queridos para incluir neste livro, comecei a redigir uma vinheta que levava o título de *A imorredoura lição que recebi de meu filho Alexandre de como adoecer e morrer com dignidade*. Para quem desconhece o fato, torno público que há mais de 15 anos perdi um filho de 21 anos, que, desde o nascimento, apresentava um quadro clínico de hemofilia, embora de grau moderado. Além de ser um alegre, brilhante, talentoso e, sobretudo, muito criativo publicitário, Alexandre tinha um biotipo de atleta e era um exímio praticante de futebol.

Em um dos jogos de que participava, com seu habitual espírito guerreiro, ele foi literalmente atropelado por um brutamontes, sofreu hematomas disseminados no corpo e em alguns pontos houve hemorragia interna. Recebeu doses maciças de soro com o fator 8, que ajuda a falha coagulação sangüínea dos hemofílicos. O soro, sem que os hemocentros suspeitassem, estava contaminado pelo vírus HIV. Meu filho contraiu Aids, lamentavelmente, em uma época em que não havia medicação eficiente. A doença evoluiu por cerca de dez anos. Nos oito primeiros, ele era portador do vírus, praticamente assintomático. Nos últimos dois anos, a doença foi gradativamente avançando, de modo que, apesar de nossos esforços hercúleos, foi impossível evitar sua morte. A descoberta da doença foi feita pelo próprio Alexandre: após ter lido um artigo em um jornal, abordando a então desconhecida doença, ele reconheceu o surgimento agudo de alguns gânglios cervicais edemaciados, e, contra a opinião inicial de seu clínico, diagnosticou a si mesmo.

Enquanto eu pensava no período que decorreu entre a descoberta da doença e a aproximação da fase terminal, desisti da intenção de fazer um relato mais minucioso, porque comecei a me comover de uma forma por demais intensa. Revivi sua extraordinária coragem, dignidade e serenidade, sem nunca fugir da verdade e sem jamais deixar de manter acesas as esperanças na vida. Muitas vezes era ele quem tranqüilizava familiares que estivessem manifestando uma angústia maior. Freqüentemente ele falava comigo sobre os enigmas da morte e os novos recursos que a ciência estava descobrindo para sua doença.

Também me emocionei quando, no relato que estava preparando, incluía o heroísmo, a extraordinária dedicação amorosa, eficiente e em tempo integral de Guite, minha mulher, que também oferece uma bela e comovente lição de vida. Só para dar um exemplo: Alexandre colaborava em tudo nos períodos de hospitalização, mas Guite decidiu proporcionar em casa um ambiente aconchegante e amoroso para ele, onde ele poderia conviver conosco, os pais, e os irmãos, Leandro e Idete, além de seus respectivos cônjuges, Adriana e Jorge, mais a namorada de Alexandre, Rita, todos devotados e inseparáveis dele. Assim, Guite conseguiu instalar no quarto dele uma espécie de enfermaria, onde Alexandre era visitado pelos médicos assistentes, enquanto ela fazia todos os cuidados de enfermagem praticamente sozinha. Basta essa atitude de Guite para que ela mereça minha eterna e amorosa gratidão.

Para dar um exemplo da coragem, serenidade e dignidade de Alexandre, quero mencionar um episódio: ele, como eu e seu irmão Leandro, era gremista "doente". Não faltávamos a nenhum jogo no estádio Olímpico. Durante o período mais agudo de sua doença, ele já tinha dificuldades de nos acompanhar ao estádio, porém mantinha-se informado por jornais, televisão e nossas conversas a respeito de tudo que se passava no futebol, especialmente com o Grêmio. Às vésperas de um importante jogo decisivo, coincidente com o seu período terminal, Alexandre, já extremamente emagrecido e enfraquecido, pediu enfaticamente para assistir ao jogo. Pedi para pensar um pouco; percebi que ele estava se despedindo de suas coisas queridas e sagradas e decidi levá-lo. Para evitar uma difícil subida pelas escadarias que dão acesso às cadeiras cativas, providenciamos o uso do elevador privativo, e Alexandre não só assistiu ao jogo atentamente concentrado, fazendo seus costumeiros comentários, como também juntou o resto de suas forças e vibrou entusiasticamente quando saiu um gol do Grêmio. Pouco tempo depois, rodeado por todos nós, em círculo em torno de sua cama, sempre mantendo a lucidez e serenidade, Alexandre deu o seu último suspiro.

Reflexões

Sempre aprendi muito com Alexandre. Foi ele quem me ensinou as regras do jogo de tênis e me incentivou à prática desse esporte, o qual pratiquei durante muitos anos, tanto com ele como meu parceiro, como com um grupo de amigos meus. Trocávamos muitas idéias sobre a publicidade ser capaz de atingir a "psicologia do consumidor". Com ele também aprendi os novos ritmos musicais da geração dele e, inclusive, adquirimos uma bateria, na qual Alexandre, para nosso gáudio, praticava intensamente, a ponto de liderar a formação de um grupo musical que fez exibições públicas.

Porém, o maior aprendizado que tive com ele foi o de como enfrentar uma doença grave sem ter que apelar para o tão utilizado (muitas vezes até por médicos) mecanismo de negação maciça da doença. Pelo contrário, ele, sem nenhuma forma de apelo emocional à sua condição de enfermo, manteve-se encarando a realidade com serenidade, procurando informar-se ao máximo acerca dos avanços da medicina e das pesquisas sobre a Aids nos principais centros do mundo. Mais de uma vez ele me deu a entender que *a vida não deve ser medida pelo número de anos vividos, mas, sim, pela qualidade de vida enquanto se está vivo e, quanto a isto, eu me considero um privilegiado*. Em uma outra ocasião, ele me confidenciou: *Pai, não é exatamente medo de morrer que eu sinto: sei que mais cedo ou mais tarde todo mundo morre. Muito antes de medo, o que eu sinto mesmo é pena de não continuar vivendo, mas até nisso acho que estou resignado*. Uma única vez, ele completou: *Quem sabe, pai, os espíritas têm razão e existe a reencarnação?*. Ao que eu prontamente respondi, de forma sincera: *Quem sabe? Na minha idade eu já não descreio em mais nada. Tudo é possível.* Fiquei com a nítida impressão de que o olhar de Alexandre adquiriu um certo brilho de alívio e de esperança.

Desde então, tenho adotado a forma como Alexandre encarava a vida e a morte, com realismo, mas conservando uma luz de esperança, e inúmeras vezes emprego as sábias sentenças de meu filho Xandi para pacientes, em casos nos quais eles próprios ou familiares íntimos estão em fase terminal de alguma doença grave. Muitas vezes eu me perguntava e continuo me perguntando de onde Alexandre tirou tantas forças. Como podia ser tão estóico diante de uma sentença de morte tão prematura e tão injusta? Além de toda a cobertura de carinho que ele teve todo o tempo, fato que eleva a moral, a auto-estima, e uma sadia resignação, hoje entendo que a própria hemofilia que ele teve que enfrentar desde bebê criou nele um estado mental que na psicanálise moderna chamamos de RESILIÊNCIA. Essa expressão designa o estado psíquico que certas pessoas possuem, uma poderosa força interna que conjuga aspectos emocionais, espirituais e, certamente, as pulsões de vida voltadas para o desejo de viver, não obstante, ou talvez por isso, possam estar passando por sérias dificuldades. Estudos recentes comprovam que a consolidação de um estado de resiliência se forma a partir de três fatores: uma condição inata, genética; situações ambientais adversas ou um prejuízo orgânico com características de cronicidade e condições familiares, sociais e profissionais em que exista muito amor e reconhecimento.

6
Os sucessivos casamentos e descasamentos do meu amigo Artur

Por volta dos meus 30 e poucos anos, muitos dos amigos com idade equivalente, que compunham comigo uma turma de solteiros, começaram a casar-se. No entanto, um deles, Artur, mostrava ser o mais renitente, de modo que, com argumentos os mais diversos possíveis, não estabilizava de forma mais duradoura nenhum vínculo amoroso, não obstante tivesse facilidade de fazer conquistas femininas.

A vida foi impondo algum distanciamento físico entre os amigos, porém ocasionalmente nos encontrávamos. Assim, um certo dia, encontrei Artur sorridente, com aparência feliz. Ele me abraçou forte e foi dizendo: *Vou casar! Até que enfim encontrei a mulher certa para mim*. Congratulamo-nos, eu e os demais amigos, e fomos à festinha do casamento.

Nos primeiros tempos após o casamento tudo parecia a plena felicidade. Decorridos um pouco menos de dois anos, em um novo encontro casual, reparei um Artur com aparência depressiva, que foi logo me dizendo: *Me separei há pouco. Não dava mais, ela me sufocava, queria mandar em mim*. Passado mais um curto tempo, ele exalava um ar de felicidade porque "estava solteiro, livre como um passarinho, e 'papava' um monte de gatas lindas". O leitor pode adivinhar que no encontro seguinte, após um certo tempo, Artur estava algo deprimido, dizendo: *Cansei da vida de sedutor, perdeu a graça a vida de nômade, quero um lar, constituir uma família...*

O ciclo prosseguiu; novo encontro, novo ar de felicidade e o anúncio: *Agora sim, me apareceu a mulher ideal, vamos morar juntos. Logo que meu divórcio for oficializado, eu me casarei com a companheira atual e você já está convidado. Estou muito feliz, até que enfim*. E o ciclo continuou prosseguindo: após um ano, mais ou menos, o meu amigo, ao me encontrar, com um ar algo constrangido, já foi me anunciando: *David, como sou azaraaado! Já estou providenciando a minha separação*. Não é que a segunda é igualzinha à primeira? Até o momento, um ciclo equivalente se repetiu por mais duas ou três vezes. O que estava acontecendo com o meu amigo Artur?

Reflexões

Ledo engano de Artur. Não se trata de um mero azar. Do ponto de vista psicanalítico, hoje eu entendo que a responsabilidade do ciclo descrito repousa no princípio que Freud denominou compulsão à repetição. Esse princípio designa o fato de que faz parte do inconsciente das pessoas uma representação de antigas experiências emocionais, tanto traumáticas quanto prazerosas, porém com significados conflituados, que estão reprimidas (recalcadas), porém ainda atuantes no presente. Os principais personagens –

os pais da infância, em primeiro lugar – também estão internalizados e representados no inconsciente do sujeito de uma forma ativa, e a interação dos personagens no fundo do psiquismo compõe uma espécie de teatro da mente, com um enredo que tende a se repetir na vida exterior. Mudam os atores, porém os personagens do enredo (*script*) são os mesmos.

Assim, não foi por mero acaso que Artur escolheu mulheres que eram maternais – aspecto que ele idealizava no início do relacionamento – mas que também eram possessivas, controladoras, cobradoras e asfixiantes. Em um esforço de memória, recordei que eu conhecia a mãe de Artur e que o perfil dela como mãe e esposa coincidia justamente com o das companheiras de meu "azarado" amigo.

O importante a refletir é que um tratamento de base psicanalítica talvez seja o caminho mais importante para possibilitar uma substancial mudança nos *scripts* que estão fixados no psiquismo e que, enquanto estes não se transformarem, vão continuar determinando comportamentos neuróticos.

7
Walter, o bonitão de nossa turma, e sua mais difícil conquista amorosa

Por volta dos nossos 20 e tantos anos, em média, nossa roda de amigos costumava se reunir na Farmácia Bom Fim. Depois de cada um levar sua vida privada, em que geralmente estava incluída a saída em carros, que alguns já possuíam, com o objetivo de "caçar" (uma expressão corrente na época) mulheres para aventuras, nos reuníamos ao final da noite para contar as proezas da "caça" bem ou mal-sucedida. Geralmente Walter era o mais bem-sucedido, até porque ele tinha um porte elegante, bom papo, era prosador e sedutor. Era considerado o "bonitão" da turma, que então costumava ouvir, encantada, o relato de suas conquistas amorosas na hora do "balanço geral da noite".

Em certa época, Walter manteve a todos nós em um "suspense" continuado, porque, sob a forma de capítulos, ele nos punha a par, passo a passo, de seus avanços em sua última tentativa de, segundo ele, "comer" a mulher mais encantadora e difícil que até então conhecíamos. Walter nos mantinha extasiados ao contar suas técnicas e táticas de como, aos poucos, ele estava a quebrar a resistência dela: usava floreios verbais, induzia-nos a fazer múltiplas imaginações eróticas e nos matava de inveja, juntamente com uma excitada expectativa: ele vai ou não vai conseguir levá-la para os "finalmentes" na cama?

Após semanas de agonia da turma, finalmente Walter nos anunciou: *Vai ser amanhã o grande dia, já providenciei o motel e a champanha*. Nem é preciso dizer que na noite seguinte estávamos todos reunidos, ansiosos, à espera do relato do *grand finale*. Por volta da 1 hora da manhã, finalmente, apareceu Walter em seu carrão, com um sorriso aberto, mas com uma expressão de quem não estava feliz. *E aí Walter, como é que foi?* perguntamos em uníssono. *Não deu para ir aos finalmentes, mas fui eu quem não quis*, nos disse, triunfante. *Mas o que é que houve?*, nós questionamos. Walter nos explicou que na hora da decisão, a "gostosona" (a escultura viva, como ele dizia, bajulando-se) disse que queria impor uma única condição antes de ir para a cama com ele. *Então eu respondi a ela que eu já podia garantir por antecipação que eu toparia toda e qualquer condição. Aí então ela me deu o golpe fatal. Ela me colocou que a única condição de que não abria mão era que eu jurasse pela vida de meus pais que não contaria para ninguém, especialmente para a minha roda de amigos*. Diante de nossa perplexidade, ele sentenciou, enfaticamente: *Então pensei intimamente que assim não haveria a menor graça, e disse para ela que essa era a única condição que eu não podia aceitar e que ela só voltasse a me procurar quando retirasse essa maldita condição*. Todos o aplaudimos, até hoje não sei se por solidariedade por seu gesto heróico e de fidelidade aos amigos ou se pelo presente que nos ofereceu para amenizar a nossa inveja, que já estava chegando a níveis intoleráveis.

Reflexões

Nunca mais esqueci dessa cena intrigante, sem poder entender bem, na época, o que, de fato, aconteceu que justificasse o epílogo, aparentemente frustrante para Walter. Hoje, mercê de meus conhecimentos da dinâmica do psiquismo inconsciente, estou convicto de que as características da história amorosa, tal como foi relatada, indicam claramente que Walter sofria de transtorno da personalidade narcisista, ou, para ser mais suave, que ele tinha fortes traços narcisistas. Dizendo com outras palavras, pessoas com este perfil de personalidade, acima de tudo, têm uma necessidade vital de ser reconhecidas pelos demais e por si próprias como sendo bonitas, poderosas, irresistíveis e capazes de despertar inveja nos outros (a quem, nas profundezas do inconsciente, eles invejam). A auto-estima deste tipo de pessoa gira em torno de seu próprio umbigo. Só "amam" a quem as ama. Muito mais do que a prática do sexo genital, o que importa a elas é satisfazer necessidades bem mais primitivas, pré-genitais. Tudo isso se deve a uma tentativa inconsciente de compensar uma enorme insegurança interior, decorrente de um grande temor de não serem aceitas e suficientemente amadas, correndo o risco de vir a ser rejeitadas, provavelmente repetindo um mesmo temor que devem ter tido em sua infância remota.

8
Paulo e seu carro com cinco antenas de rádio

Também fazia parte da turma o nosso amigo Paulo, filho de uma família abastada, que se diferenciava de todos nós porque possuía um belo carro, último tipo, que também se distinguia dos demais pelo fato de ter cinco antenas, uma em cada um dos paralamas e mais uma que saía do centro do capô, com uma altura de quase 3 metros, parecendo que se dirigia ao céu. Paulo se vangloriava de seu carro e das conquistas amorosas, que estaria obtendo com facilidade, e atribuía seu sucesso especialmente à grande antena. Na verdade as suas "grandes conquistas" aos poucos se revelaram mitos criados por sua mente, visto que ele "não tinha sorte" com as mulheres.

Reflexões
Incluí esta lembrança para destacar a importância de reconhecermos as pessoas que possuem o que a terminologia analítica denomina como falso *self*, isto é, aparentam ser aquilo que, de fato, não são. Paulo, por exemplo, tentava compensar sua baixa auto-estima com o uso de fetiches, isto é,

valores ilusórios que reforçam a primazia da aparência sobre a essência. Os fetiches podem assumir a forma de fortuna, prestígio, poder, reiteradas conquistas amorosas ou, como no caso de Paulo, antenas erguidas, eretas, funcionado como fetiche de um poderoso pênis, que, muito provavelmente, bem pelo contrário, deveria estar prejudicado por fantasias inconscientes ligadas ao complexo de castração.

Vivências da
Prática Médica

Na Santa Casa de Misericórdia

9
Os berros de "dor" da jovem Sônia em seu primeiro parto

Quando eu cursava o quarto ano de medicina, o professor de obstetrícia nos levou até a maternidade Mario Totta da Santa Casa para assistirmos a um parto normal. A parturiente Sônia estava tranqüila, até o obstetra de plantão começar a efetuar as primeiras condutas rotineiras, sempre pedindo a colaboração dela ao começar o trabalho do parto. A partir daí Sônia começou a gritar, sem parar, com berros lancinantes, cada vez mais fortes e algo assustadores. Parecia um sofrimento atroz, aparentemente não justificado. A situação prosseguia neste "clima de horror" até que o médico auxiliar perguntou: *Escute, Sônia, está doendo tanto assim?*. Perplexidade geral: ela parou subitamente de gritar e, com uma voz normal, algo incrédula, perguntou-lhe: *Mas doutor, não é para gritar, para auxiliar o nascimento do bebê? Minha mãe e uma vizinha me ensinaram isso.*

Reflexões

Essa situação permite refletirmos sobre a importância dos fatores culturais. De fato, até algumas décadas atrás, principalmente nas classes mais humildes, era vigente a crença de que todo parto viria acompanhado de uma dor terrível, segundo a sentença bíblica, "Parirás com dor", de sorte que este mito – desconhecendo os enormes avanços dos novos recursos da tecnologia médica, do avanço da anestesiologia, de procedimentos com técnica bastante mais apurada – foi sendo transmitido de geração em geração.

Certos mitos se consolidam e se confundem com as verdades, do que podemos deduzir a importância de o médico ir além do cumprimento de sua função técnica e exercer também a função de educador, apostando no efeito multiplicador. A própria Sônia, após as explicações esclarecedoras do médico, seria uma provável educadora de suas filhas e vizinhas no sentido de desmistificar inúmeros mitos prejudiciais. Na situação psicanalítica, também cabe ao analista o importante papel de servir como um educador que ajuda o paciente a desfazer certos mitos que inundam seu psiquismo, de forma a fazer desmistificações, dessignificações (a retirada de certos mitos e de significados patológicos), e no lugar das anteriores semear novas significações, mais sadias e que colaborem para a obtenção de uma harmonia interior.

10
Éramos 12 estudantes a praticar um toque retal no "seu José", um idoso

Passados mais de 50 anos, recordo uma experiência que me marcou profundamente e da qual nunca esqueci. Quando cursava o quarto ano de medicina, o professor de nossa turma, para nos introduzir em um exame ao vivo a pacientes em vésperas de cirurgia, convocou-nos para irmos com ele a uma enfermaria da Santa Casa, para aprendermos a fazer o toque retal antes de o paciente operar uma próstata hipertrofiada, dura, provavelmente com câncer.

O professor foi gentil com o paciente, um quieto senhor negro de uns 70 e poucos anos, e lhe pediu para colaborar com o ensino de jovens médicos, que lhe fariam o toque retal, na época o meio mais seguro de diagnóstico. O paciente acedeu imediatamente e todos nós, um grupo de 12 alunos, colocamos as luvas assépticas e esperamos que cada um fosse cumprindo a tarefa de proceder o toque no senhor José, enquanto ouvíamos as recomendações e os ensinamentos de nosso professor.

A cada três toques o paciente descansava um pouco de sua incômoda posição de "prece maometana". Eu devia ser o décimo a esperar na fila, porém, quando chegou a vez do colega que estava na minha frente, pronto para fazer o toque, seu José começou a chorar e despejou um sentido abafo: *Meu Deus, o que foi que eu fiz para merecer uma doença grave e isso que está acontecendo? Nunca pensei que estando velho eu fosse passar uma vergonha destas! Desculpem, doutores, os senhores podem continuar.* Como se tivéssemos combinado previamente, todos nós, silenciosamente, fomos tirando as luvas, demos uns, carinhosos, tapinhas de solidariedade no paciente e fomos nos retirando.

REFLEXÕES

Nosso professor estava cheio de boas intenções de ensino, porém estava vazio de um atributo que é essencial para todo médico, assim como para todos os educadores, como pais, professores e, principalmente, psicoterapeutas: faltou ao professor a capacidade para aquilo que hoje chamamos de empatia. Esta palavra, tal como sua etimologia demonstra (do grego, *em* = dentro de + *pathos* = sofrimento, dor), consiste numa capacidade de nos colocarmos "na pele" do outro, isto é, sentir a dor que o paciente (ou filho, aluno, etc.) sente.

Seu José nos deu uma inesquecível lição mostrando que, independentemente de sua condição humilde, cor, doença grave, acima de tudo, era gente como a gente, tinha esperanças e desesperanças, brios e sentimentos de vergonha, humilhação. Em relação à aludida falta de empatia do professor, é útil esclarecer que "empatia" não é sinônimo de "simpatia". Este último termo deriva do grego *sym* (ao lado de). Isto é, uma pessoa gentil, afável, às vezes sedutora e encantadora, que dá tapinhas nas costas, nem sempre é empática, e a recíproca é verdadeira. O ideal é que qualquer terapeuta possa ser simpático e empático, e uma péssima condição é quando não possui nenhum destes dois atributos. Hoje não tenho a menor dúvida ao afirmar que se um psicanalista não possui a capacidade de empatia é melhor que mude de profissão.

No Hospital de Pronto Socorro (HPS)

11
Meu plantão no HPS no dia em que o presidente Getúlio Vargas suicidou-se

No dia 24 de agosto de 1954 – eu era doutorando interno do HPS – pela manhã, bastante cedo, eu já estava no hospital para cumprir meu plantão normal, que constava tanto de atender dentro do hospital, como também de exercer as funções de médico socorrista, em situações de emergência externas. Aos poucos foi se espalhando, qual rastilho de pólvora, a bombástica notícia de que o presidente Vargas não teria suportado a pressão movida contra ele pelo atentado contra a vida do seu maior opositor, Carlos Lacerda, juntamente com a avalanche de notícias de corrupção e de violências praticadas sob a liderança de seu guarda-costas Gregório. O presidente acabara se suicidando com um tiro no coração.

Diziam mais: que Vargas deixara uma carta-testamento, em que acusava as "forças imperialistas" de sabotarem seu governo "voltado para o povo" e que ele "estava saindo da vida para entrar na história". As notícias cresciam como bolas de neve: em muitos lugares do Brasil havia a formação espontânea de movimentos populares, investindo agressivamente, de forma predadora, contra empresas, grandes ou pequenas, que tivessem supostas ligações com as "forças imperialistas", com políticos da direita, e coisas assim.

Também o Rio Grande do Sul se levantou: especialmente em Porto Alegre foram gravemente depredados estabelecimentos que levavam o nome "americano", como a então famosa *American Boite*, as diversas Lojas Americanas, as duas lojas da Importadora Americana, e assim por diante, sem contar agressões a jornais e estações de rádio supostamente ligadas às forças "reacionárias". Os feridos começaram a aparecer e os pedido de socorro provindos de diversos lugares da capital começaram a se multiplicar. Eu precisava sair na ambulância, mas, ao mesmo tempo, uma bala perdida vinda de um tiroteio que acontecia no "bar do Serafim", bem defronte ao HPS, perfurou a janela da sala onde os médicos ficavam.

O clima foi ficando tenso entre nós. Ouvíamos gritos em coro, provindos da rua, atacando os "assassinos de Getúlio". Fiquei horrorizado quando entrou no hospital em uma maca, sagrando abundantemente, um ex-colega meu de ginásio, que era cinegrafista e estava filmando as cenas da revolta popular. O tiro provavelmente mirava a sua câmara, porém atingiu a veia (ou teria sido a artéria?) cubital, o que exigiu uma imediata transfusão de sangue. As forças da Brigada Militar foram chamadas para desfazer o motim, porém muitos populares revoltados se enrolaram em bandeiras brasileiras e, em uma fila cerrada, caminharam em direção à força militar, armada com fuzis, que achou por bem recuar.

Nas saídas da ambulância para atender chamados externos eu observava de perto diferentes grupos, desvairados pela indignação, promovendo quebra-quebras. Em determinado momento, alguém que parecia estar alcoolizado gritou para a multidão que *o pronto socorro estava ali para atender os burgueses reacionários, com descaso pelo povão*, e isso foi suficiente para que mais uns quatro ou cinco homens fizessem um movimento inicial de virar a ambulância. Suei frio; o motorista desceu, conversou com os revoltados e tudo acabou bem. Foi um dia agitado, mas extraí alguns aprendizados dessa experiência inusitada, que partilho com os leitores nas reflexões que seguem.

Reflexões

Por três vezes ao longo de minha vida eu enfrentei e observei uma multidão indignada e enfurecida. Na primeira delas, eu tinha em torno de 11 anos, era o início da Segunda Guerra Mundial. Submarinos alemães tinham afundado navios brasileiros e a população ficou revoltadíssima contra os descendentes de alemães e italianos, que, juntamente com os japoneses, constituíam o chamado Eixo ("do mal", como diziam aqui). Da janela do meu quarto, que dava para a rua, eu escutei gritos de guerra e vi a turba se dirigindo para a fábrica de balas Giampaolli e a padaria Zoratto, ambas de propriedade de italianos, que vizinhavam com a nossa casa. Entre assustado e excitado, acompanhei por uma fresta da cortina todo o violento quebra-quebra, até que uma pedra atingiu a quina de minha janela e meu pai ordenou que eu me afastasse. No dia seguinte, eu e amigos meus saltamos o muro da fábrica e recolhemos o que sobrava de balas, caramelos, rolos de papel celofane, uma máquina de escrever, etc.

Hoje eu reflito: os proprietários italianos eram gente boa, além de proporcionarem emprego a dezenas de trabalhadores brasileiros. Este tipo de represália se justifica? Ademais, também refleti sobre as reações humanas: no primeiro momento, intimamente me penalizei e solidarizei com os vizinhos que foram violentados, porém, a seguir, o guri que eu era foi oportunista; junto com outros, também saltou e saqueou, em benefício próprio, tudo que encontrava pela frente que podia ser útil. Hoje, acredito, o meu superego me proibiria de tal façanha, porém será que, em grau menor, a imensa maioria de nós não procede de modo equivalente em diversas situações da vida?

Minha segunda experiência com movimentos de revolta de multidão foi no episódio que relatei acima, por ocasião do suicídio do presidente Vargas, e a terceira situação aconteceu durante a chamada Guerra da Legalidade, que descrevo mais adiante (ver a vinheta 31, no título "Na Brigada Militar").

A minha principal reflexão se fundamenta na observação de que as três referidas situações, independentemente da justiça ou não do ato de uma indignada revolta coletiva, tinham em comum um estado de evidente regressão da massa. Aliás, Freud, em 1921, no seu clássico livro *Psicologia das massas e análise do ego* retrata de forma primorosa o comportamento das massas quando predomina um estado primitivo de regressão psíquica. Assim, cabe afirmar que uma multidão, um grupo ou uma turba vão muito além de um mero somatório de indivíduos: eles constituem uma nova instituição, com psiquismo e comportamentos próprios, tanto em um possível movimento de amorosa solidariedade quanto no estado de pânico, de regressão agressiva, caótica e de comportamento de vandalismo. Ademais, a conduta de uma multidão ou de um grupo em estado de regressão, seja de forma amorosa ou violenta, depende, em sua maior parte, do tipo de liderança a que os indivíduos estão sujeitos.

A tentativa "suicida" de Madalena

Estávamos no final do ano de 1954 e eu acabara de me formar em medicina. Era um dos internos concursados do Hospital de Pronto Socorro de Porto Alegre, e tanto fazia atendimentos externos, nos chamados urgentes, como também atendia no serviço de primeiro atendimento, em salas localizadas no térreo, próximas à principal porta de entrada do hospital. Entre algumas situações verdadeiramente difíceis e até trágicas e outras banais, uma das que apareciam com maior freqüência eram as várias formas de tentativas de suicídio.

Recordo de Madalena, uma senhora de uns 30 e poucos anos que, logo após uma briga violenta com seu companheiro, resolveu se "suicidar". Para tanto, ingeriu uma mistura de tudo que encontrou em casa: comprimidos de analgésicos, xarope para tosse, pedaços de sabão, ruge, pó de arroz, dois tragos de bebida alcoólica, etc. Uma vez feita a clássica lavagem estomacal e intestinal, com ela visivelmente recuperada, fiz-lhe a pergunta: *E então, dona Madalena, o que é que houve de tão grave para a senhora querer morrer?*. Ela me olhou firme, com uma expressão de quem não estava me entendendo e replicou, séria: *Doutor, Deus me livre! EU NÃO QUERIA MORRER, EU SÓ QUERIA ME SUICIDAR.*

Reflexões

Freqüentemente recordo este episódio, não tanto por sua importância real, mas porque me trouxe alguns aprendizados. Um é o de que um mesmo ato pode representar finalidades completamente distintas, e cabe a um terapeuta saber discriminá-las, para avaliar a gravidade e planejar condutas com as respectivas tomadas de atitudes. Igualmente é importante não menosprezar um ato como o relatado, porque, não obstante ser de fundo nitidamente histérico, uma conversa mais séria permite reconhecer que a atuação da paciente significava um pedido de socorro para graves tormentos que a supliciavam. Convém lembrar aos leitores que antes do suicídio da famosa atriz Marilyn Monroe, por uma ingestão maciça de soníferos, ela já tinha feito inúmeras tentativas "suicidas", sem o desejo de morrer, mas, sim, como um apelo desesperado para alguém preencher seu sentimento de desamparo e solidão.

Nada disso invalida a existência da necessidade inconsciente de Madalena no sentido de obter um "benefício secundário", muito comum em personalidades com perfil histérico. A expressão "benefício secundário" refere-se às situações em que a própria doença serve como instrumento para auferir algum tipo de vantagem, como, por exemplo, nos casos de perícia médica, licença remunerada, aposentadoria, etc.

No Hospital da Criança Santo Antônio

13
LURDINHA, A MENINA COM MAIS DE 2 ANOS, QUE AINDA NÃO CAMINHAVA

Na época em que, recém-formado, eu pretendia me tornar pediatra, escolhi o Hospital da Criança Santo Antônio para aprender, sobretudo com um grande e celebrado pediatra, o mestre Décio Martins Costa. E como aprendi!, sobretudo a simplificar os atendimentos, a valorizar não unicamente os sintomas e o exame clínico da criança. Décio Martins Costa dava uma grande ênfase aos fatores do meio ambiente familiar, sobretudo à boa ou má capacidade de maternagem da mãe e aos fatores socioculturais que cercavam a criancinha, em uma época em que isso não era comum.

Assim, nós, alunos, víamos com nossos próprios olhos e aprendíamos com o professor Décio o quanto o surgimento de uma grande quantidade de crianças gravemente desidratadas ou distróficas (com grau de desnutrição e de magreza tão grandes que às vezes a criança ficava reduzida a pele e ossos) era devido à total falta de informação dos pais sobre os cuidados primários com o filho, quando não um triste fruto do abandono, físico e afetivo. Igualmente observávamos crianças com equimoses, queimaduras (com cigarro aceso) e ferimentos disseminados pelo corpo, que, para nosso horror, era evidenciado que tinham sido provocados intencionalmente pelos pais sádicos.

Entre uma imensa variedade de situações patogênicas, no verão predominavam os quadros clínicos de severa desidratação, decorrentes de diarréia e vômitos; no inverno prevaleciam quadros infecciosos, principalmente pneumonias, às vezes graves. Aprendemos a reconhecer crianças deprimidas (logo, altamente vulneráveis a contrair infecções, devido à queda das defesas imunológicas que a depressão costuma provocar), crianças hiperativas com "disfunção cerebral mínima" (hoje este quadro é conhecido com o nome de "transtorno do déficit de atenção/hiperatividade"), etc. Também era fascinante aprender com o professor Décio a reconhecer a comunicação não-verbal das crianças, através, unicamente, da linguagem corporal.

Às vezes ele estabelecia um diagnóstico clínico fazendo a leitura do tipo de choro da criança. Assim, era possível discriminar um sadio choro de fome (choro forte) ou de cólicas (um choro prolongado que vem acompanhado de um *rictus* de dor e de incessantes movimentos do corpo para os lados) ou um choro próprio de otite (inflamação dos ouvidos), caso em que a criança chora forte, sacudindo a cabecinha para os lados; no caso de pneumonia, o choro se mostrava fraquinho, acompanhado de um gemidinho suspiroso, denunciador de uma dificuldade respiratória e dor ao respirar, e assim por diante.

Em meio a tantas possibilidades de extrair exemplos ilustrativos, selecionei uma situação de consulta no ambulatório. A mãe, dona Celeste, pessoa humilde, trazia no colo sua filhinha de 2 anos e tanto, com a queixa de que a menina, Lurdinha, ainda não caminhava, o que a deixava bastante preocupada (imaginava a possibilidade de doenças graves), porque as crianças da vizinhança, da mesma idade, "até já estavam quase correndo". Recordo com nitidez que o dr. Décio pediu à mãe que pusesse Lurdinha no chão, de pé, porque ele queria observar melhor o possível defeito de marcha da menina.

Inicialmente, a mãe protestou que o chão era de cimento e a menina iria cair e poderia se machucar. O professor insistiu, afiançou que estávamos todos atentos e não haveria o menor perigo. Tão logo a menina saiu do colo da mãe e ficou de pé, sem apoio de ninguém, seu corpo vacilou, ela ameaçou cair, e dona Celeste precipitou-se sobre ela. Pegou-a novamente no colo e exclamou, entre assustada e triunfante: *Viu? Não quiseram acreditar em mim e quase aconteceu o pior.* Dr. Décio, totalmente tranqüilo, perguntou-lhe: *O que seria o pior?*. *Cair e se machucar*, respondeu a mãe, convicta e prontamente. *E daí?* – voltou a perguntar o professor – *A senhora já viu alguma criança que não se machuca?*. Ele virou-se para nós e prosseguiu: *Todos vocês já ouviram falar nas inevitáveis dores do crescimento que nos acompanham por toda a vida, especialmente na infância. O aprendizado da marcha sempre custa algumas pequenas machucaduras.*

Finalmente, olhando fixo para a mãe, o mestre sentenciou: *Dona Celeste, a sua filha não tem nenhuma doença e, muitíssimo menos, doença grave. O mal de que ela está sofrendo é o excesso de angústia da mãe dela, a senhora: ao primeiro movimento sadio que a menina faz para aprender a caminhar a senhora a impede e a sufoca com seus medos. Vamos recomeçar.* Assim foi feito: nosso mestre ensaiou novas tentativas por mais três ou quatro vezes e ficou evidente que a menina, para júbilo dela própria, estava começando a firmar sua marcha.

Reflexões

Nunca mais esqueci dessa lição sobre o relacionamento mãe-filho, que acontece tanto no sentido positivo, quanto no sentido patogênico, quando a angústia da mãe, como era o caso de dona Celeste, invade o psiquismo de uma criança pequena, mantém uma prolongada infantilização do filho, esteriliza capacidades que existem e que, de uma forma ou de outra, estão pedindo passagem para desabrochar, mas são impedidas devido a alguma sabotagem inconsciente por parte de uma figura parental.

No caso específico de dona Celeste e sua pequena filha, Lurdes, havia o acréscimo de um fator complicador. A menina nasceu após muitos anos de infertilidade da mãe, o pai volta e meia abandonava a casa e depois voltava, o que gerou na mãe um intenso medo de ficar sozinha e abandonada. Uma conversa mais aprofundada com dona Celeste conseguiu revelar seu medo de perder a posse da filha quando esta ficasse mais adulta, de sorte que, inconscientemente, sob uma capa de racionalização de que desejava proteger a filha de eventuais ferimentos, ela estava protegendo a si própria com o recurso de manter a filha em um apego simbiótico consigo.

A razão de ter escolhido essa situação como exemplo de vivência na clínica com crianças reside justamente no fato de que situações similares a esta são muito freqüentes na vida cotidiana de incontáveis famílias, com um elevado preço para os filhos em sua condição de futuros adultos. Tal lição se aplica também a inúmeras situações de tratamento psicanalítico, pois é importante o analista não ter medo excessivo quando um determinado paciente recai num estado depressivo, porque, em um grande número de vezes, o estado depressivo, além de ser transitório, pode estar se constituindo uma alentadora manifestação de que importantes e positivas mudanças estão começando a se processar no psiquismo do paciente e, parafraseando o mestre Décio, *às vezes, é preciso ter algumas quedas para se aprender a caminhar na vida.*

Vivências no Exercício da Psiquiatria

14
Notas sobre a minha formação como psiquiatra

A minha formação psiquiátrica deu-se na Clínica Pinel de Porto Alegre, instituição particular, criada por Marcelo Blaya, que, por sua vez, fizera a sua formação em psiquiatria nos Estados Unidos, mais precisamente, na famosa Clínica Menninger, no estado de Kansas. Durante os quatro anos em que lá permaneceu estudando e praticando a psiquiatria, Marcelo absorveu uma nova forma de compreender e manejar pacientes psiquiátricos hospitalizados, o que, sem dúvida, representou uma filosofia de atendimento que, na época, era o extremo oposto da filosofia vigente nos hospitais psiquiátricos brasileiros, então ainda chamados por muitos de hospícios.

A Clínica Pinel foi criada justamente com o propósito de implantar em nosso meio uma modalidade de atendimento hospitalar psiquiátrico em que, acima de tudo, o doente, por mais regressivo que fosse seu estado mental, fosse tratado por toda a equipe multidisciplinar de atendimento, em permanente treinamento continuado, como um ser humano, apto a resgatar suas capacidades perdidas ou nunca desenvolvidas e seu sagrado direito de viver com dignidade, não obstante suas limitações neuróticas ou psicóticas. Em outras palavras, a proposta da nova clínica consistia em modificar a realidade de que, salvo raras exceções, no Brasil o hospital psiquiátrico costumava funcionar como um depósito de doentes mentais, crônicos em sua grande maioria, com a finalidade precípua de proteger a família e a sociedade.

Dessa forma, a Clínica Pinel fez importantes inovações, como, por exemplo, a introdução em bases científicas da praxiterapia, oficina de atividades manuais as mais variadas, com finalidades terapêuticas, que ia muito além da única função de "os doentes passarem o tempo". Em um sentido mais amplo, Marcelo Blaya introduziu com êxito a concepção da ambientoterapia, ou seja, o uso do próprio ambiente hospitalar como recurso terapêutico.

Assim, nenhum médico ou pessoal da enfermagem usava qualquer tipo de uniforme; pelo contrário, todos nós, da equipe de atendimento, nos misturávamos com os pacientes internados, que também nunca usaram qualquer tipo de uniforme, nas diversas modalidades de jogos, brincadeiras, passeios, esportes e almoçávamos partilhando as mesmas mesas. Lembro de manifestações de escândalo por parte de colegas psiquiatras de outros centros do Brasil, durante um congresso nacional de psiquiatria em Fortaleza (CE), quando relatei que o convívio entre os pacientes não os obrigava a ficar em alas distintas, que mantivessem uma absoluta separação entre homens e mulheres.

Outra inovação foi a utilização do rico potencial da *Dinâmica de Grupo*, que naquela época era muito pouco utilizada no meio hospitalar e mesmo em outras áreas da atividade humana. Assim, utilizávamos grupos de reflexão, grupos psicoterápicos, inclusive com pacientes psicóticos.

Em síntese, funcionávamos como uma nova família, unida nos bons e, não raramente, nos maus momentos. Também se impõe destacar o uso pioneiro das modalidades de internação denominadas *Hospital-Dia* (alguns pacientes continuavam morando com suas respectivas famílias e freqüentavam a clínica durante os dois turnos do dia, partilhando todas as atividades da ambientoterapia) e *Hospital-Noite* (alguns pacientes, por exemplo alcoolistas, durante o dia mantinham sua atividade profissional normalmente e durante a noite sentiam-se amparados no ambiente protetor e acolhedor da Pinel, onde fugiam da solidão que os levava a se embriagar).

Esta nova concepção de clínica hospitalar psiquiátrica aos poucos foi se alastrando pelo Brasil, especialmente porque muitos dos médicos residentes que fizeram sua formação na Pinel eram procedentes de outros estados, principalmente do Nordeste, e do Interior de São Paulo, e após a conclusão de sua formação regressavam a seus estados de origem e disseminavam as novas idéias e forma de trabalhar, ajudando a fazer a transformação do "hospício", que funcionava como asilo ou depósito, em um local de tratamento da saúde mental, aliado a trabalho, socialização e lazer.

Desde a condição de residente, fui galgando novas posições na Pinel, a ponto de atingir a de diretor clínico, na qual permaneci durante longos anos, até meu afastamento para enfrentar novos desafios. Estes consistiram em fazer concursos públicos que me propiciaram fazer parte do corpo clínico do Hospital do Pronto Socorro (HPS), do Hospital Psquiátrico São Pedro (HSP), do Centro Comunitário da Vila São José do Murialdo e do corpo médico da Brigada Militar, além, é claro, de meu ingresso na

Sociedade Psicanalítica de Porto Alegre, que me possibilitou o exercício cotidiano da clínica psicanalítica há mais de quatro décadas. Desta forma, recolhi uma longa e diversificada experiência e convivi com interessantes e distintas situações emocionais. Cada uma delas, mercê de ter me estimulado a fazer reflexões, me possibilitou extrair um aprendizado acerca das emoções humanas. E é justamente esse aprendizado que pretendo partilhar com os leitores, pelo relato de algumas das situações vivenciadas por mim, de forma direta ou indireta.

Na Clínica Pinel de Porto Alegre

15
O uso de insulinoterapia.
O choque insulínico em Fernando

Eu mal tinha começado minha formação de psiquiatra na Clínica Pinel de Porto Alegre, no início dos anos de 1960, e já percebi que Marcelo Blaya tinha estabelecido uma série de recursos prioritários para o atendimento dos pacientes que permaneciam internados ou eram atendidos no regime de hospital-dia ou hospital-noite. Como já mencionei, o primeiro recurso era, sem a menor dúvida, o uso da ambientoterapia, com atendentes terapêuticos especialmente preparados para a prática de jogos de salão, esportes, passeios, etc. e com uma praxiterapeuta especializada em comandar o importante setor da praxiterapia, oficina protegida, onde os pacientes faziam trabalhos de cerâmica, encadernação, tapetes, marcenaria, etc. Fazia parte da ambientoterapia, a utilização da dinâmica de grupo, em suas múltiplas modalidades. Usávamos muito pouco a medicação psiquiátrica, tanto porque na época a moderna e eficiente psicofarmacologia recém estava engatinhando, como também porque a ênfase do tratamento consistia na aplicação da psiquiatria dinâmica, ou seja, estudávamos os princípios básicos da psicanálise com a finalidade de compreendermos os conflitos profundos do psiquismo de nossos pacientes, no lugar de simplesmente aliviarmos os sintomas manifestos.

O segundo recurso empregado era o uso da eletrochoque terapia, também chamada de eletroconvulsoterapia ou simplesmente de Cerletti, nome do inventor deste recurso terapêutico. No entanto, reservávamos o eletrochoque unicamente para situações agudas, como um grave risco de suicídio e uma desagregação psicótica com uma violenta excitação psicomotora, por exemplo.

O terceiro método, reservado para pacientes com doenças crônicas, como esquizofrenia simples e outros estados mentais equivalentes, era a insulinoterapia. Esse tratamento, na época ainda bastante utilizado nos hospitais psiquiátricos em geral, consistia em aplicar no paciente uma dose de insulina até que este atingisse o estado de coma não muito profundo Após algumas horas acompanhando o paciente de perto pelo médico e por um atendente, que nunca saía de sua cadeira junto ao leito, para observar as mínimas irregularidades que pudessem acontecer, fazíamos o paciente beber algum líquido açucarado, até sua total recuperação. Todas as evidências de melhoria dos pacientes, principalmente o melhor relacionamento com as pessoas da comunidade, apontavam que a insulinoterapia era um método bastante eficiente.

Decorridos uns seis meses de meu início na Pinel, tivemos um grave incidente com Fernando, um jovem esquizóide, que não conseguíamos tirar do coma. O paciente estava dando sinais de sofrimento cardíaco, a cianose se acentuava e nosso pavor de sua morte iminente também aumentava. Aplicação de glicose endovenosa, massagem cardíaca e respiração boca-boca recuperaram a vida de Fernando. Blaya reuniu todo o corpo médico para debatermos o assunto, predominou o bom senso de nunca mais empregarmos o método de indução até o estado de coma, mas continuamos com a insulinoterapia com doses bastante moderadas, com o paciente sendo acompanhado da mesma forma, como era feito no uso do coma, com o mesmo tempo de duração.

REFLEXÕES

Recordo que, apesar das modificações na aplicação da insulinoterapia, os resultados foram igualmente benéficos, e logo refletimos que não era a insulina, muito menos o estado de coma que promovia as melhoras, mas, sim, o conjunto de cuidados, especialmente a companhia permanente de uma pessoa interessada – o atendente psiquiátrico, com dedicação exclusiva durante horas, que provavelmente preenchia o papel de uma mãe amorosa velando o sono do filhinho. A partir daí também suspendemos a indução de estados de subcomas insulínicos e os substituímos por uma maior concentração de atenção em aspectos da ambientoterapia que preenchessem a profunda necessidade de muitos pacientes em estado de regressão de se sentirem amparados e reconhecidos como alguém que existe e que é amado.

Os resultados práticos foram igualmente os mesmos. Daí, eu extraí um importante aprendizado no que diz respeito à importância da pessoa real do terapeuta, sua forma de acreditar, valorizar, amparar e, de verdade, gostar de seu paciente.

Cabe registrar mais duas reflexões: a primeira é o fato de que complicações e paraefeitos de tratamentos comprovadamente benéficos, que não é o caso da insulinoterapia, não tiram o valor do tratamento que represente algum tipo de risco, que sempre deve ser levado em conta. Uma segunda reflexão consiste na evidência de que, na atualidade, para evitar o envolvimento em processos judiciais, é fortemente recomendada a utilização de um "termo de consentimento" para certos tratamentos, procedimentos e eventuais pesquisas.

16
O "jogo de bola" com Mercedes

Mercedes era uma pessoa de aproximadamente 30 anos que estava em um estado mental de profunda regressão, que lembrava um certo estupor catatônico (um estado mórbido em que o doente, em condição psicótica, fica quase imóvel, mudo, sem responder aos estímulos exteriores). Em uma das atividades da ambientoterapia, orientei uma atendente bastante empática com pacientes mais graves a tentar fazer com Mercedes um "jogo de bola", que consistia em simplesmente usar uma bola leve e, bem próximo da paciente, jogar a bola na mão desta para que ela a devolvesse.

Com Mercedes não estava adiantando, ela simplesmente ignorava tudo a seu redor. Tive a intuição de que a atendente poderia segurar a mão da paciente, de modo que ambas tocassem a bola juntas, e fazer este jogo com a colaboração de outro atendente. Após repetir alguns dias este mesmo exercício diariamente, a atendente ficou com a sensação de que os dedos de Mercedes se crisparam com mais força ao segurar o lado da bola que lhe cabia. Revigorada em seu ânimo, a atendente continuou repetindo o jogo e, à medida que se confirmava que a paciente, de fato, segurava mesmo a bola, ela fazia entusiásticas manifestações verbais reconhecendo seu crescimento. Após alguns dias, a atendente experimentou separar-se de Mercedes por alguns centímetros, de novo foi bem-sucedida, até que atingiram a distância normal de uns dois metros mais ou menos, sempre com sucesso. Ao fazer os elogios, a atendente julgou perceber um discreto sorriso de satisfação e um lampejo no olhar da paciente, que parecia ser de cumplicidade. Foi o início da bela e gratificante recuperação de Mercedes, que, aos poucos, foi praticando outras atividades na praxiterapia.

Reflexões

Aprendi muito com este episódio. Aprendi, por exemplo, que, muito antes de me familiarizar com os ensinamentos de Bion, grande psicanalista e autor, já praticávamos o que ele divulgava enfaticamente, como a importância de o terapeuta acreditar em suas *intuições* – por exemplo, a idéia de paciente e atendente segurarem juntas a mesma bola. Hoje entendo que isso funcionou como se passasse uma corrente de magnetismo anímico para Mercedes, como se fosse um toque de mãe interessada e amorosa. Além disso, na atualidade, freqüentemente utilizo em palestras o exemplo de Mercedes como forma de demonstrar a importância da formação de vínculos e o valor disso para o preenchimento de "vazios" no psiquismo de algum paciente, sempre que os vínculos primitivos não se formaram ou foram internalizados como sendo muito maus.

17
A internação de Sofia, a "bomba"

Ainda conservo bem viva na memória a situação que passo a narrar. O gerente administrativo da Pinel tinha nos advertido de que, vindo transferida de um hospital psiquiátrico, onde recebeu "alta por expulsão, por conduta perigosa", uma paciente, Sofia, iria se internar em nossa clínica. A notícia logo se espalhou entre os médicos, atendentes e alguns pacientes. O clima ficou tenso e corriam notícias de que a nova paciente era violenta e punha em risco a integridade das pessoas que se aproximassem dela, de sorte que, sem conhecê-la, já a estavam chamando de "bomba", pronta a explodir a qualquer momento. Decidi convocar uma reunião extraordinária, especialmente com os atendentes, dando algumas explicações sobre a dinâmica do pânico e indicando algumas tomadas de atitudes que evitassem o contágio do terror.

Na manhã do dia seguinte veio Sofia, uma jovem com traços bonitos, não obstante tivesse uma fisionomia carregada, algo desgrenhada, lembrando uma selvagem, com um olhar aterrador e desconfiado, escorando-se nas paredes. Chegou a hora do almoço, momento crucial, porque já nessa época tínhamos abolido a cela de reclusão, os pacientes podiam transitar livres pelo prédio da clínica, e, como era hábito, fazer as refeições partilhando a mesma mesa e talheres, inclusive facas, com os demais pacientes, atendentes e médicos. Quase ao final do almoço Sofia pegou uma faca, levantou-se, permaneceu de pé, creio que por um minuto (embora parecesse uma hora), com a faca na mão, olhando assustada para todas as pessoas ao seu redor. Fez-se um silêncio quase que absoluto, enquanto todos nós, já previamente preparados, mantínhamos a calma, pelo menos aparentemente, aguardando o que aconteceria. Passado o minuto de indecisão, Sofia, a passos lentos, aproximou-se da pia que ficava perto e, fazendo o que por hábito todos faziam, pôs ali a faca e demais talheres para lavá-los. O alívio geral foi sensível. Aos poucos, Sofia foi se integrando à praxiterapia e participando das atividades comunitárias do ambiente. Na verdade, Sofia jamais criou alguma situação difícil ou demonstrou algum sinal de agressão destrutiva. Pelo contrário, granjeou amizades, até sua recuperação e retorno a sua família.

Reflexões

Esse relato permite colher alguns preciosos ensinamentos para os educadores em geral e para psicoterapeutas em especial. O primeiro deles é a constatação de que a angústia se comporta como um vírus contagioso: um sujeito vai contaminando o outro, a ponto de haver a possibilidade de se provocar uma verdadeira epidemia, um pânico coletivo. A conseqüência mais nefasta disso é a alta possibilidade de se formar um círculo vicioso maligno, isto é, a pessoa visada (no caso, Sofia) fica assustada com o clima de terror, sente-se ameaçada e, como forma extremada de defesa, parte para um contra-ataque, às vezes violento, o que, por sua vez, deixa os demais mais angustiados e defensivos, em um circuito que pode resultar crescente e interminável, com a formação da figura do "bode expiatório", como Sofia, portadora de todos males e perigos.

Isso pode acontecer entre pais e filhos, entre professores e alunos, e, naturalmente, com algum eventual terapeuta que, na hipótese de que não esteja suficientemente bem preparado para acolher angústias, diante de um paciente demasiadamente ansioso, que então o contagia, pode reagir de formas muito inadequadas, formando-se impasses nas análises, às vezes funestas. Uma metáfora pode esclarecer melhor: todos sabemos que se alguém passar por um enorme cachorro morrendo de medo é bem provável que o cão vá rosnar ameaçadoramente e, não raramente, pode atacar. No entanto, se o passante gosta de cachorros e não se angustia, vai acontecer que o mesmo cão que antes atacou agora abana o rabo em movimentos horizontais, expressando satisfação. O que se passa no primitivismo do reino animal certamente se reproduz de alguma forma no reino humano.

Impõe-se, portanto, destacar a fundamental importância de o analista possuir a capacidade de continência (conter sentimentos difíceis), de empatia (conseguir se colocar no lugar do outro) e de acreditar nos aspectos positivos, muitas vezes encobertos, do outro, que, embora amedrontado e defensivo, está à espera de ser reconhecido como sendo um igual. Sofia não era uma pessoa agressivamente destrutiva, muito menos uma bomba; simplesmente estava em um momento de sua vida no qual se encontrava acossada por conflitos e angústias, de modo que, em uma forma desesperada de defesa, a ela, que era de boa índole e caráter, só lhe restava um contra-ataque contra os imaginários perseguidores, deslocados no mundo exterior.

Com variações, às vezes de formas bastante discretas e dissimuladas ou situações paranóides, equivalentes às de Sofia, tais casos são de ocorrência muito freqüente na vida cotidiana das pessoas em geral, e também nas situações analíticas. Também podemos refletir sobre quantas informações prévias equivocadas, de boa ou de má-fé, e preconceitos (pré-conceitos) causam prejuízos (pré-juízos), por vezes, muito graves.

18
Dona Berta e seu "tratamento de choque"

Dona Berta, uma paciente com um pouco mais de 60 anos, foi internada porque, segundo seus familiares, vinha apresentando um crescente prejuízo de memória, aliado a um certo desajuste em seu comportamento. Era uma figura muito simpática, interessante e engraçada. Costumava chamar respeitosamente as psicólogas de "pepsicólogas" – a sua bebida preferida era a Pepsi Cola. Jamais se separava de sua bolsa, que continha seus "tesouros". Até que, quando mais afeiçoada à clínica, saiu de seu constante negativismo e aceitou um convite para participar de um jogo de pingue-pongue. Para tanto deixou sua bolsa em uma cadeira bem perto de si.

Ao término do jogo, dona Berta não achou mais sua bolsa. Fez um escândalo, entrou em desespero, gemia, chorava, pedia socorro, dramaticamente exclamava que haviam "roubado sua alma". Imediatamente todos se mobilizaram, até que a bolsa apareceu, totalmente intacta: uma atendente mais zelosa resolvera guardar a bolsa em local mais protegido, à espera do fim do jogo. Ao receber a bolsa, inicialmente dona Berta conferiu tudo que havia dentro durante vários minutos. Após ter admitido que tudo estava bem, ela deu enorme suspiro de alívio e, feliz, exclamou em alto e bom som: *Agora entendi o que é o tratamento por choque, que me assustava todo tempo, e por isso eu não queria vir para a clínica. Até que nem dói tanto!.*

Reflexões

Dona Berta estava representando o papel de porta-voz de uma infinidade de pessoas – especialmente nos idos anos de 1960 – que faziam do termo eletrochoque um verdadeiro tabu, atribuindo a ele significados errôneos, como o de uma tortura sádica. Os hospitais psiquiátricos da época jamais revelavam para o paciente e seus familiares que aplicavam choques elétricos, o máximo que diziam é que a terapêutica consistia em choques por insulina ou outros eufemismos.

Nos começos da Pinel percebi que também havia um clima de tabu, um certo pavor entre pacientes e atendentes, que, pelo contágio da angústia, ia se disseminando e adquirindo foros de verdade. Até por uma questão de índole pessoal, por não saber trabalhar com os pacientes com o uso de mentiras, eu assumi um papel, penso até que pioneiro para aqueles tempos, de desmistificar a má fama do eletrochoque, de modo a restaurar as suas inequívocas vantagens, quando bem aplicadas, com rigor científico.

Nas reuniões dos grupos de reflexão que fazíamos sistematicamente, com freqüência este assunto surgia, e a minha tônica era a de esclarecer e propiciar que os atendentes e residentes pudessem mencionar o eventual uso do recurso do eletrochoque, usando este nome com a maior naturalidade, sem o menor constrangimento ou receio de aterrorizar o paciente ou familiares deste, e sem a necessidade de usar eufemismos, até porque o ocultamento da verdade gera suspeita, que força a emergência de fantasias, virtualmente sempre apavorantes e produtoras de um abalo no necessário vínculo de confiança. Nada melhor do que dizer a verdade, sempre de forma natural e com respeito à sensibilidade do outro. Deu certo.

19
Isaías e seu inseparável guia telefônico

A pedido de seus familiares, Isaías, um solteirão de 40 e poucos anos, aceitou sua internação porque estava abusando do uso de bebidas alcoólicas, comprometendo sua imagem no local de trabalho. Além disso, sofria de transtorno obsessivo compulsivo (TOC), que se manifestava por uma forma de comportamento em que, apesar de maneiras sempre solícitas e sedutoras com todos, no fundo, sempre transparecia, dissimuladamente, um propósito de controlar a tudo e a todos.

Essa característica *obsessiva* – expressão que designa o controle que se processa no âmbito dos pensamentos – aparece intensamente manifesta em um ato *compulsivo* – expressão que refere os atos repetitivos que se seguem aos pensamentos obsessivos – com a seguinte manifestação: quando chegava na clínica, à noitinha (Isaías estava em regime de hospital-noite, para mantermos seu importante vínculo com o trabalho), ele nos oferecia seu grosso guia telefônico, que sempre o acompanhava, para que perguntássemos o número do telefone de qualquer assinante, porque, ele garantia, tinha decorado todo guia. Para perplexidade de todos nós, ele estava com a razão, acertava sempre, sem titubeio.

Houve, porém, uma única exceção: diante de um determinado nome, Isaías deve ter errado por um ou dois algarismos. O que era um errinho banal e mais do que natural tomou dentro dele a dimensão de uma terrível angústia, como se tudo estivesse desmoronando dentro e fora dele, arrastando junto um intenso baque em sua auto-estima e uma forte sensação de que teria nos decepcionado e, assim, seria menosprezado por todos nós.

Reflexões

Toda e qualquer neurose obsessivo-compulsiva invariavelmente vem acompanhada de um severo superego, internalizado desde a infância, do qual emanam mandamentos, exigências, ordens e ameaças de punição. Esse superego rígido, às vezes cruel, está presente de forma ativa em uma camada mais profunda do inconsciente. Uma avaliação dos pais de Isaías confirmou que especialmente a mãe também era possuidora de um superego cruel. Ela repassava para fora as ameaças de tragédia que sentia dentro de si, especialmente para os filhos, impondo-lhes um sem número de excessivos cuidados, exigências, advertências, mensagens catastróficas. O termo mais utilizado por ela era "cuidado" (com sujeiras, com falta de ordem, disciplina, risco de doenças, de contágios, etc.), o que forçou toda a família a hipertrofiar um intenso controle sobre todos e tudo.

20 As mãos de Raul estavam em carne viva de tanto lavá-las

Raul, um adolescente, sofria de uma modalidade grave de TOC, que consistia em lavar compulsivamente suas mãos com sabão, ato que se repetia com a freqüência de umas seis vezes por hora durante o dia inteiro. Se ele fosse impedido, ou se ele próprio tentasse controlar sua impulsividade original, a conseqüência mais emergente era a de recair em um estado de extrema angústia. A situação chegou a tal ponto que, pela ação cáustica do sabão, suas mãos estavam em carne viva, uma verdadeira chaga, com risco de degenerar em uma grave infecção.

Com outras modalidades equivalentes às de Raul, tínhamos pacientes que se demoravam horas no banheiro ou no dormitório a fazer a rotina de hábitos higiênicos ou na indecisão entre que roupa usar para sair para o trabalho, colégio, reunião social, etc. Recordo de uma senhora que cumpria um ritual que a deixava extenuada: freqüentemente, inclusive de madrugada, ela se sentia impelida a verificar se não tinha esquecido de desligar o escapamento do gás da cozinha e do banheiro, receosa de causar uma tragédia. Outra modalidade de TOC, esta não grave a ponto de merecer hospitalização ou uma preocupação maior, consiste em uma intensa dúvida diante de qualquer tomada de decisão, inclusive as que para um observador parecem banais. São situações comuns na vida cotidiana de um grande número de pessoas.

Lembro de uma paciente em tratamento privativo, fora da clínica, que, diante da decisão de comprar um tapete para o seu *living*, estava mergulhada em um verdadeiro suplício, corroída pela dúvida entre optar pelo tapete branco ("é lindo, mas suja muito...") ou pelo preto ("também é lindo, suja menos, mas escurece a sala..."), utilizando uma forma de pensamento ruminativo, cavilatório, que a impedia de sair do mesmo lugar, durante um longo tempo, até que, com juras de não criar caso, ela decidiu que o marido decidisse por ela.

Os exemplos são infindáveis e, é claro, não cabem aqui, mas é necessário destacar a importância para a estruturação do psiquismo das crianças o fato de, mesmo em nome de um amor sincero, muitas mães sufocarem seus filhos com suas preocupações e com um excesso de recomendações, com um discurso terrorífico, culpígeno (tudo que dizem veicula alguma forma de culpa) e uma exagerada ênfase no cumprimento de deveres e obrigações.

Reflexões

No caso de Raul, não foi difícil detectar que o seu lavar compulsivo e irrefreável das mãos tinha um significado simbólico de ele tentar "lavar" suas culpas, originadas pelas insistentes recomendações carregadas com o significado de terror que seus principais educadores faziam contra a "sujeira moral" do ato de masturbar-se, o qual ele praticava bastante. Enquanto o rígido superego de Raul estava dirigido contra seus desejos libidinais, no caso da paciente que era impelida a verificar se o gás estava mesmo fechado, a evolução do tratamento mostrou que ela estava simbolicamente lutando contra o medo das tragédias que suas inconscientes pulsões agressivas poderiam causar.

No caso da escolha do tapete, ficou patente que o superego da paciente estava minado de recomendações de que ela não poderia jamais cometer qualquer erro, pois, segundo seu imaginário, poderia ser punida com a perda do amor dos pais, medo que se estendeu aos professores, na época do colégio, e ao cotidiano de sua vida adulta. Não raramente, pais demasiadamente obsessivos podem estruturar uma "família aquartelada", isto é, à semelhança de um quartel todos aprendem a obedecer, às vezes com o preço do esvaziamento de suas capacidades autênticas, ou, em outros casos, com a tentativa de alguns dos filhos de se libertar, por meio da rebeldia excessiva.

Outra reflexão diz respeito à diferença entre o que é uma obsessividade patológica (TOC) e a que se refere a uma característica típica de traços de caráter (excessiva preocupação com limpeza, ordem, meticulosidade, controle rígido sobre si e sobre os outros, permanente estado de dúvidas e indecisões, de críticas e cobranças, de inflexibilidade e intolerância, apego ao dinheiro pelo medo de perder tudo e cair na miséria, etc.).

Também convém pontuar que existem dois tipos de caráter obsessivo: um é próprio de pessoas com personalidade "forte", que geralmente são líderes de perfil autocrático, superexigentes com seus subordinados (filhos, alunos, funcionários), não suportam pessoas que tenham idéias e ritmos diferentes dos seus, tomam decisões rápidas e gostam de impor seus mandamentos e, não raramente, têm crises coléricas diante de contrariedades. Um segundo tipo de obsessivo é rigorosamente o oposto deste: são pessoas que ficam tão enredadas nas malhas de um superego implacável que se tornam demasiadamente tímidas, submetidas aos chefes e autoridades em geral, de modo que estão sempre pedindo desculpas, licença, por favor e são extremamente comedidas e bem comportadas.

Creio ser importante destacar que os traços de caráter com predominância obsessiva somente são daninhos quando são intensos a ponto de atrapalhar a vida livre do sujeito e das pessoas de seu entorno. Quando estes traços estão presentes sem exageros no psiquismo, eles se constituem possivelmente como a melhor das estruturas psíquicas, porque contribuem para que a pessoa seja séria, responsável, com consideração pelos demais, com dedicação a tudo que faz, organizada nos seus compromissos e coisas do gênero.

21
UM CASO DE PERVERSÃO: CÉLIA NOSSA ATENDENTE NA PINEL, APAVORADA ANTE UM SUJEITO EXIBICIONISTA

Célia era uma excelente atendente psiquiátrica na Pinel, sempre disposta e de alto astral com todos nós, além de muito eficiente com os pacientes. Nos anos de 1960, em um certo momento, começamos a perceber uma mudança nela: sua aparência alegre deu lugar a uma expressão facial triste, sua habitual loquacidade foi substituída por um silêncio entrecortado por monossílabos, algumas lágrimas furtivas denotavam uma forte preocupação. Chamei-a no consultório da clínica e fui logo dizendo: *Célia, em nome de nossa amizade, abre o teu coração para mim. O que está acontecendo?*. Ela desabou em pranto e, entre soluços, disse que teria que sair da clínica, lugar do qual ela, então estudante de medicina, gostava tanto e estava crescendo em conhecimentos e como pessoa.

A razão de sua provável saída, segundo ela, era o fato de, por falta de dinheiro, ter que ir a pé de casa até a Pinel, que nesta época ficava na Avenida João Pessoa, de maneira que, obrigatoriamente, precisava atravessar o parque da Redenção. Acontecia que, nos últimos dias, quando entrava no parque, um sujeito de boa aparência, do alto de sua postura de soberba, abria a braguilha de suas calças e, com um ar triunfante, lhe exibia seu pênis, que, provavelmente, lhe parecia ser de tamanho descomunal, e se divertia enquanto ela se punha a correr.

Célia se apavorou, começou a mudar seu itinerário, mas de nada adiantava, ela sempre se defrontava com o mesmo sujeito, sempre procedendo da mesmíssima forma. Escutei com respeito e grande atenção e procurei tranqüilizá-la, explicando que ela não corria riscos, que se tratava de um caso de perversão exibicionista, que quanto mais ela se apavorava, mais ele se iludia que estaria sendo uma pessoa forte e não, muito provavelmente, um pobre guri desamparado, se imaginando castrado, com um pênis pequeno. Sugeri que ela não mudasse o trajeto e passasse por ele com a maior naturalidade possível, sem dar a menor importância a seu pênis, como forma de esvaziar a ilusão de sua defesa exibicionista.

No dia seguinte, como que por um milagre, Célia surgiu sorridente e, alegre como de hábito, contou que tinha feito o combinado, e ainda ela fez um acréscimo: quando o sujeito estava no auge da sua soberba no ato de exibicionismo, Célia aproximou-se bem pertinho, olhou fixamente para o pênis do sujeito, depois para os olhos dele e exclamou: *Mas que pequenininho! O que é que houve, meu filho?*. O semblante dele murchou e, com gestos muito lentos, foi recolhendo o seu pênis, enquanto se afastava em um andar trôpego. Decorridos uns quatro dias, Célia voltou a ficar triste, chorosa, o que me fez pensar que a minha estratégia tinha falhado, até que, entre alguns soluços, ela me explicou o porquê de sua aflição: *Estou muito preocupada e me sentindo muito culpada. O sujeito não apareceu mais. Coitado, eu devo ter desmoralizado ele. Agora não sei onde encontrá-lo.*

Reflexões

Não obstante se trate uma situação pitoresca, ela serve para ilustrar o fato de que as perversões, no fundo, são defesas patológicas que visam substituir medos, desamparo e baixíssima auto-estima por um mundo de ilusões. Esse tipo de exibicionista costuma ficar próximo a colégios e expor-se para as meninas, que são mais vulneráveis a entrar em estado de pavor, fato que alimenta essa patologia de exibicionismo, podendo reforçar um círculo vicioso maligno.

22
A ESTRANHA BIPOLARIDADE DE DONA JUDITH

Os familiares de dona Judith, a pedido do psiquiatra que a assistia, solicitaram sua internação porque ela vinha alternando com grande freqüência períodos de depressão com outros de mania e, nos intervalos, se comportava de uma forma encantadora com todos, sem nenhum excesso para cima ou para baixo. Nas fases depressivas, Judith emergia em um preocupante estado de estupor, a ponto de não se levantar da cama, por mais esforços que os atendentes fizessem. Sua fala não passava de balbucios mal compreensíveis, e havia uma preocupação de algum possível intento suicida. Nas fases maníacas ela se tornava hiperativa, falava alto em tom discursivo, se sentia poderosa e, quando estava morando em sua casa, gastava exageradamente em lojas, além de suas reais posses.

O fato que quero relatar se passou em uma noite de Natal. Na Clínica, costumávamos comemorar junto ao pinheirinho, com músicas natalinas e troca de presentes à moda de "amigo secreto". Dona Judith estava em um profundo estado depressivo, mas, praticamente à força (nós chamávamos de "atitude profissional firme"), os atendentes levaram-na até a sala festiva, onde ela ficou sentada, cabisbaixa, com o rosto coberto de espinhas, que a faziam sofrer, porque ela não parava de arranhar o rosto. Enquanto eu a observava, comecei a notar algo estranho: dona Judith, no início discretamente, começou a levantar a cabeça, o seu olhar parecia mais vivo, esboçou um quase imperceptível sorriso e seus lábios se mexiam parecendo que estava cantarolando, acompanhando o canto dos demais. Aos poucos, seu canto foi ficando mais vigoroso, pôs-se de pé e, o mais impressionante, notei que aconteciam nela mudanças corporais, como a passagem de um olhar mortiço para um outro, mais vivo e brilhante; a pele de seu rosto, seca e encarquilhada, rapidamente foi adquirindo viço, as espinhas desapareceram diante de meus olhos, em frações de segundos e, mais adiante, começaram a aparecer manifestações francamente maníacas, como agitação, euforia e prolixidade.

Reflexões

Na época, estávamos muito longe de existir o arsenal psicofarmacológico da atualidade, com os modernos antidepressivos, estabilizadores de humor, etc. O quadro patológico que hoje denominamos transtorno bipolar naquele tempo era chamado de psicose maníaco depressiva, nome bastante mais provocador de estigmas no paciente, é verdade. Foi uma lição, ao vivo, verificar que o transtorno bipolar tem uma inquestionável influência de fatores biológicos, endógenos, de natureza genética, mas que os fatores ambientais exteriores, incluindo alguns traumas e estresses atuais, ao incidirem nos núcleos hereditariamente transmitidos, também exercem uma influência decisiva na eclosão dessa patologia.

Essa é uma das razões pelas quais os terapeutas modernos seguem uma imprescindível recomendação nos transtornos bipolares: a de que o paciente não seja tratado unicamente com medicação ou com psicoterapia, analítica ou não, mas haja um acompanhamento que abranja tanto os fatores endógenos (medicação) como os emocionais (terapia sistemática), o que pode ser feito por dois terapeutas, cada um em sua especialidade, ou por um só, desde que este tenha um sólido domínio de ambos os manejos – o farmacológico e o psicoterápico – na prática clínica.

Na época em que ocorreu o fato envolvendo Judith, meu entendimento foi, portanto, só parcialmente verdadeiro: aventei a hipótese de que o psiquismo se defende dos sentimentos depressivos – especialmente os decorrentes da ação tirânica de um superego opressor – por defesas maníacas, em que as pulsões primitivas oriundas do id ilusoriamente sobrepujam a tirania do superego. A súbita transformação de Judith teria se devido ao clima natalino tê-la feito sentir-se amparada pelo misticismo de uma aliança com Deus e Nossa Senhora, tornando-a poderosa a ponto de mandar às favas o superego depressor.

Esta hipótese encontrava eco em outro paciente, seu Manoel, que se internara na Clínica durante um surto maníaco em que ele, normalmente muito tímido e bastante submisso a seu irmão, de quem era sócio, falava alto, com voz grossa, dando ordens, eufórico, fazendo desafios, especialmente contra o referido irmão quando este ia visitá-lo. Uma vez recuperado do surto maníaco, completamente lúcido, Manoel se mostrava feliz com o surto que tivera. Achou que teve uma demonstração de que possuía condições de superar seus medos e, esfregando as mãos de forma que denotava júbilo, repetia, risonho (sem exageros): *Dei uma lição no meu irmão. Eta, que doencinha boa!.*

23
AS MUTILAÇÕES QUE IRMA PROVOCAVA EM SEU CORPO

Irma era uma jovem senhora, bem casada, com filhos sadios e uma vida profissional bem-sucedida, em ascensão. Após a morte do pai, que vinha de uma longa agonia, Irma sofreu intensas transformações: no início coube a ela ser a sucessora do pai no comando da empresa que a família tinha e ela estava se saindo muitíssimo bem, recebendo constantes e entusiásticos elogios. No entanto, decorridos alguns meses, juntamente com um declínio no seu rendimento profissional, Irma começou a apresentar marcas muito feias nos braços, que, após se soube, provinham de queimaduras provocadas por cigarros acesos, que ela infligia a si mesma.

Tratava-se de uma automutilação que estava adquirindo características graves, tanto do ponto de vista estético, como também pelo alto risco de haver uma infecção generalizada. A medicação e a terapia de apoio não davam resultados permanentes; até poderia haver uma aparência de melhora durante alguns dias, mas esta era seguida de recidivas com novas e mutiladoras feridas causadas por queimaduras. Na supervisão, decidi, junto com o psiquiatra que a atendia, mudar o rumo das sessões psicoterápicas. Parti do fato de que a ação da paciente de praticar uma mutilação contra si mesma coincidia com o recente falecimento do pai e sugeri que o colega psiquiatra investigasse mais a fundo o tipo de vínculo que existia entre Irma e seu pai.

Surgiu, então, uma revelação importantíssima: já no início da doença maligna do pai, entre juras de amor eterno entre ambos, Irmã e o pai fizeram um juramento de que, acontecesse o que viesse a acontecer, eles jamais se separariam. Chegaram a fazer um pacto secreto: se o pai viesse a morrer, no túmulo do cemitério, ele estaria esperando por ela, para eles retomarem uma comunhão eterna. Acontece que, decorrido um certo tempo do falecimento do pai, Irma começou a achar que o pai, no seu túmulo, deveria estar reprovando que ela estava "indo bem demais na vida", enquanto ele estava morto, infeliz, só, passando frio, abandonado na escuridão de seu caixão e, assim, impaciente com a demora dela em cumprir a promessa de se unir a ele na morte.

O prosseguimento desse enfoque, mais analítico, permitiu evidenciar que Irma fez uma espécie de "arranjo de compromisso", isto é, chegou a pensar em suicídio, mas a sua parte sadia pensou nos filhos e rechaçou esse propósito, até que ela chegou a um meio termo: a fantasia de que se mutilando acalmaria a impaciência do pai quanto ao cumprimento do acordo, provando a ele que não estava feliz e que, simbolicamente, se preparava para a morte, ou seja, para o prometido reencontro. A partir dos sucessivos assinalamentos destas fantasias, além da ação catártica (desabafo), desta pesada carga de promessas, culpas e medos, Irma, aos poucos, foi se reintegrando a sua vida normal.

Reflexões

Esse caso ilustra um aspecto muito freqüente na clínica psicanalítica, ou seja, a dificuldade que muitos pacientes apresentam em sentir-se merecedores de ser pessoas felizes e bem-sucedidas. Isso acontece quando este tipo de paciente sente culpa por estar levando uma vida bem-sucedida quando, ao mesmo tempo, algum familiar próximo, como mãe, pai ou irmão, tanto vivo quanto falecido, está passando ou tenha passado por dificuldades, quer por doença (é bastante comum que existam irmãos que tiveram graves problemas congênitos ou mortes prematuras, etc.), dificuldades econômicas, lares desfeitos, etc. Existe uma força poderosa que age desde as camadas profundas do inconsciente e obriga o sujeito a se identificar com o destino (pobreza, desgraças, limitações, etc.) que os referidos familiares – infelizes – tiveram ou estão tendo nas suas vidas. Trata-se de um fenômeno psíquico que eu denomino "identificação com a vítima".

24
A PSICOSE DE PAULO DEVIA-SE AO "CRIME" DA SUA MASTURBAÇÃO?

Paulo era um jovem arquiteto, bonito e bem-sucedido, até que, coincidindo com um momento bastante depressivo da mãe, ele começou a apresentar algumas idéias delirantes de perseguição e, principalmente, ele próprio se atacava o tempo todo, proferindo insultos contra o que ele chamava de suas maldades. Internado na clínica, ele não aceitava nenhum incentivo dos médicos e atendentes para participar das atividades da ambientoterapia. Recusava tudo, sempre repetindo o mesmo bordão: *Me deixem, me larguem de mão, eu sou um cafajeste, não mereço nada de bom, principalmente estar entre gente boa.*

Na supervisão, nossa ênfase consistia em enaltecer a importância de os atendentes e o psiquiatra assistente manterem uma atitude de paciência e continência, isto é, de não desistir de acreditar nele e de cada um poder conter o que Paulo considerava sujeiras e maldades destrutivas, das quais ele seria portador.

O negativismo perdurou um tempo relativamente longo, até que, um dia, Paulo decidiu responder por que se considerava um canalha, cafajeste, não merecedor de conviver com pessoas do bem. Relatou que essa sensação vinha acompanhando-o desde o início de sua adolescência, quando o padre professor de religião do colégio religioso em que estudava falava sobre o "crime de Onã". Onã é o personagem bíblico que foi condenado por Deus porque, em sucessivos coitos interrompidos na hora da ejaculação ou pelo ato da masturbação, estaria expelindo o esperma sagrado sem ser para os nobres fins da fecundação. Segundo Paulo, o padre teria acrescentado em um tom ameaçador: *Deus está de olho em vocês. Não adianta vocês cometerem o crime de Onã (daí a palavra onanismo como sinônimo de masturbação) secretamente, porque Deus sabe tudo. Em nome dele vou advertir vocês de que cada gota de esperma derramada fora, corresponde a uma gota de sangue de Nossa Senhora.*

Naquele período, Paulo, que normalmente era um contumaz masturbador, passou a cuidar da saúde da mãe. Volta e meia, ele levantava as pálpebras dela para verificar se as mucosas de sua conjuntiva estavam empalidecidas, atitude que tinha o objetivo de descobrir se ela estava anêmica ("de tanto perder sangue"), o que ficou fácil de compreender depois de ele relatar o seu trauma com as palavras ameaçadoras do padre.

Reflexões

O leitor já deve ter percebido que a depressão da mãe de Paulo tocou em sua antiga ferida, fazendo ressurgir a culpa de a estar "sangrando", assim como à Nossa Senhora, o que evocou nele o reprimido trauma de, devido ao "crime" da masturbação, estar destruindo a própria mãe, fato imaginário que tomou a significação de que, realmente, ele seria portador de pulsões destrutivas, de modo a ser perseguido por Deus (que vê, ouve e sabe tudo) e seria o responsável pelo estado da mãe se esvaindo da vida. A reflexão importante que cabe destacar consiste no fato de que não é tanto a situação concreta – no caso, a masturbação – o mais relevante, mas, sim, o significado que os educadores emprestam ao referido fato. Para azar de Paulo, o significado atribuído à masturbação foi de natureza terrorista e, somado a uma provável insegurança que já deveria acompanhá-lo na ocasião, tornou-se altamente daninho nos escaninhos de seu mundo inconsciente.

25
Dr. Ricardo, nosso psiquiatra em formação, diante de um paciente que receava ser homossexual

Ricardo, médico vindo do centro do país para fazer sua formação em psiquiatria dinâmica na Clínica Pinel, oscilava entre momentos de muita produtividade, dedicação e um certo talento e outros de atitudes bizarras. Por exemplo, freqüentemente ele se mostrava deprimido, e nessas ocasiões simplesmente desaparecia da clínica. Nas primeiras vezes todos ficávamos preocupados, chamando alto por ele e procurando-o em todos cantos, até que um dia, algo pressionado, ele contou o seu segredo, que consistia em um "remédio milagroso para a sua depressão": ele tomava uma condução, desembarcava no Centro, junto à Praça da Alfândega, onde ficava a famosa padaria-confeitaria Mateus. *Então* – completava o eufórico Ricardo – *eu peço dois sonhos (doces açucarados com recheio de creme)*. Ele acompanhava as palavras com o gesto de quem segura nas duas mãos os referidos sonhos, na altura de cada lado do peito. E concluía: *Posso garantir, é um santo remédio para a depressão*. Essa bizarrice, no entanto, evidenciava que os *sonhos,* de formato arredondado como um par de seios, substituíam o seu sonho de se sentir afagado e alimentado pelo "leite bom" da mãe distante.

O fato clínico que estou desejando relatar consiste, entretanto, em uma dificuldade que o dr. Ricardo me trazia sistematicamente na supervisão: nas sessões de psicoterapia, seu paciente Breno falava exclusivamente de seu medo de vir a ser um homossexual, porque não conseguia apagar a vergonha, a culpa e a humilhação de ter sido penetrado pelo ânus por um amiguinho quando tinha uns cinco, seis anos. O médico tentava, de todas as maneiras, "consolá-lo" e desviar a sessão para outros assuntos. Nada adiantava, o paciente estava com a idéia fixa no episódio do passado "homossexual".

Sugeri a Ricardo que ele tentasse encarar a ânsia de Breno com mais naturalidade, aceitando a sua idéia fixa, inclusive mostrando-lhe que estava dando uma dimensão estratosférica para um episódio bastante freqüente na infância, quando a criança está tentando descobrir os mistérios da sexualidade, além de estar reproduzindo aquilo que observou ou imagina que os pais fazem. Ricardo me olhou meio atônito e perguntou: *Quer dizer que posso falar para Breno que o que ele fez é natural e é comum nas crianças?*.

Assegurei que sim, e na primeira entrevista com o paciente o previsto aconteceu, isto é, Breno voltou a se queixar de sua "homossexualidade", de ter que carregar esta vergonha para o resto de sua vida, até que o dr. Ricardo aplicou a técnica que combinamos. Ele perguntou a Breno por que ele dava tanta importância a um ato que é tão comum na infância e que não tem nada de errado. Breno parou subitamente, olhou firme nos olhos de Ricardo e perguntou, numa expressão que parecia de grande alívio: *É tão comum mesmo, doutor?*. Diante da confirmação, Breno, com um olhar exuberante, expectante, fulminou com a pergunta inesperada: *Então também aconteceu com o senhor, doutor?*. O dr. Ricardo, de pronto, cortou o discurso de Breno e, em voz alta, algo indignada, retrucou imediatamente: *Nãaao! Eu não!*. O paciente voltou a murchar...e o tiro saiu pela culatra.

REFLEXÕES

Esse episódio serve como um atestado da importância de o terapeuta ser sincero e autêntico nas suas comunicações com os pacientes, e não simplesmente estar obedecendo a orientações provindas de outros. Os pacientes, de modo geral, e especialmente os que estão mais regredidos, captam quando a comunicação é natural e verdadeira e quando ela é artificial, muitas vezes falsa. Quando predomina a primeira das possibilidades, começa a construção de um vínculo de recíproca confiabilidade; em contrapartida, quando prevalece a segunda, o vínculo entre paciente e terapeuta ora não se estabelece, ora já começa seriamente prejudicado, reforçando vínculos equivalentes do passado complicado do paciente com seus pais não-verazes ("enroladores"), que resultaram na importante falta e falha na implantação dos núcleos básicos de confiança nos filhos.

Mais de uma vez, quando eu relatava este fato em grupos de estudos, algum participante me perguntou: *Mas o que daria para responder diante da pergunta de chofre do paciente?*. Eu costumo responder que tudo repousa mais na forma do que no conteúdo de nossa intervenção. Por exemplo, se eu estivesse no lugar de Ricardo, seguindo o meu estilo particular (cada terapeuta deve manter o seu estilo pessoal, que costuma variar muito de um profissional para outro, o que não quer dizer que algum seja melhor do que os outros), eu provavelmente responderia: *Nesse momento, sem um esforço de memória eu não me lembro se comigo também aconteceu, no entanto, se eu me lembrasse de uma experiência parecida com a que você teve na infância, muito possivelmente, nos dias de hoje, eu acharia muitíssimo natural e não veria razões para culpas ou vergonha*. Também quero sublinhar que não considero vantajoso fazer confidências aos pacientes, de sorte que, sem nunca deixar de ser verdadeiro, o importante não é o paciente conhecer a nossa intimidade, mas, sim, ele ser instigado a pensar, a refletir sobre as suas reações afetivas.

26
Dra. Dora e a "ansiedade de separação" de suas pacientes

Durante alguns anos, adotamos na Pinel o costume de instruir os psiquiatras em formação para trabalhar com alguns meses de antecipação o afastamento dos pacientes no período de férias. Procedíamos assim com a pressuposta finalidade de preparar os pacientes hospitalizados para elaborar a tão difundida – principalmente por parte de quem estava em formação psicanalítica e também por alguns psicanalistas veteranos – angústia de separação que acometeria os pacientes, fazendo-os sentir-se abandonados.

Isso gerou um curioso círculo vicioso: quanto mais os pacientes eram "preparados", mais angústia pairava no ar, o que reforçava no corpo médico psiquiátrico a tese de que faltava um melhor e mais antecipado preparo para a elaboração da temível separação. Num ano, às vésperas das férias da dra. Dora, ficou evidente que as suas pacientes choravam pelos cantos, havia um clima depressivo e angustiante entre elas. Na condição de diretor clínico, fui verificar mais de perto o que estava acontecendo. Participei de uma parte da reunião grupal que a médica fazia com seu grupo de pacientes, um dia antes de sua viagem, e logo constatei que Dora, com os olhos marejados, explicava e reassegurava demasiadamente o problema do abandono de crianças pequenas, ao mesmo tempo que "garantia" que ela voltaria após o período de afastamento, que qualquer coisa "mais grave" podiam apelar para uma colega sua. Quanto mais ela falava, maior era a choradeira, coisa que não era habitual, com tal intensidade, nessas situações.

Reflexões

Fiquei refletindo durante algum tempo e cheguei a uma conclusão: a dra. Dora é que tinha ficado muito ansiosa com a separação. Posteriormente ficou evidente que, além de ela própria ter dificuldade com afastamentos, inconscientemente temia que a colega que a substituiria pudesse vir a ser mais querida pelos pacientes, que, então, se esqueceriam totalmente dela. Enquanto refletia, eu ia me lembrando de um amigo meu que tinha fobia de ir ao dentista, porém foi forçado a ir e escolheu a dedo um que tinha fama de, como Dora, ser considerado "muito humano". Esse amigo me contou que o dentista passou todo o tempo lhe confortando, garantindo que não ia doer muito, dizendo que se sentisse "qualquer coisa" lhe apertasse o punho que ele logo pararia de usar a broca, etc. Meu amigo, que fora ao consultório tranqüilo, foi ficando preocupado: se o doutor estava ansioso para acalmá-lo era porque havia algo de grave e muito doloroso pela frente. Inventou uma desculpa qualquer e se mandou do consultório.

Voltando à dra Dora: foi estabelecida uma nova conduta diante das férias longas: não "preparar" os pacientes tão antecipadamente, porque o problema não consistia no tempo de elaboração do que estava sendo vivido como perda – salvo as situações em que os pacientes espontaneamente se sentissem ansiosos e o assunto merecesse ser tratado, individual ou grupalmente. Assim, propus que na última ou na penúltima sessão antes das férias cada médico comunicasse aos seus respectivos pacientes que estava se afastando temporariamente, com a maior naturalidade do mundo, limitando-se a explicar a tomada de providências cabíveis para que todo atendimento prosseguisse de forma normal – justamente porque uma separação temporária está longe de ser um drama, pelo contrário, é um fato natural. Após a comunicação, o psiquiatra deveria ficar atento para perceber se as associações de idéias que se seguiriam comportavam indícios de angústia de separação.

A grande ênfase que eu dava e continuo dando até hoje é na importância de quem quer ser um psicoterapeuta competente ter como condição mínima a coerência entre o que sente, pensa, diz, faz e aquilo que, autenticamente, ele, de fato, é. Até onde me recordo, nunca mais tivemos problemas maiores com esse tipo de situação na Clínica.

27
O "REINADO" DOS PACIENTES COM TRANSTORNOS DE CONDUTA

Nos primeiros anos da Pinel, era comum que famílias de nível socioeconômico elevado internassem na clínica seus filhos com transtornos de conduta, a maioria ainda adolescentes. A característica comum destes pacientes consistia no fato de que não estudavam a sério, tampouco trabalhavam, mentiam, alcoolizavam-se (na atualidade é bastante mais freqüente a adição a drogas), criavam casos dentro da família, numa constante rebeldia contra os pais e irmãos. Para manter seus gastos excessivos, muitas vezes roubavam dinheiro ou objetos da casa para apurar algum dinheiro com a venda destes. Outra característica desse grupo de pessoas é não manifestar evidência maior de sofrimento neurótico ou psicótico e, pelo contrário, ser encantadoras, com uma conversação interessante e atitudes sedutoras.

Enquanto eram dois ou três deles, internados na Clínica, tudo marchava bem, e a ambientoterapia, com os passeios programados, os trabalhos em nossas oficinas, a liderança deles na criação de atividades para a comunidade, parecia estar produzindo um alentador resultado terapêutico. Talvez pela repercussão que esse sucesso apresentava, começou a haver um afluxo de pacientes de 20 e 30 e poucos anos com características similares. A conseqüência foi que, por um atrativo especial, em grande parte devido a uma identificação inconsciente, eles foram se juntando, se organizando a ponto de irem tomando as rédeas das atividades. Seduziam os atendentes e muitos dos médicos por meio de presentes, promessas, atitudes de "amiguinhos", sempre disponíveis para brincar e colaborar, enquanto, ao mesmo tempo, criavam um jogo de intrigas, levando muita gente a brigar e disseminando uma forma sutil de minar a imagem da clínica e atacar os psiquiatras que "ousavam" frustrar alguns de seus desejos, por mais inapropriados que estes fossem.

Assim, agindo como uma corporação unida, eles criaram um quadro negro de anúncios, exposto na sala de jogos, em que constava diariamente uma lista "negra" ao lado de uma lista "branca". Na lista branca constavam os nomes de todos os pacientes, atendentes e médicos que mereciam uma menção de louvor, enquanto na lista negra, pelo contrário, havia uma nominata com as críticas mais candentes. Custou um bom tempo até percebermos que estávamos sendo controlados e que, sem nos darmos conta, num plano inconsciente, movidos por uma grande ânsia de reconhecimento, a grande maioria de nós deixava-se controlar pelos integrantes da "turma" que, então, mantinham uma hegemonia.

Da mesma forma eles, sentindo-se fortes, começaram a abusar da relativa liberdade que concedíamos, dentro de nossa filosofia de atendimento moderno. Assim, pelo menos numa ocasião, alguns da turma se embriagaram e, em pleno centro da cidade, num local movimentado, subiram em cima de cadeiras e, bêbados, discursavam tecendo "loas" à Pinel, gritando *viva o Dr. Marcelo Blaya, viva o Dr. David, nossos grandes salvadores*, num evidente propósito, ainda que inconsciente, de promover efeitos contrários, obviamente denegrindo a imagem daquilo e daqueles que aparentemente homenageavam. Outra repercussão deletéria que indiretamente conseguiram foi induzir uma divisão no corpo médico, isto é, parte de nós considerava que esses pacientes estavam no papel deles e cabia a nós aproveitar o que acontecia para trabalhar nas entrevistas individuais e grupais, enquanto uma outra parte do corpo médico era a favor de uma atitude mais radical, com algum tipo de punição e de rigidez na concessão das liberdades de que tais pacientes gozavam.

Reflexões

Foi possível extrair algumas observações da situação descrita, especialmente acerca da possibilidade de instalação de uma patologia de comunidade institucional. Por exemplo, diante do pedido de algum paciente, como os da turma descrita, de uma saída da clínica ou de algum privilégio especial dentro da comunidade, costumava acontecer que um determinado psiquiatra, seguindo uma linha de filosofia de atendimento, concordava com o pedido, enquanto um outro, seguindo uma linha mais "dura" discordava. Quando este segundo estava de plantão, geralmente havia algum incidente sério em relação ao paciente que gozava da regalia obtida.

Após uma detida reflexão, concluí que, no afã de comprovar a sua tese, portanto, contra a do outro colega, de forma inconsciente, a conduta do médico plantonista fazia de tudo para sabotar o que poderia ter sido um acerto do médico que orientou a conduta. Com o passar do tempo, fui comprovando que não somente nas instituições, mas também em empresas, quartéis, clubes de futebol, famílias, etc. é bastante freqüente o surgimento de fenômenos parecidos. Isso acontece sempre que houver falhas essenciais na coesão grupal, assim como também, uma anarquia dos *lugares* que devem ser ocupados por cada participante da totalidade grupal; de uma superposição dos *papéis* a serem executados; da falha na manutenção de uma *hierarquia,* de *posições e funções,* a serem preservadas, e falta de uma imposição de regras e de colocação de limites a serem obedecidos. Ademais e, principalmente, deve ser enfatizada a possibilidade da presença de *fatores inconscientes* (raiva, inveja, vingança, etc.) poderem agir como uma maneira de sabotar, de agredir o bom funcionamento de uma família ou de qualquer instituição.

28
A RESOLUÇÃO DA OBESIDADE DE YEDA COM O AUXÍLIO DE UMA "INTERPRETAÇÃO SELVAGEM"

Yeda tinha pouco mais de 20 anos e procurou internação porque, em estado depressivo, não agüentava mais o constante estresse decorrente das queixas e do afastamento do marido em função de sua obesidade, que lhe emprestava um aspecto feio. Nas entrevistas individuais, o terapeuta da clínica, orientado pelo supervisor, utilizou o recurso de entender a dinâmica da ansiedade da paciente e a recíproca influência entre os fatores emocionais e biológicos determinantes da obesidade. Ela parecia motivada para perder o seu grande excesso de peso, porém a motivação devia-se mais à esperança de que houvesse algum tratamento mágico. Yeda também demonstrava "ouvir" atentamente as interpretações do terapeuta, porém não as "escutava", o que a impedia de fazer reflexões que a levassem a ter acesso às zonas conflituosas do seu inconsciente. Por exemplo, o terapeuta assinalou que sua obesidade representava uma maneira de tornar-se feia e, assim, provocar o desinteresse do marido e, assim, safar-se das "obrigações" da vida sexual que, ela admitia, nunca lhe foram prazerosas e das quais sempre tentava fugir.

Nada mudou. O terapeuta começou a trabalhar com a hipótese de que, desde menina, ela tentava compensar a sua insegurança e fragilidade, com uma suposta ilusão de ser forte, através de um farto corpo que impusesse respeito e temor nos outros. Nada adiantou. Ao perceber que desde menina ela sonhava ter um filho, o terapeuta associou que, simbolicamente, o seu ventre obeso poderia estar reforçando uma antiga fantasia sua de que estaria grávida. Nada adiantou. A ênfase maior das interpretações do terapeuta passou a incidir no assinalamento de que sua obesidade se devia a uma ingestão excessiva de alimentos, o que, por sua vez, era uma tentativa desesperada de preencher os seus vazios existenciais (que, realmente, ela tinha desde criancinha) e que estes vazios eram o que eles tinham que trabalhar.

Nada adiantou. Em uma ocasião na qual Yeda participava de uma habitual reunião de grupo terapêutico, o assunto de sua obesidade veio à tona. Ela se defendeu usando múltiplas racionalizações pouco convincentes, até que um paciente, em recuperação de alcoolismo, com uma voz enérgica, com tonalidade algo elevada e irritada, mirando-a firmemente, pronunciou a sua sentença: *Yeda, vamos parar de frescuras. Seu problema é grave. Você tem um rosto bonito, mas está feia como uma porca. Pare de comer feito um cavalo!*. A paciente recaiu no estado depressivo, mas perdeu o apetite, começou a emagrecer e a receber alguns elogios. Pegou o gostinho de se sentir mais leve e bonita, o apetite voltou, mas, dessa vez, ela levava a sério as recomendações dietéticas. Ao cabo de aproximadamente um mês, ela deve ter perdido quase 20 quilos, e se manteve mais algum tempo com uma certa elegância, até obter alta, recebendo elogios do marido. Nunca mais eu soube dela.

Reflexões

Não vou ser tão ingênuo a ponto de menosprezar as interpretações de natureza psicanalítica e, muito menos, de fazer a apologia do método do "joelhaço" do analista de Bagé, personagem criado por Luis Fernando Verissimo. Uma detida reflexão me levou a três conclusões. A primeira é a comprovação de que interpretações, mesmo que certas, porém pronunciadas de forma a repetir meras especulações teóricas, não fazem o menor efeito. A segunda é que o colega de grupo foi sincero, verdadeiro e, de fato, gostava dela, o que propicia uma melhor escuta e desejo de corresponder. A terceira e mais importante é que nem tudo num tratamento psicoterápico deve se restringir a ter acesso aos conflitos provindos do inconsciente. Também é igualmente importante que o paciente tenha um claro conhecimento do que se passa com ele, no nível consciente, de modo a se responsabilizar e assumir a sua participação nos fatos que acontecem na sua vida, construindo uma verdadeira e, nem sempre fácil, motivação para fazer verdadeiras mudanças.

29
Pablo, um pintor homossexual que psicotizou

Nos anos de 1960, um casal idoso procurou a clínica, dizendo-se muito preocupado com o filho, Pablo, um senhor solteiro, professor de literatura, há alguns anos dedicado à pintura. Pablo tinha sido sempre um bom filho, porém nos últimos meses os pais haviam ficado sabendo que ele mantinha relacionamentos com outros homens, fato que escandalizou toda a família, que sempre gozou de um alto conceito social. Na medida que a entrevista com os pais de Pablo prosseguia, foi ficando mais claro que a família inteira começou a fazer uma intensa pressão sobre a sua conduta, através de admoestações, ameaças, chantagens emocionais e, sobretudo, com uma modalidade de discurso que o enchiam de culpas e vergonha. Dessa forma, Pablo rompeu com seu companheiro, não saía mais de casa, ensaiou fazer uso de bebidas alcoólicas, sofreu novas repressões por isso, largou a bebida e gradativamente foi se deprimindo, a um ponto tal que, seguindo-se a sua conversação lacônica, foi entrando em um estado de mutismo e sua atividade motora foi se paralisando, o que levou o terapeuta que o examinou a formular a impressão diagnóstica de que ele estava num estado de "estupor catatônico" (uma forma de reação psicótica esquizofrênica).

Durante todo o processo de internação de Pablo, ele se manteve todo o tempo numa total passividade, sem emitir uma única palavra e tampouco fazer qualquer gesto. A equipe médica traçou um plano de conduta terapêutica que consistia em fazer uma total revisão clínica e na recomendação de não nos acomodarmos com a sua resignação em viver como um morto, já que a vida tinha "morrido" para ele. Pelo contrário, os atendentes foram instruídos a estimulá-lo ao máximo para a participação nas atividades da comunidade hospitalar, inclusive propiciando o contato com material de pintura.

Aos poucos, nas entrevistas individuais, Pablo começou a balbuciar algumas palavras, ainda algo desconexas, porém servindo como um excelente indicador de que estava dando alguns sinais de volta à vida de relacionamentos, como, de fato, foi acontecendo. Começou a se alimentar sem auxílio, a dar pequenas caminhadas pela clínica, a construir frases lúcidas para expressar necessidades e desejos e, um passo altamente significativo, aceitou pegar lápis coloridos e folhas de papel. Então surgiu um fato muito interessante: Pablo, no início, não fazia no papel mais do que garatujas, ou seja, rabiscos sem ordem e acabamento, tal como as criancinhas fazem.

Algumas semanas depois passou a encher o papel com figurinhas geométricas, especialmente pequenos círculos e quadrados, daí evoluindo para o desenho de flores, árvores e paisagens. Mais tarde, o desenho evoluiu para figuras humanas, especialmente de mulheres, no início chamando a atenção o fato de que as mãos das figuras desenhadas não tinham dedos. A evolução de sua capacidade pictórica foi crescendo num ritmo mais acelerado, até ele solicitar telas e tintas a óleo, criando pinturas em que apareciam cenas da natureza e pessoas com todos os detalhes corporais, inclusive os dedos. Pablo teve alta da clínica e retomou a sua vida normal.

Reflexões

A primeira questão que me ocorre é a seguinte: foi justo por parte da família de Pablo ter encarado a homossexualidade dele como uma degeneração moral, um opróbrio para a família? Será que hoje não entenderíamos a sua atividade homossexual como uma válvula de escape para a sua ânsia de relacionamentos com seres humanos, que não ficassem limitados unicamente aos pais, principalmente à mãe superprotetora e superprovedora? Da mesma forma, a busca de Pablo por um companheiro não poderia estar indicando a probabilidade de que a sua motivação inconsciente se fundamentasse numa necessidade de fugir, por medo de manter vínculos íntimos com mulheres (representantes da mãe) ou, como entendemos hoje, como uma tentativa de preencher vazios existenciais, ou ainda como uma tendência homossexual devida a pulsões biológicas, genéticas? Ser obrigado a renunciar à vida que levava com um companheiro deixou-o num estado de total desamparo, num movimento psíquico de regressão às primitivas fases de quando era criancinha ou bebê. A sua regressão atingiu um ponto de autismo, o que faz pensar que, inconscientemente, ele rompeu afetivamente com o mundo exterior, recolheu toda a libido que havia investido na realidade externa e se imolou numa clausura autística.

Nossos esforços em manter um continuado incentivo para que ele "acordasse" fizeram efeito, porque Pablo deve ter-se sentido reconhecido como gente, valorizado, estimado e admirado sem preconceitos. O interessante a registrar é o fato de que a sua retomada artística seguiu os mesmos passos da evolução que ocorre com todo ser humano, desde criancinha até adulto, ou seja, na fase bem precoce, oral, a criancinha não faz mais do que rabiscos, garatujas; na fase anal os desenhos geométricos sugerem o início da organização obsessiva, que as crianças apresentam quando ocorre a educação dos hábitos higiênicos. Em um terceiro momento, a fase fálica, que é seguida pelas fases de latência e de genitalidade, o psiquismo fica mais estruturado, como ocorreu com os desenhos e pinturas de Pablo.

30
Homenagem Póstuma a Mario Quintana — um exemplo de paciente hospitalizado

O momento em que eu redigia a parte final relativa às vivências na Clínica Pinel, coincidia com os festejos e homenagens que a cidade de Porto Alegre prestava ao nosso poeta maior, Mario Quintana, por ocasião da data que estava assinalando o seu centenário de nascimento. Embora relutante no início, eu decidi fazer uma única exceção neste livro, qual seja, a de publicar o verdadeiro nome do paciente, a quem se refere a vinheta clínica. Tomei essa decisão, até como uma forma de homenagem a Mario Quintana, que, em certa fase de sua vida, ficou sob os meus cuidados na Clínica Pinel, e creio que o seu comportamento e sua evolução, como paciente hospitalizado, podem servir como um animador modelo exemplar para tantas e tantas outras pessoas que podem estar numa situação similar àquela que Quintana atravessava. Em resumo, ele estava atravessando um período difícil em sua vida e apelou para o alcoolismo, com sérias conseqüências (só divulgo este fato porque, mais de uma vez, ele já foi tornado de conhecimento público). Digo que presto uma homenagem, pela razão de que Quintana portou-se com uma destacada dignidade e espírito de colaboração durante a hospitalização na Clínica Pinel, assim granjeando o carinho de todos, médicos, pacientes, pessoal de enfermagem, sempre bem humorado, com ditos espirituosos, sorrindo ou gargalhando. Este fato me fez aventar a possibilidade de que o relato de sua situação poderia servir de um salutar exemplo.

Não obstante tudo isso, senti-me no dever de declarar uma gratidão a pessoas que ajudaram na recuperação de Mario Quintana. A primeira delas foi a jornalista Lara de Lemos, colega dele na redação do *Correio do Povo*, de então. Ela procurou a direção da Pinel, argumentou que Mario não estava bem, tinha abandonado a Caldas Júnior, disse que ele não teria como pagar a Clínica, de modo que nós, Marcelo Blaya, o diretor, e eu, então psiquiatra residente, ficamos sensibilizados e decidimos encarar a situação. Decorrido algum tempo, avaliamos que cabia prolongarmos por mais tempo a sua estadia entre nós, na Clínica. Assim, eu me enchi de coragem para enfrentar o poderoso Breno Caldas – diretor presidente da empresa Caldas Júnior – e, para minha surpresa, ao me fazer anunciar, ele pronta e gentilmente me recebeu, escutou atentamente os meus argumentos e respondeu que eu cheguei numa boa hora, visto que a empresa estava sendo forçada a formalizar a eliminação de Quintana do quadro de funcionários, devido ao seu longo abandono do cargo, sem que eles tivessem a mínima notícia dele. Sensível aos meus argumentos, Breno Caldas sugeriu que ele arcaria com a internação por um período de três meses, findos os quais, faríamos uma nova avaliação e, se esta continuasse sendo otimista, ele continuaria honrando o ônus do pagamento, sem data marcada de término. Isto foi feito e, felizmente, aos poucos, Mario foi fazendo uma bela recuperação. Durante a hospitalização, Quintana estava sob os meus cuidados (ele passava a maior parte do dia na sala de praxiterapia – oficina protegida de trabalhos manuais –, fazendo a encadernação de livros, tarefa que escolhemos para ele voltar a se apegar àquilo que mais gostava). Posteriormente ele passou para o regime de "Hospital-Dia" e depois para o de "Ambulatório", sendo que nesses dois últimos modelos de tratamento ele foi assistido, por longo tempo, pelo meu querido amigo, psiquiatra e psicanalista Bernardo Brunstein. O auge da recuperação de Quintana, na Caldas Júnior, foi quando ele retomou a sua gloriosa coluna no *Correio do Povo*, com os seus, apreciadíssimos, "Caderno H", e a publicação de livros.

Passaram-se muitos anos, em que Quintana teve algumas, breves, recaídas, porém eu fiquei sem ter tido novos contatos pessoais com Mario, até que, por ocasião de uma Feira do Livro, na Praça da Alfândega, em que o poeta estava autografando o seu livro *Poesias*, eu comprei um exemplar e esperei na longa fila. Quando chegou a minha vez, ele me reconheceu, fez a sua habitual recepção festiva e me fez a seguinte dedicatória: *Ao meu **paciente**, Dr. David, eu dedico este livro, com muito carinho.* Li a dedicatória (o grifo que aparece em "paciente" é meu), estranhei, até temi que ele pudesse estar num estado de alguma confusão, confundindo-me com algum paciente, ou que estivesse trocando de papéis comigo. Fiquei silencioso e quando o fitei, percebi um discreto sorriso e notei que ele me mirava com um olhar maroto, logo me dizendo: *o senhor deve ter estranhado a dedicatória, não é doutor? Mas não houve equívoco, não, é que o senhor foi muito PACIENTE comigo,* e explodiu numa estrepitosa gargalhada típica dele, que neste momento ressoa nos meus tímpanos, como música, evocando a saudosa memória do laureado e pranteado poeta Mario Quintana.

Reflexões

O alcoolismo é uma das doenças mentais mais graves que pode acometer uma determinada pessoa e, por extensão, pode trazer um sério prejuízo à sua família e circunstantes em geral. A gravidade do alcoolismo também se justifica pela sua altíssima freqüência, praticamente existente em todos os cantos do mundo, fato que representa um altíssimo custo em todos os sentidos, como é o caso do incremento da violência e o prejuízo econômico que representa para os órgãos governamentais responsáveis. A etiologia da doença é multifatorial, desde possíveis fatores genéticos hereditários, até a possibilidade de o alcoolismo representar uma tentativa desesperada (sempre mal sucedida) de superar um, subjacente, forte estado depressivo.

O caso de Quintana foi, aqui, incluído, porque fica transparente que vale a pena *acreditar* na reserva de capacidades positivas que ainda se mantêm no sujeito, não obstante elas estarem ofuscadas pelas manifestações patológicas. A propósito, creio que vale mencionar uma tocante frase de Bion (1992, p. 49): *Em algum lugar da situação analítica, sepultada sob massas de neuroses, psicoses e demais, existe uma pessoa que pugna por nascer. O analista está comprometido com a tarefa de ajudar a criança a encontrar a pessoa adulta que palpita nele, e por sua vez, mostrar que a pessoa adulta ainda é uma criança.* A essência desta frase significa que, por mais que uma pessoa adulta esteja mentalmente doente, fragilizada, sempre existe uma parte infantil, porém sadia, no interior de seu psiquismo que está à *espera de ser libertada*. Para tanto, é indispensável que esta pessoa que está se sentindo no "fundo do poço", sentindo-se sozinha, desamparada, com auto-estima baixíssima, deva encontrar uma fonte de reconhecimento, uma ilha em que haja um legítimo bem-querer dos demais, um incentivo para despertar daquele estado de "morto-vivo" e coisas assim. Caso isso não aconteça, a situação cai num abismo, porque forma-se um círculo vicioso maligno: à medida que o sujeito bebe e faz estragos a ele e a todos, e vai, cada vez mais, perdendo a sua auto-estima, o que agrava uma depressão, a qual, por sua vez, busca um imaginário alívio no álcool, e desta forma o círculo vicioso pode atingir, em determinados alcoolistas,um acentuado nível de ruína orgânica, familiar, profissional, moral e social. A brincadeira que Quintana fez comigo quando usou uma forma ambígua do significado de "paciente", expressa uma profunda verdade: estas pessoas que estão prisioneiras do vício, como que presos numa "camisa de força", necessitam de cuidadores que, entre outros atributos, tenham uma forte capacidade de empatia e de continência, especialmente um componente dessa última capacidade, que é a *paciência*. Por último, cabe fazer uma reflexão indigesta: será que essa verdadeira "corrente de solidariedade" que tanta gente teve com Mario Quintana, e que o tirou das profundezas do poço, devolvendo-o à vida, com dignidade, também aconteceria com alguma outra pessoa, ilustre desconhecida, que já não tivesse um laudatório currículo anterior, como foi o caso com nosso falecido e muito querido poeta?

No Hospital Psiquiátrico São Pedro

31

O AUXILIAR DE ENFERMAGEM AGIA COMO UM "CAÇADOR DE LOUCOS"

Com a finalidade de marcar o contraste entre o pioneirismo da Clínica Pinel e os demais hospitais psiquiátricos da época, cabe mencionar um episódio que vivenciei no Hospital São Pedro, mais exatamente na parte destinada aos doentes crônicos, depositados na chamada Divisão Pinel do hospital. Após ter sido aprovado no concurso para médico desse hospital, fui designado para trabalhar na Divisão Pinel. Afortunadamente, passei a trabalhar sob a liderança do dr. Isaac Pechansky. Este propôs uma modificação na ideologia de tratamento e na estrutura da divisão, com o sábio propósito de fazer com que nosso serviço deixasse de ser apenas um mero depósito de doentes internados, que, desamparados e esquecidos por suas famílias, tendiam fortemente para uma cronificação.

O projeto de Pechansky consistia em dividirmos a Divisão Pinel em três alas: a dos crônicos, a dos doentes em estado intermediário de gravidade e com possibilidade de recuperação e a ala dos pacientes agudos, isto é, os que passavam pela recente instalação de algum quadro psicótico que exigia hospitalização. Esta, por definição do novo plano, deveria ser de curta duração, sendo feitos todos os esforços para que o paciente mantivesse contato com a família.

Recém assumindo minha função no corpo clínico do HSP, fui designado para o setor de doentes do sexo masculino em fase aguda. Para termos uma idéia mais exata do contexto geral de nossa divisão, eu e mais dois psiquiatras decidimos conhecer de perto o setor dos doentes crônicos, que tinha uma péssima fama. De fato, no pátio onde estávamos, havia uma grande quantidade de pacientes "tomando sol". Em sua maioria eles estavam sentados ou deitados nas lajes duras e esburacadas, enquanto alguns outros não paravam quietos, caminhavam agitados de um lado para outro, proferindo palavras soltas e nos assediando agressivamente para lhes darmos cigarros.

O pátio estava cercado por um muro de enorme altura, como prevenção de costumeiras fugas. Ninguém falava com ninguém e, em meio a uivos de doentes e mau cheiro, havia a presença de uma espécie de "enfermeiro" (na verdade, deveria ser um guarda vigilante) que, como um cão perdigueiro, caminhava acelerado de um canto para outro, encurvado, com um olhar aterrador, farejando o "mau comportamento" de algum doente e desfazendo possíveis "bolos" de pacientes amontoados. Quando suspeitava de algo, ele fazia uma revista em alguém, em busca de alguma faca ou coisa parecida, e apenas falava com algum dos pacientes para fazer advertências e ameaças, contagiando o ambiente com a sua angústia. Parecia ser o personagem principal daquilo que eu e meus colegas chamávamos de circo de horrores.

Passadas algumas semanas, ainda impressionado, numa conversa com o saudoso Fernando Guedes, então diretor do hospital, relatei as minhas impressões negativas quanto ao corpo de enfermagem, fiz comparações com o que fazíamos na Clínica Pinel (obviamente, reconhecendo que esse pseudoenfermeiro não era o protótipo de toda a enfermagem e que as circunstâncias eram totalmente diferentes) e ele, um humanista, perguntou se eu aceitaria o convite para instituir grupos de reflexão com o pessoal da enfermagem, a fim de proporcionar-lhe melhores condições para humanizar o atendimento. Aceitei o convite, durante alguns meses mantivemos uma regularidade de nossos encontros e, quando faço um balanço de minha vida, incluo essa experiência como sendo das mais gratificantes e sinto uma ponta de orgulho por ter colaborado com um tijolinho para a construção de uma nova mentalidade na assistência psiquiátrica hospitalar pública.

Reflexões

Creio que o relato dispensa maiores comentários. Os fatos falam por si mesmos. As reflexões antes tecidas sobre o caso de Sofia valem também para o presente relato. É importante destacar ainda que a situação encontrada no pátio do hospital São Pedro aconteceu em uma época que antecedeu o uso dos modernos antipsicóticos e que a formação dos psiquiatras e profissionais de enfermagem psiquiátrica está radicalmente transformada

– para melhor, é óbvio – em relação a cinco ou seis décadas atrás. De fato, na atualidade, contrariamente ao que acontecia naquela época, é uma raridade encontrar pacientes berrando, agredindo-se mutuamente de maneira perigosa ou encarquilhados em algum canto do pátio, feito mortos-vivos.

Não resta a menor dúvida de que a medicação contemporânea, específica para psicoses e transtornos de humor, contribui com uma enorme parcela para essa mudança tão positiva. Porém, devemos igualmente valorizar o treinamento do pessoal técnico que, mercê de um entendimento bastante mais evoluído em relação aos fatores genéticos, traumáticos e às falhas emocionais inerentes ao desenvolvimento primitivo da personalidade, consegue uma comunicação e um nível de relacionamento em que, por mais cronificado que um doente esteja em sua psicose, ele percebe que está sendo tratado como gente. O paciente regredido sente quando é visto e respeitado em suas limitações, individualmente e nos grupos dos quais é incentivado a participar, e que a equipe que o trata acredita que, em algum grau, ele pode se recuperar e ser útil à comunidade.

A reflexão mais importante é a que nos esclarece que toda e qualquer pessoa, obviamente em graus distintos, possui tanto o que Bion chama de "parte psicótica da personalidade" como uma "parte não-psicótica", de modo que se pode afirmar que toda pessoa normalmente sadia tem um lado de natureza psicótica (onipotência, crises de ódio, uso de projeções às vezes excessivo, etc.), porém a contrapartida também é verdadeira, todo psicótico, por mais regressivo que seja o seu estado mental, possui uma parte não-psicótica, que propicia fazermos contato com ele. Se o psicoterapeuta conseguir sintonizar com essa parte preservada da mente doente, possibilitará o estabelecimento de uma aliança terapêutica, o início de uma caminhada em direção a algum significativo grau de recuperação.

Na Brigada Militar

32

O COMANDANTE DA BRIGADA MILITAR ORDENOU: TODO BRIGADIANO QUE FOSSE ALCOOLISTA SERIA SUMARIAMENTE DESLIGADO DA CORPORAÇÃO. O QUE, ENTÃO, ACONTECEU?

Na época em que eu iniciei as minhas funções como capitão médico, era bastante freqüente o número de militares na ativa que manifestavam claros sinais e sintomas de alcoolismo. Nossa conduta médica consistia em remover esses brigadianos – soldados, sargentos, suboficiais e, inclusive, alguns oficiais – para a unidade psiquiátrica do Hospital da Brigada Militar, com vistas a fazer uma completa avaliação clínica. As graves complicações, como neuropatias e, especialmente, cirrose hepática, resultante do alcoolismo crônico, eram relativamente freqüentes. Se fosse necessário, era realizado um tratamento psicoterápico, com a cooperação do serviço social e de psicologia.

Não obstante o fato de verificarmos resultados alentadores com a nossa conduta terapêutica, o número de recidivas do alcoolismo era bastante grande. Quando assumiu o novo comandante, um coronel essencialmente disciplinador e firme em sua tomada de decisões, talvez cansado de suportar o fato de os procedimentos médicos resolviam muito pouco, ele decidiu baixar uma portaria que deixava de considerar o alcoolismo como um problema médico psiquiátrico e passava a enquadrá-lo como uma grave transgressão da disciplina. Assim, os abusadores do álcool seriam punidos e até expulsos da corporação.

Numa reunião tensa, com a presença dos oficiais superiores e do corpo médico, o comandante foi enfático ao solicitar o cumprimento rigoroso das novas ordens. Assim foi feito. Assustados diante da ameaça de expulsão e a possibilidade de cair num estado de miséria, os alcoolistas, mercê de um esforço enorme, pararam ou diminuíram substancialmente o uso de bebidas alcoólicas. No entanto, à medida que ia diminuindo o número de alcoolistas, ia paralelamente surgindo um grupo equivalente de deprimidos e de portadores de transtornos orgânicos, como úlcera péptica, enfraquecimento do sistema imunológico, com as conseqüentes infecções, dispnéia ansiosa (falta de ar devido a alguma angústia), etc.

Reflexões

A narrativa dessa experiência visa a comprovar o fato de que muitas vezes o alcoolismo é uma doença que tenta encobrir e achar uma saída para um estado depressivo subjacente, algumas vezes manifesto e outras não. A busca de saída pelo uso do álcool nada resolve, pois a ação do álcool é ilusória e passageira, mobiliza defesas maníacas, e, passado o efeito, surgem culpas que, por sua vez, provocam um rebote depressivo, gerando um círculo vicioso maligno.

Outras vezes as defesas buscadas se constituem como pulsões masoquistas, e o alcoolista vai se suicidando em vida, ou como defesas paranóides, quando ele se sente perseguido, desafia e briga com todo o mundo. Como mostrei no relato, outra defesa para reprimir a angústia, na falta do álcool, consiste numa regressão por meio de somatização, isto é, a depressão se manifesta por transtornos orgânicos; como em qualquer outra pessoa, em um militar deprimido a eficiência é muito reduzida.

O leitor percebeu que eu usei o termo "alcoolista", e não de "alcoólatra", como este último é mais popularmente conhecido e divulgado. Justifico: alcoolista significa simplesmente a condição de "usuário, excessivo e compulsivo, de bebidas com álcool", logo significa um estado de doença. Já a palavra "alcó-latra", emitologicamente, indica uma "ido-latria" pela bebida, ou seja, retira o significado de doença e, erroneamente, sugere, principalmente para o usuário, que o seu consumo excessivo do álcool é por gostar (idolatrar) e não por doença.

33
Vivências da "Guerra da Legalidade"

Ingressei no corpo médico da Brigada Militar por meio de um concurso público, já na condição de capitão médico. Por ter sido aprovado com uma boa colocação, fui designado para trabalhar em Porto Alegre, mais precisamente no consultório do 1º Batalhão de Caçadores, então conhecido como o Batalhão de Ferro. Como se sabe, após a renúncia do presidente Jânio Quadros, em 1961, forças militares tentaram impedir que o vice-presidente, João Goulart, tomasse posse na presidência da República. Leonel Brizola, então governador do Rio Grande do Sul, liderou um forte movimento através de uma rede de emissoras de rádio, chamada de Rede da Legalidade. Brizola conclamava o povo a resistir até a morte, se necessário fosse, em favor do respeito à Constituição e à conservação do direito do povo de ser livre e respeitado.

Foram abertas listas de adesões voluntárias de cidadãos que quisessem lutar pela causa justa. Foi impressionante a adesão popular, independentemente de filiação política ou condição social. Perto do Palácio do Governo ficava o quartel do Exército, que, obedecendo às ordens superiores, advertia o governador Brizola quanto ao risco de as forças militares usarem a força contra a milícia brigadiana. Indo além, Brizola ordenou que a Brigada e populares invadissem as lojas Taurus e tomassem "de empréstimo" um grande carregamento de armas.

Convocado pela chefia do meu batalhão, eu estava no palácio do governo, vivendo de perto a terrível angústia de ninguém saber que rumo a situação tomaria. Brizola reiterava que só sairia morto, se as reivindicações não fossem atendidas e as forças federais tentassem esmagar o movimento revolucionário. Por sua vez, sua esposa, Dona Neusa, mantinha-se firme, fazendo-lhe companhia no Palácio. Volta e meia, a primeira-dama sentia uma angústia excessiva, e o meu enfermeiro, orientado por mim, ministrava-lhe alguma medicação tranqüilizante.

A tensão emocional crescia de forma assustadora, enquanto o governo gaúcho, com Brizola à frente, negociava com o comando do Terceiro Exército. Os populares já estavam equipados com armas de fogo (da Taurus), aguardando o resultado da negociação, que, por fim, selou um acordo de colaboração entre o Terceiro Exército e as forças do governo gaúcho. Foi um alívio geral, com uma forte sensação de dever cumprido, e Brizola foi sendo alçado à condição de herói. O acordo estabelecido consistia em juntar os contingentes do Exército e da Brigada Militar para se deslocar até o rio Mampituba, na fronteira do Rio Grande do Sul com Santa Catarina, com a possibilidade de eclodir uma espécie de revolução sangrenta das agora aliadas forças gaúchas contra o resto da Federação.

Houve muita tensão desde o encontro entre os pelotões do Terceiro Exército e da Brigada Militar até o final do esboço de revolução, selado com um acordo de paz entre o Rio Grande do Sul e o poderio bélico do resto do Brasil. Ocorreram inúmeras situações em que uma forte emocionalidade estava sempre presente, gerando múltiplas situações, das mais diferentes configurações, desde as pitorescas até as dramáticas. Isto me permitiu fazer detidas reflexões e um aprendizado ao vivo sobre o que me ocorre denominar aspectos da psicologia da guerra. Vou tentar relatar alguns dos fatos que considero os mais marcantes.

Os preparativos antes de seguir para o campo de batalha

Uma vez convocado para seguir, como médico, incorporado à força da Brigada Militar, decidi honrar o meu dever e desempenhá-lo da melhor maneira possível. Na condição de psiquiatra, um pouco afastado e desatualizado em relação à prática da medicina de urgência, providenciei uma visita ao bem equipado Hospital da Brigada Militar e fiz contato com todos os colegas médicos em busca de dicas. Saí um tanto apavorado, porque eles me emprestaram instrumentos, como serra para cortar tecidos e ossos, bisturis para proceder intervenções e falavam uma linguagem cirúrgica que eu desconhecia. Diante das emergências cirúrgicas que estavam se desenhando, eu não saberia usar os equipamentos que me disponibilizavam.

Agradeci e solicitei ao coronel que estava comandando a nossa tropa que ele se empenhasse em conseguir mais um médico, como reforço de segurança para mim. No dia seguinte, puseram à minha disposição um distinto colega, meu amigo José F. Sastre, que seria um excelente companheiro, se não fosse o fato de ser ele também... psiquiatra! Preferi dispensar este auxílio e pensei em fazer contato com o hospital de Torres, o que realmente aconteceu e junto com o médico-chefe de lá fiz importantes combinações em caso de grande necessidade. Também me apoiei na idéia de fazer contato com o colega médico que, certamente, estaria acompanhando a tropa do exército. Após minhas despedidas da família (minha mulher estava, então, grávida de seis meses do nosso primeiro filho), seguimos ao encontro dos nossos aliados do Exército.

O encontro com o médico do exército
Quando chegamos junto ao comboio do Exército, que estava estacionado à nossa espera, minha atenção foi logo despertada pelo fato de que, perto de um caminhão, havia o corpo quase imóvel de um soldado ferido, estirado no chão ante a total indiferença dos demais. Não estava conseguindo entender a cena, então surgiu o médico do exército, que se apresentou como sendo... psiquiatra (mais tarde vim a saber que o médico era um clínico geral que se fazia passar por psiquiatra) e, diante da minha estranheza quanto ao soldado caído, eu tive a primeira prova de que o colega era deveras estranho, para não rotular de esquisito: ele me explicou que deu ordens para ninguém socorrer o soldado ferido, que, por descuido, caíra da traseira do caminhão, sob a alegação de, assim, dar um exemplo para o restante da tropa, no sentido de que soldado deve *ser macho de verdade, tem que conviver com a dor e se virar sozinho.*

Minha perplexidade se intensificou ainda mais quando ele me chamou para um canto e disse, em confidência, que já tinha traçado um plano estratégico para uma eventual retirada de nossas tropas no caso de as *forças inimigas serem superiores às nossas e nos encurralarem de modo a provocar mortos e nos fazer prisioneiros deles.* Ato contínuo, ele abriu uma folha de papel cheia de gráficos em que tinha projetado um mapa que conduzia à casa de meretrício da localidade, afirmando, categórico que *para a nação, os soldados são mais importantes do que as prostitutas.* Pediu que eu mirasse atentamente o mapa e, quando fiz o gesto de guardar o papel, até porque eu não tinha entendido nada, ele o recolheu com gesto enérgico, pediu que eu decorasse visualmente o "mapa" e, solene, sentenciou: *na guerra não se guardam documentos que o inimigo possa capturar. Vamos destruí-lo.* Eu pensei que ele simplesmente iria rasgar o "documento", porém, ele me deu uma "aula" de que na guerra os documentos devem ser rasgados e os pedaços queimados em um local onde o vento sopre em direção contrária ao da localização das forças inimigas. Entre perplexo, intrigado e algo divertido, eu me despedi "solenemente" e nunca mais nos vimos, nem soube nenhuma notícia dele, embora, com afeto, eu o mantenha fixo na memória de minha retina. A reflexão que me ocorre é a de que em clima de guerra, quando a angústia coletiva torna-se contagiosa, muitas pessoas – e psiquiatras não estão imunes – ficam tomadas pela ansiedade, induzindo a uma regressão, que favorece o surgimento de antigas fantasias persecutórias.

As mudanças dos oficiais em tempos de paz e de guerra

A primeira providência do alto comando às margens do Mampituba foi ocupar uma escola, na qual ficamos alojados, claro que em péssimas condições, dormindo no chão duro. A segunda medida posta em prática foi a de cavar trincheiras próximo à orla do mar, local de um possível desembarque das forças contrárias, caso eclodisse uma luta armada. Ao mesmo tempo, todos os dias algum avião, parece que de guerra, partindo do porta-aviões Minas Gerais, rondava o nosso espaço, num ronco ameaçador, com propósito intimidador. O clima ficava gradativamente mais tenso. O alto comando se reunia para estudar logística, táticas e estratégias.

Uma forte tensão emocional favorece o surgimento de "outras partes ocultas" de nossas personalidades. Assim, comecei a observar o comportamento de milicianos, dentre eles dois oficiais. Um era o tenente Léo, que, em tempos normais, no nosso quartel, sempre se mostrou um excelente oficial, disponível, bem-humorado e altamente capaz; porém, na situação em que a guerra parecia uma hipótese bastante viável, o tenente fragilizou-se. Passava todo o tempo chorando, embora procurasse dissimular as lágrimas. Pouco produzia, mantinha-se afastado dos demais e explicava o seu estado depressivo com o fato de que sua esposa, no final da gestação, aguardava o nascimento do filho e ele tinha maus pressentimentos; chorava porque temia que o filho não tivesse o pai vivo.

O outro oficial era o tenente Moacir, que, na vida habitual do quartel, nos tempos de paz, não gozava de boa fama: relapso, indolente, sedutor, solteirão inveterado, sempre dava um jeito de fugir de tarefas mais pesadas e não despertava confiança em seus superiores e subordinados. No entanto, desde o início de nosso acampamento no teatro da possível luta bélica, Moacir mostrou um aspecto que todos desconheciam: era o que mais trabalhava, inclusive cavando as trincheiras. Dava força para seus comandados, participava ativamente de todas as reuniões e fazia oportunas sugestões estratégicas, irradiando energia e confiabilidade.

Por que aconteceram essas mudanças? A minha reflexão aponta para o fato de que em todo ser humano existem pulsões instintivas, tanto de amor quanto de ódio, que, no jargão psicanalítico, são chamadas, respectivamente, de pulsões de vida e pulsões de morte. No tenente Léo predominavam as pulsões voltadas para a vida, o amor, a família, enquanto ele não sabia o que fazer com as pulsões agressivas destrutivas e estava despreparado para enfrentá-las. O contrário sucedia com o tenente Moacir, que, despreparado para os tempos de paz, de vida construtiva, de maneira oposta, em tempos de guerra sentia-se autorizado a sentir, pensar e agir com as pulsões agressivas, como se fosse um peixe dentro d'água, seu hábitat natural. Da mesma forma tivemos um sério problema com um dos nossos militares, que era sargento, porém foi admitido na Brigada como músico da banda e, na distribuição de funções bélicas para a suposta revolução, negou-se a aceitar as que lhe foram designadas e alegou ser praticante de uma seita religiosa visceralmente contra a violência. Instalou-se um sério impasse entre o sargento insubordinado e os seus superiores. Estes solicitaram a minha intervenção, alegando que não poderiam abrir exceção, para não dar mau exemplo, porém não queriam excluí-lo, porque isso poderia gerar um mal-estar generalizado. Fiz algumas considerações a respeito da dinâmica do psiquismo do sargento músico, ponderando que não se tratava exatamente de uma insubordinação hostil por parte deste, e optei por sugerir o seu aproveitamento em algum serviço burocrático. Assim, ele foi locado na cozinha.

A repercussão que uma liderança negativa provoca na tropa
No posto médico que improvisei o movimento era normal, com o atendimento de situações corriqueiras, como ferimentos, indisposição, insônia, etc., até que, lá pelo terceiro dia de campanha, começou a surgir um grande número de soldados e suboficiais com as mais variadas queixas somáticas, como diarréia (pensei comigo: estaria o soldado se "cagando" de medo?);

dor na coluna, que impedia a marcha; uma súbita e forte saudade de casa; fortes cólicas, com vômitos; irritabilidade, provocando desavenças entre colegas, etc. Resolvi averiguar de onde procediam os milicianos que vinham consultar e descobri que todos trabalhavam em um mesmo local: o serviço de almoxarifado, que estava sob a chefia do capitão Mattos.

Desloquei-me até o setor e fiquei sabendo que na véspera, diante do ruído de um forte e continuado ranger, o capitão imaginou que o "avião inimigo" estava se aproximando perigosamente e ordenou a toda sua tropa que deitasse imediatamente no chão e ficasse imóvel. Passados poucos minutos, apareceu a realidade do fato: uma carreta de bois vinha rangendo na subida de uma elevação, bem próximo de onde eles estavam. A reflexão que cabe fazer refere-se à importância da liderança, não unicamente do ponto de vista da psicologia da guerra, mas também nos diferentes contextos do comportamento humano, como famílias, instituições, tratamento psicanalítico, etc. O relato tornou possível perceber o quanto um líder angustiado contagia seus liderados, até porque, na situação específica de campo de guerra, os soldados não sabem o que está se passando na cúpula que toma as grandes decisões, de sorte que procuram encontrar a resposta na pessoa do líder, nas suas expressões faciais, no seu discurso e, principalmente, no seu comportamento; se ele se mostrar tranqüilo, os soldados se tranqüilizam igualmente, e a recíproca é verdadeira.

Tais aspectos adquirem uma enorme importância no seio das famílias, visto que pode existir a normalidade da liderança dos pais, porém também pode existir a patologia da liderança, quando um dos pais ou ambos apresentam características extremas, isto é, são excessivamente tirânicos ou exageradamente liberais, demasiadamente simbióticos, narcisistas, paranóicos, obsessivos, ansiosos, fóbicos, perversos e assim por diante, com repercussões negativas nos filhos e a grande possibilidade de promover a identificação destes com seu lado patológico. Outra observação que merece registro é a utilização inconsciente do corpo para expressar simbolicamente o alto grau de angústia que se manifesta através de sintomas somáticos.

Para mim, ter vivido nesse clima de guerra se constituiu numa experiência inesquecível e estimulou o exercício de refletir acerca dos comportamentos humanos, individuais e coletivos. Após vários dias, fez-se a paz, o Rio Grande do Sul saiu vitorioso e o governo federal manteve a dignidade nas conversações. João Goulart assumiu a presidência da República. Quando nosso comboio de regresso chegou pertinho de Porto Alegre, ainda alta madrugada, todos com a gostosa sensação do dever cumprido, embora cansados, sujos, sonolentos, ansiosos por chegar, rever familiares e tomar um banho quente veio uma ordem superior: teríamos que esperar até às 9h da manhã sem ter o que fazer, porque o governador Brizola fazia questão de convocar o povo para recepcionar os heróis, numa passeata militar que começaria às 10 h. Quando, no desfile, passei por Brizola, o coronel comandante disse para o governador: *Este é o nosso médico.* Brizola deu dois passos em minha direção, apertou efusivamente minha mão direita e disse a frase que me ficou inesquecível: *Muito prazer e muito obrigado.*

34
No Centro Comunitário da Unidade Sanitária São José do Murialdo

Em Porto Alegre, no Morro da Cruz, localizado no bairro Partenon, existe a Unidade Sanitária São José do Murialdo – Sistema de Saúde Comunitária, onde, sob a inspiração do psiquiatra e professor Ellis Busnello, foi implantada uma nova filosofia de assistência médica. Esta consistia em oferecer assistência integrada para os então cerca de 30 mil moradores da comunidade. Ou seja, em vez de um único e grande posto médico, foram criados inúmeros pequenos postos, distribuídos em pontos estratégicos junto à comunidade. Fui convidado pelo querido e saudoso colega Isaac Lewin, um grande idealista da medicina comunitária, a fazer parte do corpo técnico desse centro de saúde pública comunitária, de modo que fui transferido do Hospital São Pedro para a Unidade São José do Murialdo, ligada ao Estado e à Universidade Federal do Rio Grande do Sul.

Foi uma grande e bela experiência trabalhar em uma equipe que se constituía como uma grande família, congregando professores, médicos, psiquiatras, psicanalistas, psicólogos, assistentes sociais, enfermeiros, auxiliares de enfermagem e sanitaristas, na qual todos tinham os mesmos direitos e deveres. O objetivo educacional, especialmente da Faculdade de Medicina da UFRGS, era propiciar aos estudantes a possibilidade de acompanhar de perto não unicamente uma doença ou um doente, mas uma pessoa em sua totalidade e toda uma família, diretamente na sua residência, inserida em seu entorno social e na cultura de sua comunidade.

O outro objetivo consistia em oferecer aos estudantes a formação de médico de família, em um saudável retorno à medicina de uma época anterior à atual, que é basicamente a de médicos especialistas. O ensino também preparava os futuros médicos a praticar a medicina em suas três dimensões: *primária* (a ação médica é mais dirigida para a promoção da saúde, em seus múltiplos aspectos preventivos e promotores do bem-estar orgânico, psíquico e social); *secundária* (tratamento das doenças) e *terciária* (tentativa de recuperar ou amenizar os prejuízos físicos e mentais de lesões orgânicas já estabelecidas e cronificadas).

Trabalhávamos utilizando a dinâmica de grupos com os alunos, com todas as equipes reunidas, com os estudantes, com as lideranças (professores, representantes de religiões, prefeito, vereadores, representantes da comunidade) e, especialmente, com os pacientes e suas famílias. Cada um desses grupos permitiria relatar vivências muito interessantes e ricas, porém vou me limitar a descrever uma experiência com um grupo de gestantes da comunidade.

35
Um grupo com gestantes: "As crianças nascem mais bonitas?"

Esse grupo, dirigido principalmente a primíparas (mulheres que teriam o primeiro filho), é um bom exemplo de uma medicina comunitária voltada prioritariamente para a ação preventiva e para a saúde, e não exclusivamente para a doença. As gestantes eram em sua maioria jovens, e o grupo tinha uma eventual participação de seus companheiros. O primeiro aspecto que me chamou a atenção foi o grande número de mulheres que apresentavam crendices do tipo: *Eu vi um rato em casa e tenho medo que meu filho nasça com cara de rato, como muitos me dizem; Comi melancia com uva, é verdade que isso pode causar defeitos já no nascimento?; Sei que vou passar dores horríveis, não é melhor fazer logo a cesariana?; Se tiver que fazer anestesia dizem que é grande a possibilidade de eu ficar paralítica ou morrer no parto* e outras equivalentes.

Uma obstetra pertencente à equipe ia dirimindo as dúvidas, com evidente alívio das grávidas. Também surgiam dúvidas a respeito de não gostarem dos filhos ou vice-versa, de o parto vir acompanhado de uma loucura da mãe, do nascimento de crianças defeituosas, de o marido não suportar e abandonar o lar. Eu ou a psicóloga esclarecíamos as dúvidas, admitindo que havia uma pontinha de verdade nessas possibilidades trágicas, mas destacando que com bom acompanhamento obstétrico no próprio centro da comunidade, as chances de problemas eram remotíssimas, o que também resultava num claro alívio. Mães mais veteranas traziam sua experiência enriquecedora (embora, às vezes, com muitos equívocos, que a equipe médica tratava de desfazer) para as mais jovens e inexperientes, numa frutífera troca de idéias e sentimentos. Uma observação comovedora era quando as futuras mães e, às vezes, os respectivos companheiros, palpavam e beijavam o ventre grávido, aprendendo a se comunicar com o bebê em gestação.

Reflexões

Escolhi essa vinheta clínica pelo fato de após os partos nós ainda acompanhamos as mães e seus respectivos bebês e, em várias ocasiões, algumas, que já tinham outros filhos antes de participar do grupo, afirmarem com convicção que os últimos bebês tinham nascido mais bonitos que os anteriores. Minha conclusão é que, com as mães despidas de grande parte dos medos, crendices e tabus, os bebês em gestação ficavam em maior harmonia com o corpo e o psiquismo delas, fato representado como uma sensação de beleza interna, que permanecia após o nascimento.

No Programa de Educação Médica Continuada (PEC)

36
A FILOSOFIA E O MODO DE AGIR DO PEC

No fim da década de 1960, surgiu a idéia de criar-se junto à Associação Médica do Rio Grande do Sul (AMRIGS) um departamento que se encarregasse de introduzir em cidades do interior do Estado um moderno sistema de aprendizado na formação de uma autêntica identidade médica e da prática cotidiana da medicina, especialmente no que tange ao relacionamento médico-paciente. A iniciativa principal desse projeto foi do saudoso Isaac Lewin, a quem já me referi antes. Falecido muito cedo, Lewin foi um grande idealista, com uma concepção integrativa (biopsicossocial) da medicina.

O projeto foi aceito pela diretoria da AMRIGS e Lewin montou uma equipe pioneira, constante de um grupo fixo composto por um médico internista, um gineco-obstetra, um pediatra, um cirurgião e um psiquiatra, além de outros colegas especialistas, como radiologista, laboratorista, etc. Eu tive a ventura de ser convidado pelo querido Lewin para ser o integrante da primeira equipe formada. Foram feitos os necessários contatos com os grupos médicos de determinadas cidades de porte médio do interior que já possuíssem hospital em boas condições de funcionamento. Dentre as cidades interessadas, por uma série de critérios, a primeira escolhida foi Lajeado, no Alto Taquari.

O projeto, basicamente, era o seguinte: ao contrário do sistema clássico de oferecer cursos de atualização em Porto Alegre, para onde os médicos de diferentes cidades se deslocavam nos finais de semana, o PEC se propunha a ir ao encontro da comunidade médica. Viajávamos no carro de um de nós e, na chegada, a nossa equipe se dirigia ao hospital da cidade (no caso de Lajeado, o hospital Bruno Born). Lá os médicos do município e arredores (uma expressiva maioria deles participava ativamente do programa) nos esperavam e organizávamos três grupos, respectivamente liderados pelo internista (o primeiro, pioneiro, foi o querido professor e grande clínico geral Oly Lobato), por um pediatra e um cirurgião geral. Em cada grupo, sob a forma de rodízio, um médico da cidade examinava um paciente, à sua escolha, enquanto os demais assistiam silenciosos a todo o procedimento médico, com a recomendação de que o exame clínico fosse o mais próximo possível da maneira como costumava atender aos seus pacientes. É evidente que antes do exame o médico explicava em particular ao paciente a finalidade da presença de tantos colegas e pedia sua autorização para tal (não lembro de alguma vez um paciente ter recusado).

Após concluídos os exames clínicos nos três grupos, em enfermarias diferentes, todos nós da equipe, juntamente com os médicos da região, nos reuníamos numa sala privativa e debatíamos os aspectos diagnósticos, prognósticos, condutas a seguir, exames e medicação a prescrever. A parte final era destinada a que o psiquiatra (nos primeiros tempos, era eu próprio, já em adiantada formação psicanalítica) discutisse os aspectos referentes ao tipo de relacionamento que foi estabelecido entre o médico e o paciente que ele examinou, e, para tanto, eu circulava pelas três enfermarias onde os respectivos exames se processavam.

Ao final da programação, executada nos dois turnos do sábado, todos nos reuníamos em um grupo de reflexão, no qual eram discutidos os assuntos escolhidos, motivados pelos interesses ou curiosidade de cada um, inclusive com a exposição de possíveis problemas de relacionamento com a equipe de Porto Alegre ou com os colegas da localidade, pacientes e familiares, ou até de angústias pessoais referentes a dúvidas com a condição de médico ou com o momento que a medicina atravessava, etc.

Posteriormente, com o sucesso do programa, ele se expandiu para outras cidades, e aumentamos o número de participantes da equipe. Assim, na área específica da psiquiatria-psicanálise, convidei colegas que comungavam com os mesmos ideais de uma medicina integrada, praticada por médicos com uma formação essencialmente humanista e empática, de sorte que dois excelentes colegas psiquiatras-psicanalistas, Flávio R. Corrêa e Paulo Sérgio Guedes, participaram ativamente, com seu entusiasmo e criatividade característicos. Uma vez por mês, com todos os participantes das diferentes equipes presentes, nos reuníamos na sede da AMRIGS e avaliávamos os resultados positivos e ou negativos do PEC, traçando novas e diferentes rotas, quando necessário.

Particularmente (mas tenho absoluta certeza de que estou falando por todos os demais colegas pioneiros) afirmo que foi extraordinária essa experiência, que teve mais de 10 anos de duração, tanto para os médicos da cidade quanto para nós de Porto Alegre. Aprendemos bastante uns com os outros, ajudamos muitos colegas a aprender a aprender, a construir uma identidade médica bastante mais coerente e consistente, a se relacionar com os pacientes e respectivos familiares de uma maneira mais verdadeiramente "médica", isto é, com melhor capacidade de escutar (diferente de simplesmente ouvir), de ver, enxergar (diferente de unicamente olhar), de ter empatia (conseguir se colocar no lugar do paciente), de continência (conseguir conter as angústias, dúvidas, confusão, etc.).

Não seria possível fazer aqui um relato mais minucioso de como decorriam os debates feitos após os procedimentos dos médicos participantes, ou da riqueza dos grupos de reflexão ao final das atividades. Assim, vou me restringir à evocação de alguns momentos, que, num relance, a minha memória evoca.

Por exemplo, recordo quando, após o exame físico de uma adolescente, assinalei para o médico e seus colegas que, quando foi examinar o abdômen da jovem paciente, ele levantou abruptamente os lençóis que cobriam o corpo dela, quase nu, para um visível constrangimento da moça (a maioria dos participantes nem tinha "enxergado" essa linguagem não-verbal da paciente). Ademais, apesar de ser um dia de muito frio, o médico foi logo palpando o ventre dessa paciente, como o de outras tantas, sem antes fazer uma espécie de aquecimento de suas mãos e perguntar se a paciente estava confortável. Foi impressionante perceber o fato de que certos detalhes. Como esses, causaram um grande impacto nos participantes e mudaram significativamente o modo de iniciar o relacionamento médico-paciente.

Outro exemplo singelo: um pediatra estava atendendo um menino de cinco anos com queixas de cólicas, acompanhado de sua mãe. O colega permaneceu o tempo todo falando unicamente com a mãe do pequeno paciente e sequer olhava para este. Na discussão coletiva, após passar a palavra a todos os colegas para que fizessem observações, críticas e comentários, perguntei ao pediatra por que ele não conversara com o paciente. O pediatra e os demais colegas estranharam: *Mas ele ainda é uma criança, a mãe sabe informar muito melhor do que ele*, foi a resposta. Expliquei que, se pensarmos assim, corremos o risco de reforçar um estado de submissão e alheamento, subestimando as capacidades das crianças, que sabem informar muito melhor do que pensamos, com a vantagem de poderem estar referindo o que realmente sentem, e não o que as mães sabem, e, muitas vezes, imaginam (no caso, a mãe evidenciava ser ansiosa, loquaz e superprotetora) e "sentem" pelos filhos.

Numa outra ocasião, recordo que um pai trouxe uma filha menor, que estava com febre alta, para ser atendida no ambulatório do hospital da cidade. Este senhor, desde o início, se mostrou bastante agressivo, queixando-se asperamente do mau atendimento, do longo tempo de espera para serem atendidos, etc. O médico que examinava perdeu a paciência com a "injustiça dos ataques" e a situação ficou crítica, com troca de ofensas, e a consulta, é evidente, ficou altamente prejudicada.

No debate que se seguiu no grupo, foi possível esclarecer que o pai estava ansioso (para o médico, se tratava de uma amigdalite banal, para o pai aquela febre alta, com um forte abatimento da filha, estaria representando uma doença gravíssima). Ademais, houve realmente um atraso exagerado, já desde a recepção, devido à burocracia administrativa (para um pai ansioso, cada minuto é uma hora) e um certo descaso por parte da funcionária que o atendeu, que, aos risos, falava no telefone, demoradamente. Esclareci que uma pessoa ansiosa, irritada, cheia de problemas particulares tem direito de estar indignada e que cabe ao médico reconhecer esses aspectos, de sorte a não "embarcar" na canoa de uma provocação de briga, porque nestes casos ele sempre perderá a razão, além de perder a sua condição de médico.

Nem é necessário frisar que a conduta médica ideal em tais casos não implica a passividade do médico, mas, sim, a colocação de limites, com firmeza, mas com ternura, compreensão e esclarecimentos. Os exemplos de vinhetas clínicas poderiam ser multiplicados às centenas. Por outro lado, durante os grupos de reflexão os temas mais refletidos eram problemas de relacionamento com colegas, a direção da instituição hospitalar, os convênios, os pacientes e respectivos familiares, o desapontamento com a medicina, etc. Houve um consenso geral de que os grupos foram o ponto alto do PEC, visto que modificaram sensivelmente a forma de se de relacionar de cada um, às vezes, dentro da própria família, e deu aos participantes um certo carisma de médicos diferenciados.

Reflexões

Os programas de educação médica continuada ainda são oferecidos aos médicos, especialmente os que trabalham em cidades do interior. No entanto, são diferentes dos da época pioneira que descrevi, visto que a programação está dirigida essencialmente a manter os médicos atualizados com os mais recentes avanços da medicina mundial. Não resta a menor dúvida de que são programas de alto alcance, de indiscutível valia e que contam com a colaboração de professores de enorme competência. Pessoalmente, é evidente que louvo a continuação do PEC, não discuto os motivos que levaram os dirigentes da AMRIGS a fazer transformações na ideologia original do programa, porém, acompanhando os colegas pioneiros, também eu lamento e acredito que o modelo anterior, "ao vivo e a cores", cumpria com mais eficiência uma real e continuada educação médica, com uma decorrente melhor assistência médica para as populações. A rica experiência colhida nos "Grupos de Reflexão" do PEC possibilitou que eu seguisse empregando esse salutar recurso ainda na atualidade, junto a estudantes de medicina, médicos residentes, equipes médicas especializadas que operam em determinados hospitais, professores, juízes de direito, instituições em geral, etc.

37
Grupos de Reflexão: Um exemplo com uma equipe de cirurgiões, e um outro exemplo com grupo de bebês, criancinhas e seus pais

Exemplo nº 1: Com uma equipe de cirurgiões

Recentemente tive duas experiências muito interessantes. Na primeira, fui procurado por médicos integrantes de uma importante equipe de cirurgia de um hospital-escola, com a queixa de que os "médicos residentes atuais" são desinteressados, displicentes, desaforados e que afrontam os professores. Durante mais de dois anos, toda equipe médica se reunia semanalmente na minha casa (mais para o final, espaçamos para uma reunião quinzenal) e, de forma esquemática, pode-se dizer que tivemos três etapas: na primeira, todas as queixas eram concentradas nos residentes, a tal ponto que o responsável maior estava cogitando de encerrar as atividades com médicos residentes, que tinham passado na seleção prévia. O *insight* que proporcionei a eles foi o de se darem conta que a conduta dos médicos-alunos estava, à moda deles, representando um protesto contra o que eles sentiam como maus-tratos provindos da equipe responsável pelo atendimento e ensino. Essa equipe, por sua vez, estava aparentemente bem integrada, porém, com uma observação mais atenta, era possível perceber e assinalar sinais de fissuras na equipe.

Assim, a segunda etapa do andamento deste grupo enfocou prioritariamente as múltiplas desavenças (mal-entendidos da comunicação, rivalidades, competição, inveja, ciúme, o chamado "narcisismo das pequenas diferenças" (termo de Freud), etc). entre a cúpula dos médicos professores, o que acarretava os inevitáveis reflexos nos alunos residentes. Nesse período, tivemos momentos muito difíceis, com certas situações em que parecia que pairava uma ameaça de o grupo vir a implodir. Felizmente foi possível o grupo mobilizar as reservas construtivas de coesão e integração, que superaram as forças destrutivas de dispersão e desagregação.

Na terceira etapa, o grupo, agora mais coeso, começou a implantar uma série de melhorias para os residentes, e melhores condições para eles próprios que, então começaram a investir em pesquisas, com a realização e publicação de trabalhos científicos.

Reflexões

O relato deste grupo operativo permite a feitura de três reflexões, cada uma delas correspondendo diretamente a cada uma das três etapas descritas na evolução do aludido grupo.

A *primeira reflexão* importante que este exemplo propicia, consiste no fato de que houve uma importante transição desde a primeira etapa, em que prevalecia uma atitude basicamente paranóide da cúpula dirigente da equipe, quando então, atribuíam aos residentes a responsabilidade por todas a mazelas que aconteciam no Serviço. Este tipo de atitude em que indivíduos, ou grupos, sempre culpam a outros, no lugar de olharem para si próprios, o jargão psicanalítico denomina como "posição esquizoparanóide" (em que as culpas e responsabilidades sempre são imputadas aos outros). A transição, que antes assinalei, refere ao fato de que a equipe conseguiu passar desta posição patológica para uma outra, denominada de "posição depressiva", na qual cada um e todos assumem os seus respectivos quinhões de responsabilidade por tudo o que se passa, de bom ou de mau, no contexto do funcionamento das tarefas a que se propõem executar.

A *segunda reflexão* diz respeito à relevância de observarmos o conteúdo latente (rivalidades, transtornos da comunicação, ressentimentos, etc.) que está subjacente a um plano manifesto, em que, só aparentemente, e de forma equivocada, tudo parecia estar na maior harmonia. Fatos como este – de resto, bastante freqüentes – fazem justiça à sabedoria popular, no seu clássico refrão de que "as aparências enganam". Assim, somente após os médicos-professores se darem conta de que, inconscientemente, estavam negando que também eles tinham um grande quinhão de responsabilidade pelo mau momento de toda equipe médica, e tendo tido a honestidade de enxergarem os seus conflitos pessoais, é que foi possível transitar da posição esquizoparanóide para a posição depressiva, o que representa uma condição indispensável para se evoluir para a terceira etapa.

Assim, nossa *terceira reflexão* alude à, antes mencionada, terceira etapa da evolução do grupo, na qual predominou o surgimento de uma manifesta atitude de uma verdadeira harmonia, solidariedade, entusiasmo, franqueza amistosa feitura de trabalhos científicos com criatividade e um reconhecimento dos direitos e alcances, porém também dos deveres, das limitações e dos limites. Podemos considerar essa terceira reflexão como sendo a mais importante, porque cabe estender a dinâmica exitosa deste grupo para tantas e tantas outras organizações, instituições, equipes de trabalho ou de estudo, grupo familiar, etc.

Exemplo nº 2: Grupo com bebês, criancinhas e seus pais

A segunda experiência com grupo de reflexão, a que antes aludi, ainda está em andamento, e eu a considero fascinante, embora a minha função não seja mais do que a de supervisor do trabalho de uma afinada equipe – constituída por psiquiatras e psicólogos, alguns são psicanalistas, além de estagiários e, eventualmente, a participação direta ou indireta de pediatra ou neurologista – do setor infantil do Hospital de Clínicas de Porto Alegre, liderada pela psicanalista Lucrecia Zavaschi. Trata-se de um "Grupo com bebês" de zero a dois anos. Assim, as criancinhas formam um círculo no chão junto a uma caixa com brinquedos. Num segundo círculo em torno deste, ficam as mães (eventualmente algum pai) enquanto o pessoal do corpo técnico fica mesclado com os pais e os bebês. Essa atividade permite observar os tipos de relacionamentos entre as criancinhas (no atual momento, já se evidenciam os primeiros movimentos de solidariedade amorosa, alternados com outros momentos de disputas agressivas), assim como os relacionamentos dos pais entre si e com as crianças, e também as formas de como a equipe de técnicos interage com todos.

Reflexões

Não obstante a existência de uma série de empecilhos, os resultados têm sido bastante animadores e chega a ser comovedor perceber como muitas mães de condição humilde, algumas analfabetas, demonstram um apreciável bom senso e um importante crescimento, na forma de perceber, pensar e de conseguir a aquisição de uma forma modificada de tratar os seus filhos que, então, dão visíveis sinais de organização crescente do seu psiquismo, notadamente nos vínculos sociais. Isso nos motiva a refletir o quanto as escolas primárias poderiam investir nas crianças, e nos pais, criando um clima agradável, com jogos, esportes, debates, ensino suave, promovendo uma socialização, o despertar de capacidades latentes e, sobretudo, preparando as crianças para amadurecerem a obtenção de uma condição de cidadania responsável.

Experiências
como Psicanalista

38
Minhas peripécias para ingressar como candidato no Instituto da Sociedade Psicanalítica de Porto Alegre

Informações gerais sobre a formação como psicanalista
No início da década de 1960, em pleno alvorecer da Clínica Pinel, liderados por Marcelo Blaya, nós, os então psiquiatras residentes da clínica, decidimos nos candidatar a fazer a formação como psicanalistas, não só porque queríamos enaltecer a qualidade diferenciada e a imagem de primeira grandeza da nossa Pinel, como também porque estávamos acreditando na ciência psicanalítica e desejávamos nos aprofundar na sua teoria, técnica e prática. Para tanto procuramos o Centro de Estudos Psicanalíticos de Porto Alegre, hoje Sociedade Psicanalítica de Porto Alegre (SPPA), naquela época a única instituição no Estado filiada à International Psychoanalytic Association (IPA), matriz internacional da psicanálise.

A rotina habitual para ingressar como "Candidatos" no Instituto do Centro de Estudos Psicanalíticos de Porto Alegre requeria os seguintes passos: fazer a inscrição, escolher um nome de sua preferência entre os poucos psicanalistas didatas que constavam na nominata do instituto e aguardar uma vaga na agenda do psicanalista escolhido para iniciar a "análise didática". Se tudo estivesse correndo bem, após o mínimo de um ano dessa análise, com o aval do seu analista, o pretendente à formação adquiria a condição de candidato, oficialmente reconhecido, isto é, com o direito assegurado de participar de todo o programa curricular (seminários teóricos, supervisões clínicas, reuniões científicas e credenciamento para participar de qualquer congresso de psicanálise local, nacional ou internacional).

O período de tempo mínimo para a conclusão dos seminários teóricos e demais atividades curriculares básicas era de quatro anos. O candidato que os concluía com avaliação positiva da "Comissão de Ensino" adquiria a condição de "Egresso" do Instituto, embora mantendo plena participação em todas as atividades científicas não-curriculares obrigatórias. Posteriormente, após produzir um trabalho clínico aprovado pela Comissão de

Ensino e por uma Assembléia Geral e ter o trabalho apresentado, discutido pelos presentes e aprovado pelos membros com direito a voto, ele adquiria a condição de Membro Associado.

Após alguns anos, o Membro Associado poderia apresentar um novo trabalho, com a finalidade de obter a condição de Membro Efetivo, o que lhe possibilitaria, mais adiante, requerer a função de Membro Didata, isto é, além de ministrar seminários para novos candidatos, ele poderia fazer análise oficialmente reconhecida para novos pretendentes à formação e também adquirir a importante função de Supervisor, oficialmente reconhecido. Basicamente, a filosofia e a ideologia da formação de psicanalistas continuam seguindo os mesmos padrões, com a exigência, no mínimo, de excelentes condições para a delicada tarefa de ser um psicanalista.

As peripécias que enfrentei para ingressar como candidato

Após ter feito minha inscrição como pretendente a "candidato" do Instituto da SPPPA e passar pelas duas entrevistas de avaliação obrigatórias para a seleção, feitas por dois diferentes analistas didatas do Instituto, recebi uma correspondência na qual me informavam que eu fora aceito e deveria aguardar um futuro comunicado, quando algum dos analistas didatas tivesse disponibilidade de horário para eu iniciar a análise didática. Na época havia apenas cinco ou seis analistas didatas, e todos estavam com as respectivas agendas completamente preenchidas.

O regulamento impunha que somente após o mínimo de um ano de análise abria-se a possibilidade de ingressar no Instituto para iniciar os seminários teóricos, já como candidato, juntamente com outros colegas, que constituiriam uma nova turma, para a formação oficial como psicanalistas. O tempo passava e nada de eu receber o comunicado de abertura de uma vaga para mim. Só me restava esperar. Nesse meio tempo, solidificava-se o meu namoro com Guite, minha atual esposa. Seguiu-se o noivado e resolvemos que iríamos casar no civil e religioso, com uma festa para as nossas pessoas queridas. Enquanto o tempo passava e a vaga não aparecia, eu continuava nas minhas funções de psiquiatra e ajudava Guite nos preparativos para o casamento, como a escolha do salão, sua decoração com flores, a lista dos convidados, a contratação de um conjunto musical, os convites, etc.

Quando os preparativos já estavam bem adiantados, recebi, finalmente, uma comunicação para procurar o Dr. Paulo Guedes, que, coincidentemente, era o analista com quem eu queria me analisar. Telefonei, marcamos uma hora, ele me recebeu muito bem, queria saber algumas coisas da minha vida e, quando soube que eu estava de casamento marcado para dentro de aproximadamente três semanas, silenciou durante um pequeno tempo, que me pareceu uma eternidade, e disse: *Agora entramos num dilema: eu vejo que está bastante motivado, e não haveria a menor razão para não iniciarmos a análise, porém seu casamento próximo dificulta o início agora. Para você me entender melhor, vou fazer uma metáfora: é como se um paciente entrasse correndo, me comunicasse que quer começar uma análise e saísse correndo, sem que eu soubesse nada de importante acerca dele. Pode parecer um exagero esta metáfora, porque recebi boas referências de tua pessoa, porém o ato de casar é um dos mais importantes da vida de cada um de nós, e eu não teria a menor chance de analisar o teu atual momento, quais seriam os prós e os eventuais contras.*

Eu me mantive quieto e Paulo Guedes completou: *Assim, deixo você decidir entre duas possibilidades. A primeira é que adiemos o início da análise para depois de seu casamento, claro, dependendo da possibilidade de eu ter um novo horário* (gelei diante de uma possível nova espera). Ele prosseguiu: *A segunda alternativa, talvez mais complicada, seria você conversar com sua noiva quanto à viabilidade de adiarem o casamento, sem dia marcado, para termos tempo de analisar uma situação tão importante como essa.* Fiquei de dar a resposta em um prazo de três dias.

À noite, Guite e eu saímos, fomos para um lugar discreto e silencioso, e lhe pus a par de toda a situação. Confesso que eu esperava alguma forma de protesto ou de queixa em função das circunstâncias, pois, além de nós e de familiares próximos, já havia muita gente envolvida e alguns até já contratados. Pelo contrário, ela limitou-se a me perguntar se realmente era tão importante para mim o ingresso na SPPA. Admiti que sim, porém, não cheguei a completar a minha posição porque Guite facilitou as coisas, garantindo que um casamento não pode começar com qualquer ponta de ressentimento e que "numa boa" ela saberia esperar. Assim, na primeira segunda-feira que se seguiu, eu iniciei a minha análise, com quatro sessões semanais, enquanto Guite tomava as devidas providências para suspender a cerimônia marcada.

Um pouco menos de três anos após, com uma sensação de recíproco amadurecimento, casamos na sinagoga, com a presença de meu analista e dos demais colegas da SPPA, colegas e professores, creio que em sua totalidade. A minha análise com Paulo Guedes durou em torno de sete anos e só foi interrompida porque, durante um período de férias anuais, Paulo Guedes teve dois sucessivos infartos do miocárdio. Do primeiro ele se recuperou (até visitei-o em sua residência e levei-lhe um presente), enquanto o segundo infarto foi súbito e levou à morte prematura – ele tinha 50 anos – meu inesquecível primeiro analista.

Eu ainda estava elaborando as dores de minha perda quando começou uma nova peripécia. A minha formação ainda não estava concluída, e era necessário prosseguir a análise com outro analista da nossa sociedade. Também aí as coisas se complicaram, porque nessa altura eu já tinha vínculos de amizade com os demais colegas analistas didatas e, na época, havia uma forte recomendação de que uma análise devia manter, por parte do analista, a maior neutralidade possível. Finalmente, a pedido da própria direção do nosso Instituto, fui procurar Roberto Pinto Ribeiro, com quem meus laços de amizade já eram fortes, não só porque ele já tinha sido meu professor nos seminários, mas também porque durante dois anos foi o meu supervisor oficial, e, devido a algumas circunstâncias, grande parte das supervisões nós fazíamos em sua residência.

No primeiro contato com Roberto, agora na condição de provável paciente, ele disse que só aceitara prosseguir o trabalho por eu já ser um "veterano" em matéria de análise e que se um de nós dois viesse a achar que a nossa amizade estava interferindo na eficácia do tratamento tomaríamos as devidas providências. Fiquei mais sete anos em análise com ele, sendo que nos primeiros quatro anos o trabalho seguiu uma trajetória de análise clássica, de obrigação curricular. Ao final do quarto ano, ele me informou que já comunicara à Comissão de Ensino do Instituto que me dera alta da análise didática. Disse que sem nenhum prejuízo à formação eu poderia encerrar a análise, mas se preferisse prosseguir, ele estaria disponível. Fiquei mais três anos e, acredito, este foi o período de meu maior crescimento analítico. Também Roberto faleceu relativamente jovem, de forma inesperada, também vítima de um infarto, e deixou muitas saudades.

Reflexões

Na atualidade, penso que muito dificilmente algum analista didata teria recusado iniciar a análise com um pretendente a candidato que já fora avaliado em entrevistas de seleção prévia, que estava bem recomendado por demais colegas e que, segundo o próprio Guedes, estava bem motivado para fazer uma análise de verdade. Entretanto, em nenhum momento guardei algum tipo de rancor contra o analista e jamais diria que ele foi rígido demais, inflexível ou autoritário comigo. Simplesmente ele foi fiel aos cânones da época. Na atualidade, os analistas, em sua grande maioria, perderam o medo de chegar mais perto dos pacientes e vice-versa. Também não levam ao pé da letra a necessidade de manter um completo anonimato e o rigoroso cumprimento da regra da "neutralidade", tal como a IPA preconizava.

39
As primeiras supervisões oficiais de atendimento psicanalítico

Nos institutos psicanalíticos do mundo inteiro, a atividade de supervisão do trabalho psicanalítico clínico dos candidatos, tanto a individual como a coletiva, é extremamente valorizada. Em termos de análise individual, são feitas no mínimo duas supervisões, com analistas diferentes, à escolha do candidato. Cada supervisão, feita separadamente, deve se prolongar por dois anos, sempre mantendo com os pacientes um mínimo de quatro sessões semanais. No meu caso, a primeira supervisão, embora eu já estivesse autorizado, demorou um longo tempo para iniciar-se, pela simples razão de que as pessoas que procuravam análise, em sua imensa maioria, eram do sexo feminino, e havia uma imposição por parte do nosso Instituto de Ensino que o primeiro caso para candidatos homens deveria ser de pacientes masculinos, e para as candidatas as pacientes deveriam ser do sexo feminino. Sempre fiquei intrigado com isso, até que, numa importante reunião administrativa, esse assunto surgiu, e voltei a perguntar o porquê dessa orientação.

Para grande surpresa de todos nós, o colega mais antigo esclareceu que esta medida foi tomada para proteger os candidatos novos do risco de ficarem envolvidos numa rede de sedução erótica com o sexo oposto.

Para a minha primeira supervisão escolhi justamente o professor Roberto Pinto Ribeiro, em uma época na qual nenhum de nós dois imaginava que um dia ele viria a ser o meu analista. O paciente encaminhado foi um jovem estudante de engenharia, com fortes traços obsessivos, fóbicos e paranóides, porém com excelentes potenciais à espera de um desabrochar. Com o segundo paciente, uma mulher, fui supervisionado pelo meu também amigo e xará David Zimmermann. Tive sorte com as duas supervisões curriculares obrigatórias, pois ambos os pacientes colaboraram para uma análise de evolução normal, e nunca passei pelo susto de haver alguma interrupção.

Recordo que vários colegas ficavam apavorados quando seus pacientes em supervisão, por razões distintas, abandonavam a análise antes da conclusão do tempo curricular, porque, naqueles tempos, todo o tempo de supervisão já realizado, independentemente de ter havido um ótimo ou mau aproveitamento, obrigava o candidato a esperar o encaminhamento de um novo paciente, do mesmo sexo daquele cujo tratamento ficara inconcluso, e recomeçava da estaca zero a contagem do tempo de no mínimo dois anos de supervisão. Na verdade, era um período em que todos os candidatos, uns mais, outros menos, durante a vigência da supervisão oficial, andávamos tensos, com sentimentos algo paranóides.

Reflexões

Acompanhando as sucessivas e aceleradas mudanças que se processam em todas as áreas do conhecimento humano, também a psicanálise e o sistema de ensino para a formação de novos psicanalistas igualmente está sofrendo de marcantes mudanças, bastante mais sadias. Certas imposições dos institutos, embora ditadas por uma inegável boa fé dos responsáveis, se forem vistas com a perspectiva atual, não passam de preconceitos absurdos. Vou tomar como exemplo a mencionada obrigação de o candidato, na sua primeira supervisão, para ser "protegido", começar a análise com um paciente do mesmo sexo. Naquela mesma época, os candidatos da Sociedade Psicanalítica de São Paulo deveriam tomar pacientes do sexo oposto, sob a alegação de – pasmem –serem protegidos de algum envolvimento de natureza homossexual. O que havia de comum entre situações tão contraditórias de uma sociedade para a outra? Uma forte tendência a infantilizar os candidatos, protegê-los demais. Em decorrência, sofriam amputações as capacidades de criatividade, espontaneidade, autenticidade e liberdade.

Como exemplo de que está prevalecendo o bom senso nos institutos, basta consignar que esta definição de sexo dos pacientes já caducou totalmente, a forma de contagem do tempo para aprovar a conclusão de uma supervisão obrigatória perdeu aquela rigidez antes descrita, e os candidatos atuais trabalham com menor pânico de perder pacientes antes de concluído o tempo de supervisão. Por outro lado, atualmente é bem mais difícil conseguir pacientes que se submetam a uma análise, no regime de quatro sessões semanais, por um tempo longo e indefinido.

Situações clínicas da prática psicanalítica

40
O DESNUDAMENTO DE MARISA NO DIVÃ NO CURSO DE UMA TRANSFERÊNCIA EROTIZADA

Uma das minhas primeiras pacientes de análise, Marisa era uma pessoa com o diagnóstico de *borderline*. Nesse tipo de caso, como o nome indica, o psiquismo do paciente fica numa linha (*line*) de fronteira (*border*) entre a neurose e a psicose, de sorte que o paciente não está num estado de graves alterações do estado mental, não apresenta alucinações, idéias delirantes ou profundas alterações da afetividade, porém demonstra prejuízos em algumas áreas, como comportamento bizarro, evidentes falhas de pensamento e de juízo crítico. Assim, já no início da análise, Marisa começou a evidenciar uma transferência erotizada, ou seja, todo o seu pensamento girava em torno de fantasias a meu respeito e de que eu estivesse correspondendo a essas fantasias.

Se meu chaveiro estivesse em cima da escrivaninha do consultório, que ficava ao meu lado, ela logo deduzia que era um sinal em código para lhe dizer que eu a estava convidando para ir ao meu apartamento. Certa vez, em que os laços da cortina da janela do consultório estavam entrelaçados, ela de imediato dizia que já tinha "entendido" todo o meu sinal indireto de que eu estava propondo que fizéssemos um entrelaçamento dos nossos corpos. Os meus assinalamentos analíticos ficavam esterilizados, porque a sua escuta erotizada do que eu dizia revertia tudo para as suas premissas de que havia, de fato, um clima de erotismo e, segundo ela, ora eu fugia, ora dava claras indiretas, por não ter coragem de assumir minhas intenções.

A situação se manteve até que, numa determinada sessão, Marisa já começou anunciando que ia "facilitar tudo" e, ato contínuo, decidiu deitar no divã e, silenciosamente, começou a se desnudar, peça por peça, enquanto eu me mantinha atônito, porque queria evitar que ela, pessoa extremamente sensível, entendesse o que eu dissesse como um rude golpe de rejeição – mais um em sua vida – e me mantive elaborando qual seria a minha intervenção mais apropriada.

A partir de um certo ponto de seu desnudamento, com um tom de voz natural, eu lhe disse que, com sua atitude, em um nível inconsciente, ela estava buscando dois objetivos. O primeiro era testar se eu saberia me manter no meu papel e lugar de analista ou sucumbiria, aumentando a sua coleção de pessoas que a decepcionaram profundamente, como aconteceu na relação dela com os pais. Após um breve silêncio, em que a sua sofreguidão amainou um pouco, eu prossegui dizendo que o seu segundo propósito inconsciente era se defender de entrar em contato consciente com seu mundo interior inconsciente, que ela sentia como sendo "horroroso" e, para tanto, necessitava esterilizar as minhas interpretações, anular-me como um psicanalista que estava levando a sério a sua pessoa e a tarefa de procedermos a uma análise.

Marisa ficou paralisada e, aos poucos, foi fazendo o gesto contrário de, lentamente, recompor peça por peça do seu vestuário. Levantou-se do divã, murmurou que assim não tinha graça, despediu-se e saiu. Faltou às duas sessões seguintes a essa e reapareceu espontaneamente, mais acessível para refletir sobre o acontecido. Foi um teste difícil para a minha contratransferência de então, quando meu superego psicanalítico de iniciante me acusava de tê-la rejeitado e ordenava que eu lhe telefonasse para amainar o seu provável ódio. Consegui, porém, conter a minha ansiedade e esperar.

Reflexões

Aprendi bastante com Marisa, no sentido de entender que, em muitas pessoas, uma aparência de conflito edípico, que a estaria fazendo reviver antigas fantasias de natureza incestuosa, na verdade pode estar encobrindo profundas feridas que se formaram no primitivo período da vigência do narcisismo primário, em que as necessidades básicas – físicas e afetivas – não foram suficientemente atendidas, de modo que, na vida adulta, essas pessoas procuram preencher os seus antigos "vazios" pré-genitais com uma forma ilusória e equivocada de deslocar as suas carências para um plano edípico, de maneira que costumam erotizar os seus vínculos.

Também é importante diferenciar a transferência erótica – situação perfeitamente normal e até útil no curso de uma análise, porque propicia analisar a repetição de conflitos ligados à fase edípica da evolução – da transferência erotizada, caso em que o conflito é muito mais primitivo e profundo, de sorte que o paciente fica obcecado, com uma idéia fixa de que através do sexo vá conseguir levantar a sua baixíssima auto-estima e encontrar a plena realização dos seus frustrados desejos infantis, nunca alcançáveis, como aconteceu com Marisa. Igualmente, convém destacar que outras causas podem determinar o surgimento de uma transferência erotizada, como ilustra a vivência clínica a seguir.

41
Célia, uma devoradora de homens

Um colega me procurou para fazer a supervisão de um caso que o estava perturbando em demasia e no qual ele se sentia confuso quanto à atitude psicanalítica que deveria utilizar. Passou a relatar que foi procurado por uma paciente que, de imediato, logo o impressionou, porque achou-a *excepcionalmente linda e transbordante de sensualidade*. A motivação alegada pela paciente, Célia, era a de que, apesar de reconhecer que seu marido era um excelente companheiro e que a satisfazia sexualmente, ela sentia uma forte impulsão a seduzir ou a se deixar seduzir por homens em geral, mais particularmente profissionais, como médicos, dentistas, terapeutas... Passou a relatar algumas das suas conquistas, que, ao mesmo tempo, deixavam-na extremamente envaidecida, porque tinha a certeza de que era irresistível, mas, por outro lado, deixavam-na perturbada com o risco de seu marido vir a saber de sua infidelidade ou sua imagem pública ficar altamente denegrida. Por isso, disse ela ao analista, com um tom de voz aveludado e um discreto sorriso, algo maroto: *Eu vim buscar socorro, porque o senhor me foi muito bem recomendado.*

Gradativamente, Célia passou a se aprofundar em uma transferência erotizada. Ela não se conectava com nenhuma das interpretações do analista, pelo contrário, ela é que interpretava a "covardia" dele, dizendo coisas como: *Você não tem coragem de assumir de vez que está louco por mim, o que eu leio nos seus olhos. Como está prisioneiro dessa frescura das regrinhas éticas da psicanálise, eu achei uma solução: você me dá alta, ou eu mesma me dou, deixamos passar um tempinho breve e, assim, você estando desimpedido, poderemos criar nosso ninho de amor. Tenho certeza, de que você não se arrependerá.* E o pior – me confidenciou o colega –, *de fato, eu estou fortemente desejoso dela e tenho medo de fazer bobagem.*

Após ele ter contado mais alguns detalhes, decidi sugerir que, sempre priorizando a verdade acima de tudo, diante das inevitáveis novas investidas de Célia, ele expusesse claramente para ela, de forma respeitosa, porém firme e decidida, que, sim, ele, como qualquer pessoa, estava dividido: o seu lado de homem, de fato, a considerava uma mulher linda e atraente, o que possivelmente mexia com ele, porém o seu lado de psicanalista que conhece o seu lugar, seu papel e sua função, predominava de longe, de maneira que ele estava deixando claro que em hipótese alguma sairia da sua condição de psicanalista, não importando que ela o considerasse um covarde ou algo semelhante. Assim, segundo a minha posição de supervisor, ele acrescentaria algo como: *Se você acha que podemos analisar o porquê destes seus impulsos, a sua dificuldade de suportar frustrações e tantos outros aspectos correlatos que estão complicando a sua vida, então pode contar comigo para uma tarefa séria, não muito fácil, porém que, aliada às suas capacidades, muitas ainda latentes, pode vir a ser muito frutífera para o seu crescimento e para uma melhor qualidade de vida. Caso não queira abrir mão de sua obstinação em realizar mais uma conquista amorosa, até para não perder dinheiro, tempo e esperanças, sugiro que procure um outro terapeuta.*

Reflexões

A estruturação psíquica da paciente anterior, Marisa, era a de uma psicopatologia *borderline*, enquanto a de Célia se notabilizava mais manifestamente por um quadro de personalidade histérica, narcisista. Não obstante, as raízes da psicopatologia de ambas têm uma origem comum, a da precoce formação de "vazios". As defesas inconscientes de que o ego de Marisa lançou mão foram de natureza bastante mais primitiva do que as de Célia. Enquanto o primitivo desenvolvimento emocional de Marisa se caracterizou por um distanciamento afetivo dos pais, com uma deficiente capacidade da mãe em ser continente, o desenvolvimento psicossexual de Célia se processou num ambiente familiar de excelente condição socioeconômica, em que ela era tratada como uma rainha, de sorte que virtualmente conseguia tudo que queria, com um mínimo de frustrações e com um máximo de regalias e privilégios, especialmente por parte de seu pai, com algumas insinuações erotizadas entre ambos.

Dessa forma, podemos deduzir que as primitivas fixações, que tiveram seu apogeu no período edípico do desenvolvimento de Célia, continuavam presentes em seu psiquismo, de modo que, por uma determinação inconsciente, ela procurava resgatar o seu passado, que continuava muito presente. Na hipótese de o analista se deixar envolver na novela do passado de Célia, ele estaria cometendo não só um grave erro ético, mas também um grave erro técnico, porque estaria reforçando as fantasias do passado de Célia de ser uma rainha onipotente e, assim, continuaria num beco sem saída, sem chance de fazer verdadeiras transformações no seu psiquismo.

Dr. Bastos, o paciente narcisista que me comandava por meio de seu polegar

No início de minha atividade como psicanalista, um colega, que tinha um alto conceito no mundo psicanalítico, por falta de horário para atender novos pacientes, me encaminhou um, referindo-o como diferenciado, com uma excelente condição socioeconômica, diretor presidente de uma instituição financeira, de alto nível intelectual e acrescentando que não ficara bem clara a sua motivação para se analisar. Na primeira sessão aprazada, o Dr. Bastos, como ele gostava de ser chamado, adentrou o consultório, cumprimentando-me com uma alegre saudação: *Como vai este preclaro e ilustre psicanalista?*. Apertou fortemente a minha mão, enquanto eu, algo desconcertado pelo "elogio" indevido, observava a forma impecável como estava trajado. Chamava especialmente a minha atenção um pregador de ouro atravessado em sua gravata. Em resposta à pergunta sobre razões de busca de uma análise, ele respondeu vagamente: *É sempre bom a gente se conhecer melhor, não acha doutor?*.

À medida que as sessões se sucediam, sempre conservando o mesmo jeito que evidenciou na primeira sessão, o paciente introduzia os seus temas, quase sempre relacionados à sua empresa, e, diante de alguma intervenção minha de finalidade interpretativa, ele erguia o polegar direito sob a forma de aprovação. Quando a sua "confiança" em mim aumentou, ele também incluiu um movimento horizontal do polegar, indicando que a minha interpretação não passou de uma validade "mais ou menos". Decorrido mais algum tempo, o seu polegar em muitas ocasiões ficava apontado para baixo, numa franca mensagem de que ele estava me reprovando. Como se pode imaginar, ele alternava, às vezes numa freqüência rápida, o polegar ereto para cima, para o lado ou para baixo, e quando me dei conta eu estava como que hipnotizado, com a atenção fixada na "nota" de avaliação que ele estava me atribuindo, enquanto a minha postura de psicanalista e a minha capacidade interpretativa com ele sofriam um sensível prejuízo.

Reflexões

Eu estava naquela época dando os meus primeiros passos na minha formação como psicanalista, e, é óbvio, sentia uma intensa necessidade de ser reconhecido como um terapeuta capaz. Como o Dr. Bastos tinha uma posição socioeconômica altamente diferençada, hoje entendo que ele adquiriu para mim a representação de um superego, que me aprovaria ou reprovaria, louvaria ou me denegriria. Com o crescimento de meus conhecimentos teóricos e técnicos, o maior aprendizado que pude extrair desta experiência consiste em reconhecer características típicas de pacientes fortemente narcisistas, que encobrem as suas inseguranças com uma atitude de soberba, certa arrogância, onipotência, onisciência e prepotência.

Assim, esse tipo de paciente tenta conseguir – e muitas vezes consegue, como aconteceu comigo – trocar com o analista o lugar e o papel que cabe a cada um na situação analítica, de sorte que, em vez de ele ocupar o lugar de dependente, como habitualmente costuma acontecer nessas circunstâncias, eu é que fiquei na condição de dependente dele, mais especificamente, do dedão dele. Minhas reflexões poderiam prolongar-se em considerações sobre o tratamento analítico de pacientes famosos, com suas peculiaridades específicas, notadamente a hipótese, nada improvável, de ocorrer com o terapeuta um possível conflito entre a vontade de se exibir para outros e o dever ético de manter um rigoroso sigilo profissional.

43
A AMEAÇA DE SUICÍDIO DE VERA AO ENTRARMOS EM UM PERÍODO DE FÉRIAS

Vera, uma paciente de seus 30 anos, havia procurado análise havia oito meses, devido ao surgimento de um estado depressivo após a morte de sua mãe. Também manifestava algumas características de personalidade histérica; evidenciava uma tolerância muito baixa às frustrações, especialmente diante de separações ou de qualquer coisa que considerasse uma rejeição. Em praticamente todas as sessões Vera narrava o "drama do dia", de sorte que qualquer aborrecimento se constituía para ela como uma espécie de tragédia. Na sessão que antecedia o nosso afastamento em função das minhas férias – as primeira dela em nossa análise – como já tinha sido combinado no contrato inicial, a paciente, de forma aparentemente muito tranqüila, fez uma espécie de balanço bastante positivo de seus oito meses de tratamento e, ao se despedir, pagou-me o mês, sorridente, me deu um discreto abraço, desejou boas férias e, já na porta de saída, completou: *Então nos vemos em início de março. Isto é, se até lá eu ainda estiver viva, se eu não tirar a minha vida*. Fiquei perplexo, mas, no momento, pareceu-me mais adequado ficar em silêncio e limitei-me a dizer: *Então, até março*.

Nos primeiros dias das férias, no litoral, eu sentia uma sensação de desconforto, que denotava algum grau de angústia, do qual eu não conseguia explicar a origem, já que eu não tinha nenhum problema objetivo real. Alguns poucos dias após eu me flagrei pensando na ameaça de Vera: *Será que ela estava só brincando, tirando um sarro comigo? Será que ela é capaz de se suicidar? E, neste caso, como é que fica? Serei o responsável pela perda de uma preciosa vida por negligência minha?*. Pensamentos assim cruzavam na minha mente cada vez com maior freqüência.

Reflexões

Prossegui nas minhas reflexões até que obtive um *insight* iluminador: Vera tinha uma enorme dificuldade com as separações, porque estas adquiriam para ela um significado de abandono, solidão, rechaço, de ser trocada por outras pessoas e ficar excluída, logo, desamparada, com fantasias de perda da pessoa de quem ela necessitava, fosse por rejeição, acidente ou morte. Continuei refletindo e me dei conta de que não havia indicação mais séria de que ela tivesse um real risco de suicídio. Lembrei-me de que o recurso defensivo mais utilizado por pacientes desse tipo para evitar a separação, com as respectivas angústias, é "obrigar" o analista a manter a mente ocupada com a imagem do paciente "abandonado", tal como Vera fez comigo. Assim, ela estaria diminuindo a distância entre nós, de modo a garantir que o nosso vínculo continuasse vivo, sem correr o risco de que este morresse por um possível esquecimento ou desligamento meu em relação a ela. Também é útil acrescentar que, por meio de sua ameaça, Vera estava tentando impedir que eu curtisse lazeres e prazeres com outras pessoas que não ela. Em março, na data aprazada, ela compareceu pontualmente à sessão, como se nada tivesse acontecido.

44
Suzi carregava o peso da culpa de "quase ter matado" a irmãzinha

A principal motivação de Suzi para fazer análise consistia em um contraste entre as suas reconhecidas capacidades intelectuais e afetivas e a sua insuportável apatia, que lhe dava a sensação de ser uma pessoa incapaz, que nunca sairia da estagnação profissional nem daria certo no trabalho, tampouco no amor. Essa situação vinha se arrastando desde o início de sua adolescência até a época em que procurou tratamento analítico, encaminhada por seu psiquiatra, porque este já tentara diversas modalidades de medicação antidepressiva sem sucesso.

Já nas primeiras sessões Suzi evidenciou que tinha uma forte sensação de não ser merecedora de ser bem-sucedida na vida, porém não conseguia encontrar razões lógicas para tal sentimento nem entender por que evitava um relacionamento mais íntimo com as pessoas, devido à também forte sensação de que poderia ser agressiva, daninha e prejudicar a vida de outros, especialmente daqueles a quem ela queria muito bem.

Após algum tempo, quando no trabalho de análise conectávamos experiências de sua vida presente com as do passado, Suzi teve uma súbita lembrança e, entre lágrimas, relatou: *Quando eu devia ter uns 4, 5 anos, eu estava embalando a minha irmãzinha de 2 anos no balanço da praça e, como ela estava gostando, eu aumentava a força de impulsão, até que ela caiu do balanço, bateu com a cabeça no chão e, depois de um silêncio aterrador, começou a berrar, chamando pela nossa mãe. Mamãe veio correndo, desesperada, ficou transtornada com o volumoso 'galo' que se formou na testa da menina e passou a me xingar, aos gritos, dizendo que eu quase matei a minha irmã, que eu tinha ciúmes dela, que eu era má e, por isso, Deus ia me castigar e eu ia me dar muito mal na vida.*

Essa lembrança espontânea de Suzi se constituiu num importante ponto de referência para o *insight* e a elaboração das marcas profundas e inconscientes em seu psiquismo que a levavam a acreditar que não merecia ter sucesso na vida, porque as palavras negativamente proféticas da mãe, aliadas à imagem de sua irmãzinha desfalecida, ainda estavam ressoando nos seus ouvidos e na sua retina. Assim, não se tratava de uma depressão endógena, mas do fato de que as acusações do passado ainda estavam presentes e a impediam de ser uma pessoa feliz, principalmente porque, já adulta, a irmã não era bem-sucedida na vida que levava.

Reflexões

Esse caso adquire uma significativa importância na prática analítica porque evidencia no mínimo dois aspectos relevantes. O primeiro se refere à magnitude que atinge o discurso dos pais. No caso, o episódio realmente mereceria que a mãe advertisse a filha sobre a necessidade de levar em conta os seus limites na tomada de iniciativas, sobre os riscos que a realidade nos impõe em muitas situações, sobre a consideração pelo outro (nessa situação, a consideração consistiria em ela reconhecer a fragilidade da irmãzinha), etc. Ao mesmo tempo, a mãe, deveria reconhecer que a menina Suzi não teve má fé, queria apenas brincar com a irmã, mas não reconheceu os necessários limites da sua brincadeira. No entanto, como deve ter ficado claro, a mãe inundou a sua filha Suzi com culpas e medos, sentimentos que ficaram fixados e representados no psiquismo de Suzi, acompanhando-a de forma permanente também na sua condição de adulta.

O segundo aspecto a enfatizar alude à importância do papel do terapeuta no sentido de, diferentemente dos educadores originais (no caso, a mãe, com seu pânico e seu discurso trágico), fazer uma nova significação (neossignificação) para o mesmo fato realmente acontecido, de maneira a aliviar a carga de culpas, medos e a sensação de ser maligna da paciente. Assim, na terapia analítica eu instigava Suzi a refletir quanto à possibilidade de que ela estivesse brincando de forma sadia com a irmãzinha até acontecer o mencionado incidente, fato corriqueiro e que não trouxe nenhuma conseqüência importante e, portanto, eu a convidava a refletir quanto à possibilidade de que ela não tinha por que sentir a menor culpa em relação à irmã e à mãe. Pelo contrário, continuei num outro momento, quem deveria sentir culpa era sua mãe, pelo dano que causou à filha, não por maldade, mas por estar despreparada para enfrentar certas situações inesperadas. Felizmente, a auto-estima de Suzi começou a aumentar na mesma medida em que ia diminuindo o seu sentimento de culpa e a sua sensação de não merecer ser uma pessoa bem-sucedida e feliz.

Situações equivalentes a essa são muitíssimo freqüentes no cotidiano de muitas famílias, com uma variação de modalidades, como pode ser exemplificado na vivência clínica a seguir.

45
Laura — uma bela mulher — julgava-se muito feia

Na hora aprazada no contato telefônico, Laura compareceu ao meu consultório bem trajada, com uma expressão algo tristonha. Sobretudo, chamou a minha atenção por sua beleza excepcional, não de natureza histérica, exalando sensualidade ou algo equivalente, mas de grande suavidade e harmonia estética dos traços faciais e corporais. Quando, como sempre, perguntei por que ela procurava o auxílio de um analista, Laura, incontinenti, respondeu-me, de forma muito sincera: *É porque sou muito feia!*. Após um breve silêncio, ela prosseguiu: *Isso está me custando um grande sofrimento, porque evito comparecer a situações sociais, passo muito tempo chorando com pena de mim mesma e coisas assim.*

Logo percebi que a realidade não combinava com a imagem que ela tinha de si mesma e me limitei a perguntar: *De onde você tirou esta convicção de que é feia?*. Laura respondeu: *É o espelho que me diz!*. Fiz uma nova pergunta: *Além do espelho, alguém mais, de forma indireta que seja, entre familiares, amigos, etc. já deu a entender que você é feia?*. Pelo contrário, doutor – respondeu Laura –, *todos querem me convencer de que sou muito bonita, mas, é óbvio, eu não acredito nisso*. Perguntei, então, por que fariam isso, ao que Laura respondeu: *Por pena de mim. Só querem me consolar e pioram a situação, porque fazem eu me sentir uma pobre coitadinha que necessita ser consolada.*

A análise seguiu centrada em sua pretensa feiúra. De nada adiantavam minhas interpretações, que tentavam ligar a sua sensação de feiúra externa com a de feiúra interna (ela negava de forma intensa a presença de pulsões eróticas e agressivas e, assim, pagava o alto preço de sentir vergonha, culpas, etc), ou com a tentativa de, achando-se feia, afastar-se dos homens com a alegação de que tinha receio de ser rechaçada, porém na verdade, tinha medo de um envolvimento sexual. Numa certa etapa da análise, em que ela estava falando de sua mãe, deixou escapar a seguinte queixa: *Mas, também, que diabo, ela acha tudo feio*. Senti que deveria haver uma significação importante nessa frase e comecei a pedir exemplos de sua afirmativa. Laura deu alguns da realidade factual, foi acrescentando outros, ocorridos desde a sua tenra infância, e completou: *Eu me acostumei, desde criancinha, a ouvir uma reprimenda da minha mãe todas as vezes que eu fazia alguma arte. Nessas ocasiões ela pronunciava a sentença educativa preferida dela, ou seja, ela me dizia, séria, que criança que comete artes, que não obedece, é Feia!.*

Reflexões

A partir da última frase, tive a nítida sensação de que Laura estava me dando a chave para entender seu problema de distorção de sua imagem corporal. É importante destacar que, em tenra idade, a criancinha registra na mente os fatos marcantes que acontecem, mas não tem capacidade de abstrair e interpreta o significado do que ouve de forma concreta. Assim, Laura tomou a expressão "feia", que a mãe empregava, não com o significado abstrato de algo reprovável, mas com significado concreto de feiúra física, estética, em tal intensidade que esta pseudoverdade tornou-se para ela uma realidade indiscutível, e ela ficou imune às explicações lógicas que todos lhe davam. Foi necessário o vínculo com um analista lhe propiciar condições para ela mergulhar nas profundezas de seu inconsciente, reavivar antigos traumas, perceber conscientemente que, de acordo com a sua idade de então, fez registros com significados equivocadamente patológicos. A partir daí, Laura passou a refazer os antigos significados em direção a novas significações, mais em concordância com a realidade, e não com fantasias deletérias.

Situações análogas às de Laura surgem com grande freqüência no cotidiano das pessoas, tanto fora como dentro de uma análise, seja com pessoas gordas que se consideram magras ou vice-versa, feias que se consideram uma "miss universo" ou vice-versa, e assim por diante. As distorções da imagem corporal têm uma alta relevância devido à sua alta incidência, com os respectivos prejuízos.

46
A MÃE DE ZEZINHO NOS "ENSINOU" COMO SE FABRICA UM HOMOSSEXUAL

Na condição de supervisor, acompanhei um caso em que a psicóloga, uma excelente terapeuta, tratava de um menino de 7 anos, Zezinho, levado à terapia pelos pais porque estava tendo baixo rendimento escolar, não se entrosava com a sua turma do 1º ano, era alvo do deboche dos meninos e não participava ativamente dos esportes no recreio, principalmente das peladas de futebol, apesar de ficar na beira do campinho, como se demonstrasse um desejo oculto de estar jogando com os demais.

Na entrevista com os pais de Zezinho, a terapeuta ficou sabendo que a mãe dele era separada do primeiro marido, com quem não conseguiu ter filhos, nunca tendo se conformado com o fato, principalmente porque havia uma insinuação de que o problema seria sua suposta infertilidade. Com o avanço de sua idade, ela decidiu ter uma filha. Como não tinha nenhum companheiro, através da internet estabeleceu um vínculo com um artista plástico e, sendo franca, explicou a ele que o seu objetivo era tentar engravidar ou adotar uma criança que fosse menina.

Ela engravidou e durante todo o tempo da gestação sua idéia de que o bebê seria do sexo feminino tornou-se uma convicção, de modo que, obsessivamente, ela não admitia outra possibilidade e nem ligava para a advertência inicial do obstetra de que a possibilidade de o sexo do bebê ser masculino ou feminino era igual. Assim, todo o enxoval e a decoração do quarto eram cor-de-rosa. A mãe teve um choque durante o parto ao saber que nascera uma criança do sexo masculino. Não obstante, deu ao filho um nome ambíguo, José Maria – era para ser somente Maria – e continuou estimulando-o com brinquedos femininos (bonecas, por exemplo), vestindo-o com trajes igualmente ambíguos e deixando-o com os cabelos compridos. Seu companheiro mantinha-se passivo diante de tais atitudes.

Na época da consulta com a terapeuta, os pais relatavam entre risos, a criatividade do filho, que, diante do espelho, *rebolava igual à Tiazinha* (personagem de um programa de televisão). Ademais, seguidamente a mãe levava Zezinho para dormir na cama dos pais, deitado entre ambos. Na caixa de brinquedos da terapeuta havia uma bola de futebol de couro, que foi o primeiro brinquedo que o menino pegou. Quando este tentou dar um chute na bola, a mãe, alarmada, proibiu com o argumento de *ia quebrar as coisas caras do consultório da doutora*. A terapeuta tranqüilizou os pais, dizendo que não havia problemas e que era importante que o menino entrasse em contato com "jogos de meninos", o que obteve aquiescência dos pais, embora com uma expressão facial de íntima discordância da mãe. Surpreendentemente, após algumas semanas, José Maria, se mostrando mais José do que Maria, entrou no campo de futebol em que seus coleguinhas jogavam bola e demonstrou uma crescente desenvoltura, a ponto de também apresentar alguns gestos mais agressivos, o que em casa era frontalmente reprimido. À medida que o menino se soltava, os pais, claramente por decisão da mãe, alegaram uma série de razões pouco convincentes para suspender o tratamento que, do ponto de vista da terapeuta e do meu, estava evoluindo muito bem.

REFLEXÕES

Creio que este caso ilustra suficientemente o fato de que por razões provindas do fundo inconsciente da mãe, que, aqui, não cabe detalhar, ela estava induzindo um *transtorno de identidade do gênero sexual* em seu filho. É importante esclarecer que há uma distinção entre "sexo biológico", determinado pela anatomia, através da presença de pênis ou de vagina, e "gênero sexual". Neste caso, mais do que a anatomia, o importante é a inclinação da pessoa para valores, gostos e comportamentos mais marcadamente femininos ou masculinos, segundo a cultura vigente. Caso a mãe de Zezinho continue sabotando a realização de uma verdadeira terapia do seu filho, que o ajude a assumir o seu sexo biológico e não obstrua a formação da identidade de um gênero sexual masculino, existe uma grande possibilidade de que a crescente identificação com o gênero feminino possa resultar em homossexualidade, no caso, "fabricada" pelos pais.

Considero alta essa possibilidade porque existe matéria-prima para tanto, ou seja, uma mãe superprotetora, que reforça a infantilização do filho, além de uma erotização precoce deste, partilhando o mesmo leito com os pais, e da repressão de sua agressividade viril. E tudo isso ocorre diante dos olhos indiferentes de um pai frágil, que falha na sua função de exercer a "lei" e na colocação de limites no filho e na mulher, que o desqualifica perante o filho – logo, o menino cresce sem ter um adequado modelo para uma admirada identificação masculina –, além da presença constante de discurso, desejo e comportamento da mãe no sentido de conseguir realizar o seu velho e antigo desejo de ter uma "filha".

47
DOUTOR, EU ESTOU SEMPRE SONHANDO COM UMA COBRA. O QUE SIGNIFICA ISTO?

No início de minha formação eu atendia uma paciente, Dora, que se dizia muito infeliz no casamento, achava o seu marido muito frio e distante com ela e o considerava um "banana", porque continuava sendo um "filhinho da mamãe", chegando ao cúmulo de ficar mais tempo junto da mãe do que dela. Por isso, dizia a paciente: *Perdi toda tesão por ele e nossas relações sexuais são muito escassas e ruins, mas o que mais me impressiona e assusta, doutor, é que há bastante tempo, praticamente todas as noites, em meio a um sono agitado, eu sonho com uma cobra e só me acordo na hora em que ela vai me estrangular. O que significa isso?*.

Eu também não tinha uma clara idéia do que este tipo de sonho significava para ela e todas as minhas intervenções não surtiam o menor efeito. Levei essa situação clínica para o meu supervisor, que logo tomou uma posição, perguntando se eu já tinha interpretado o significado da cobra como sendo um pênis. Diante de minha resposta negativa, ele, de forma didática, me fez ver que a minha paciente sofria de inveja do pênis, ou seja, tratava-se de uma mulher "fálica", que queria possuir um pênis, simbolicamente representado por uma cobra. Segundo meu supervisor, eu deveria dizer a Dora que, para conseguir se imaginar detentora da força viril de um pênis, ela desqualificava a "banana" (mais um símbolo do pênis) do marido, chamando-o, pejorativamente, de "banana". Por fim, meu supervisor me assinalava que o pênis que a paciente "roubava" do marido, por ter sido roubado, adquiria características persecutórias, de acordo com o provérbio que diz que com ferro fere, com ferro será ferido.

Fazia sentido o que eu escutava, mas me parecia teórico, e eu não sabia como aplicar na prática o conteúdo latente dos relatos que Dora me trazia nas sessões. Os sonhos com a cobra persistiam, e sistematicamente meu bom e competente supervisor me perguntava se eu já tinha interpretado o significado simbólico da cobra como sendo o pênis. Eu dizia a verdade, isto é, ainda não tinha conseguido interpretar este enfoque, e alegava que eu não sabia "como encaixar o pênis", ao que ele, sempre, muito educadamente, oscilava horizontalmente a cabeça, evidenciando a sua discordância, e reiterava que, enquanto eu não tornasse consciente este conflito inconsciente da paciente, nada mudaria.

Essa situação prosseguiu durante mais algum tempo, até que a própria Dora me deu a chave do significado da cobra. Durante uma sessão em que estava exaltada, ela deixou escapar uma exclamação: *Não agüento mais essa cobra que é a minha sogra!*. A partir daí trabalhamos sistematicamente no fato de que o significado que Dora emprestava à imagem de cobra era o de um ser que se movia de forma sub-reptícia, traiçoeira, podendo estrangular, como faria uma jibóia, ou inocular veneno, como uma jararaca, tal como ela sentia a sogra, ou a mãe, no passado infantil. Casualmente, pelo menos no caso de Dora, depois de ela elaborar um antigo conflito com a mãe, revivido com a sogra, os sonhos com cobra escassearam significativamente e, nas esporádicas vezes em que eles surgiam, tinham uma relação bem menor com o sentimento persecutório de terror.

Reflexões

Nos tempos pioneiros de Freud, em que de longe predominava na psicanálise a noção de que o sofrimento neurótico provinha da sexualidade reprimida, sonhar com facas, revólveres, cobras ou figuras assemelhadas significava que certamente essas imagens seriam traduzidas pelo analista como símbolos universais representativos do pênis, assim como figuras com formas de concavidade, como caixas, quase certamente seriam interpretadas como equivalentes à genitália feminina à espera de uma introdução do pênis.

Hoje esse tipo de interpretração simbólica isolada de um contexto traz o risco de o analista estar menos interessado no paciente e mais ligado no seu narcisismo, que o incentiva e desafia a fazer belas interpretações, às vezes imaginárias, intelectualizadas, de um determinado aspecto parcial, divorciado da totalidade. Ademais, um outro risco consiste na possibilidade de o analista traduzir um determinado símbolo baseado num paradigma universalmente aceito como se este fosse o único. No caso de Dora, preferi não radicalizar o entendimento de cobra como sendo um indiscutível símbolo universal de pênis, em favor de uma compreensão de que no contexto geral dos sonhos da paciente predominava o simbolismo de uma cobra venenosa representando a sogra (que, por sua vez, representava a mãe de Dora, tal como esta havia sido internalizada), dando botes traiçoeiros, destilando veneno, de forma sub-reptícia, maligna, etc.

Mais recentemente, outra paciente sonhou que usava uma gravata com um estampado que lembrava uma cobra. A gravata foi virando uma cobra de verdade, que ia se enroscando em seu pescoço e a estrangulava. A análise que se seguiu nos remeteu a sua antiga fantasia que, em sua gestação e durante o nascimento, ela poderia ter sido estrangulada pelo cordão umbilical. Certo dia, a paciente, uma jovem arquiteta, solteira e anorgástica ("frígida"), sonhou com uma cobra ameaçadora no seu banheiro, e as associações seguintes a levaram a evocar a época de sua infância, quando seus pais se ufanavam de serem pessoas modernas e livres. Quando o pai ia tomar banho, instalava-a em uma cadeirinha no banheiro, onde, num misto de medo e de fascínio, ela via seu corpo nu, especialmente seu pênis, que lhe parecia enorme e ameaçador.

Nessa situação, diferentemente do que acontecia com os sonhos de Dora, a cobra, de fato, estava simbolicamente representando um pênis. Usei esses exemplos para mostrar o quanto um mesmo símbolo pode adquirir múltiplas e distintas significações. Também cabe destacar que Freud sempre insistiu que todo sonho representa ser a disfarçada realização de um desejo. Um grande contingente de analistas ainda pensa assim, enquanto um outro contingente, entre os quais eu me incluo, discorda deste radicalismo, de modo a considerar que um sonho pode estar expressando angústias, medos, uma tentativa de elaborar fatos traumáticos, etc.

48
Uma situação em que o paciente é quem estava tranqüilizando o analista

Carlos, um jovem colega em formação psicanalítica, apesar de se dizer constrangido, trouxe para a supervisão uma situação vivenciada no final de uma sessão, a última da semana, com uma paciente que tinha traços depressivos e histéricos. A paciente, Inês, fazia suas habituais queixas contra o marido, dizendo que não agüentava mais a frieza deste, que deixara de procurá-la sexualmente. Inês até desconfiava que ele tivesse alguma amante. Quando o analista estava encerrando a sessão, a paciente levantou-se do divã, pediu só mais um minutinho e exclamou: *Pois é, doutor, eu não posso continuar vivendo deste jeito. Só vejo duas saídas para mim: ou eu arrumo um amante para saciar minhas necessidades sexuais e me vingar dele, ou eu me suicido. A primeira hipótese não combina com os meus valores e eu estaria me violentando, assim, só me resta eu me matar, e é o que eu acho que vou fazer. Até segunda-feira.*

Imediatamente, Carlos ordenou que ela sentasse na poltrona e admitiu a sua preocupação com o que ela ameaçara. Disse que pelo respeito e bem-querer que tinha por ela, além de sua responsabilidade, seu nome e seu conceito profissional estarem em jogo, decidira chamar familiares dela para dividir a responsabilidade. Assim, pediu que ela esperasse no consultório a chegada deles. Diante da firme negativa de Inês, Carlos disse que a outra alternativa seria interná-la numa clínica psiquiátrica para ficar em observação e ser medicada para a sua "forte depressão". A paciente voltou a recusar e tentou tranqüilizá-lo dizendo: *Calma, doutor, calma, não é para tanto, não estou tão deprimida assim, é uma simples forma de falar, para expressar o meu grau de inconformismo com a minha situação atual, mas longe de mim a idéia de suicídio.* Diante da perplexidade de seu analista, Inês foi tomando a direção da porta para sair e ainda voltou o rosto para dizer, com um ar de mãe preocupada: *Fique tranqüilo, doutor, eu lhe garanto que volto na sessão de segunda-feira.* Já na saída, voltou-se mais uma vez e completou: *Olha, não se constranja, qualquer coisa o senhor pode me ligar.*

REFLEXÕES

Essa situação que foi relatada permite extrair alguns ensinamentos: a angústia se comporta como um vírus que uma pessoa pode passar para uma outra (no caso, o analista) e, em muitas situações, em ambientes mais populosos, como uma família, uma instituição, uma classe ou sociedade, pode se tornar uma epidemia. Um analista não está imune a ser contagiado. Na supervisão vimos que a paciente Inês realmente não estava mais deprimida do que o seu habitual, que não havia nenhum indício mais claro sugestivo de ideação realmente suicida, que a paciente, por causa de seu lado histérico, costumava dramatizar e amplificar os seus sentimentos, em uma maneira desesperada de se fazer escutar e de manter o analista ligado nela.

Também é importante observar que Inês, como tantos outros pacientes, às vezes sentia uma necessidade inconsciente de testar a capacidade de "continência" do analista, isto é, verificar se este tinha condições de "conter" sentimentos difíceis que são colocados dentro dele, principalmente nos casos em que os pais do passado falharam neste atributo.

Do ponto de vista contratransferencial, o pânico que invadiu a mente do analista se deveu não somente ao terror de que sua formação analítica ficasse irremediavelmente perdida, mas também de que ele não conseguisse aproveitar o despertar de sua angústia para poder compreender que, através de uma linguagem não-verbal, plantando nele um efeito contratransferencial, a paciente estava lhe fazendo sentir o que ela vinha sentindo desde criancinha e não conseguia expressar com clareza verbal. Finalmente, impõe-se o registro de que uma contratransferência difícil, pelo fato de o analista ter se deixado contagiar, prejudica no profissional a sua necessária função de neutralidade – que não é o mesmo que indiferença –, além de leva-lo à perda de seu lugar e de seu papel na necessária hierarquia em relação ao paciente na situação analítica.

49
O PSICANALISTA NÃO ACEITOU UM PRESENTE DO SEU PACIENTE. CERTO? ERRADO?

Durante uma supervisão, o candidato em formação me trouxe uma situação que o deixou embaraçado. Por volta do décimo mês de análise, um paciente que se caracterizava por um excesso de defesas obsessivas e, conseqüentemente, várias inibições e rigidez no comportamento, ao voltar de um passeio pela Serra trouxe-lhe de presente dois belos e fornidos cachos de uvas dedo-de-dama, que entregou-lhe ao final da sessão de uma sexta-feira. O analista em supervisão disse ter aprendido que só cabe aceitar presentes de pacientes após uma longa e exaustiva análise de suas razões para presenteá-lo, para afastar o risco de que este significasse uma forma de atuação do paciente.

Movido por esse mandamento, que provinha do interior de seu psiquismo, mais precisamente do seu superego analítico, ele recusou receber o presente, ou melhor, decidiu deixar os cachos em cima da sua escrivaninha, ao lado de sua poltrona, agradecendo ao paciente, mas alertando-o de que só poderia aceitar as uvas após uma análise mais detida da situação, por isso elas ficariam ali onde estavam até a próxima sessão.

REFLEXÕES

Perguntei ao jovem colega que mal ele via em receber as uvas. Sua resposta foi que as aceitaria de muito bom grado, mas, como o analista cauteloso que deveria ser, queria evitar pactuar com uma possível atuação do paciente, além saber que o *setting* (é o "enquadre", que estabelece algumas regras e limites, para propiciar o andamento do ato analítico).

Voltei a perguntar se mesmo no caso de haver uma intenção consciente ou inconsciente de atuação, que risco a análise estaria correndo, já que se as associações seguintes sugerissem a confirmação de que o paciente estivera realmente atuando, não haveria o menor problema em examinarem analiticamente o conteúdo inconsciente de seu gesto. Acrescentei também que ele tinha toda a razão em preservar o enquadre ao máximo, porém nada impediria que fizesse pequenas adaptações, desde que tinha plena convicção de poder facilmente retomar o rumo das combinações feitas. O candidato, que recém começara a supervisão e estava visivelmente satisfeito, como se merecesse os aplausos de Freud em seu túmulo por estar aplicando de forma tão diligente a regra da neutralidade do grande mestre, murchou um pouco e murmurou: *Olhando bem, não dá para ver nenhum problema. Será que fui muito rígido?*.

Concluímos juntos que não houve um dano maior à análise, até porque o vínculo analítico entre ele e o paciente já estava suficientemente consolidado, porém valia a pena refletir sobre os possíveis inconvenientes. O fato de um paciente tímido, inibido ter trazido um presente ao analista poderia significar uma atitude positiva, por representar que o paciente estava se permitindo abrandar a rigidez de sua obsessividade e as sanções de seu rígido superego. Por isso, a supersensibilidade do paciente poderia ter dado ao episódio um significado de rejeição por parte do analista, com o risco de este ter lhe causado o efeito negativo de mais um rechaço sofrido quando fazia gestos espontâneos, algo de que ele seguidamente se queixava.

Outro provável inconveniente consiste no fato de que todo paciente espera de seu analista um tipo de atitude que seja a antítese dos equívocos cometidos pelos pais do passado em função de seus valores, suas atitudes e seus sistema de educação. No caso de o paciente ter tido pais demasiadamente obsessivos, o fato de o analista, também de forma exageradamente obsessiva, ser certinho demais, reforça o superego inibidor do paciente, quando, ao contrário, o analista poderia emprestar-lhe um novo modelo de flexibilidade, sem jamais perder os seus limites.

Na hipótese de que o ato de presentear fosse uma atuação com o propósito de seduzir o analista, tudo leva a crer que o trabalho analítico poderia ser benéfico para o paciente adquirir o *insight* de por que necessitava usar recursos artificiais de sedução para agradar. Será que quando criança ele tinha tamanho medo de desagradar os pais e necessitou se socorrer da sedução?

50
A resistência de Sandra na análise tinha um significado negativo ou positivo?

Nos primeiros dois anos da análise de Sandra ela se mostrava uma paciente "perfeita", isto é, além de ser uma pessoa bem dotada de inteligência, cultura e beleza, trabalhava bem nas sessões, era extremamente gentil, assídua e de uma pontualidade britânica. Jamais faltava e quando tinha de se atrasar, alguns minutos que fosse, ela telefonava para avisar. Seu boletim escolar do passado primava pela excelência máxima de suas notas em todas as matérias. A partir de um certo momento, notei que Sandra passou a se atrasar com freqüência, com maiores espaços de tempo, e, da mesma forma, começou a faltar a sessões, de forma progressiva, sem avisar ou falar, nas sessões às quais comparecia, sobre o que estava acontecendo. Eu vivia uma contratransferência difícil, um misto de sentimentos de fracasso pessoal, de medo de vir a ser abandonado por Sandra, de não estar analisando direito e de que eu deveria estar cometendo erros técnicos.

Fiz algumas tentativas suaves de ver o que se passava, mas ela descartava com evasivas. Começou a crescer na minha mente uma impulsão para interpretar a sua resistência à análise como seu presumível medo de acessar as zonas mais ocultas de seu inconsciente. Pensava que sua resistência estava se manifestando por uma fobia de aproximação, de sorte que uma metade dela comparecia e a outra metade, com as suas faltas alternadas e seus atrasos, cada um correspondente a uma metade da duração da sessão, ficava de fora. No entanto, todas as vezes em que eu ensaiava uma interpretação desse tipo, dirigida à fobia ou rebeldia dela, ou, mais grave, pensava em tentar impor a Sandra o cumprimento das combinações feitas no contrato analítico inicial, uma voz dentro de mim me pedia para ter paciência, pois, à sua maneira, a paciente deveria estar elaborando algo de importante.

As reflexões que me senti instigado a fazer me possibilitaram mudar meu enfoque em relação às atuações de Sandra, de sorte que comecei a compreender e, assim, interpretar que Sandra necessitava experimentar uma falha que restou na sua estruturação psíquica, isto é, ela estava sadiamente cansando de levar a sua vida de forma tão certinha, sem se permitir um único deslize. Após um certo período, o trabalho interpretativo ficou mais centralizado na sua necessidade de experimentar a minha capacidade de conter seus aspectos rebeldes e agressivos, algo que seus pais nunca toleraram, e também de testar o meu superego, isto é, verificar se eu seria intolerante com as suas falhas ou se partiria para alguma forma de revide ou de castigo – em suma, se eu a aceitaria plenamente não apenas quando ela viesse "bonitinha e boazinha", como os seus educadores em geral esperavam e se ufanavam dela, mas também quando ela mostrasse o seu lado "feio e mau".

Após um trabalho sistemático nessa direção, Sandra voltou a ser assídua, pontual, descontraída e gentil, com alguns momentos de reivindicações, queixas e protestos contra mim, uma nova forma de conduta sua na análise. À medida que surgiam na análise o que ela considerava eventuais "ataques agressivos", eu os interpretava como uma demonstração de que ela estava construindo um vínculo de recíproca confiabilidade entre nós, ou seja, eu não temia os seus atos de rebeldia e a sua agressividade, enquanto ela perdia o receio de que eu pudesse ser frágil e, depressivamente, como sua mãe, sucumbir à sua agressão, ou ser tão intolerante a ponto de cair num estado de fúria, como o pai fazia, e aplicar revides ou ameaçar expulsá-la ou encaminhá-la para outro colega.

Reflexões

Creio que a mais importante reflexão a respeito desse relato é que o analista não deve levar ao pé da letra a recomendação de desfazer logo as resistências que surgirem no campo analítico para que não se corra o risco de elas obstruírem o trabalho da análise. Hoje não penso mais assim. Pelo contrário, creio que a resistência, se bem entendida pelo analista, pode-se constituir numa excelente forma de este perceber o que se passa no psiquismo do paciente, do que e como ele está se defendendo na sessão, assim como procede no seu mundo exterior. *Dize-me como resistes e dir-te-ei, como és*!

Acredito também que se eu a chamasse à realidade, sendo mais firme quanto à necessidade do seu cumprimento de nossas combinações prévias, ela cumpriria o meu mandamento superegóico, porém ambos teríamos perdido a excelente oportunidade de tirá-la da condição de menina obediente, sempre cumprindo os desejos e as expectativas dos outros, e auxiliá-la a poder liberar o seu lado de pessoa autêntica e livre. Penso que fica fácil observar que a análise de Sandra passou por três fases distintas entre si, mas compondo uma unidade. Na primeira etapa, predominava a sua maneira de exercer o papel de "cumpridora de deveres"; na segunda, ela experimentou cometer algumas transgressões, como um necessário ensaio para liberar a sua agressividade, que, pudemos verificar, era predominantemente sadia. Na terceira etapa, aparentemente Sandra estava repetindo a primeira, porém havia uma diferença fundamental que ela reconheceu ao término da análise: *Nos primeiros tempos aqui na análise eu fazia tudo certinho, como um dever, uma obrigação, até para garantir que eu seria aceita; bem mais tarde voltei a ser certinha, porém por uma livre opção minha, para melhor aproveitar o meu investimento emocional e financeiro.*

O maior aprendizado que, a partir dessa situação analítica, extraí para a minha forma atual de trabalhar em bases psicanalíticas é que não faço questão de que o paciente me gratifique com uma conduta de bom comportamento, bem obediente e gentil; antes, eu desejo que ele alcance a condição de uma pessoa *livre*, ou seja, que venha a ser autenticamente quem é de fato, e não como os outros querem que ele seja.

51 É POSSÍVEL ANALISAR UM PACIENTE MENTIROSO?

Mateus, um homem de pouco menos de 60 anos, foi encaminhado por um outro paciente, porque, viúvo, estava de namoro com uma mulher divorciada e não sabia o que fazer, pois não queria ficar sozinho, mas também não queria ficar preso numa relação que lhe tiraria a liberdade. Além disso, temia que a nova companheira se decepcionasse com ele, visto ter criado a impressão de ser milionário para sondar se ela se interessaria por ele como pessoa ou pelo seu suposto dinheiro, e agora estava em dúvida.

Já na entrevista inicial chamei-lhe a atenção para o fato de ter empregado o recurso de mentir para a companheira e perguntei se fora um fato isolado ou estava repetindo uma conduta habitual. Num primeiro momento Mateus se desconcertou, pigarreou, fez um pequeno silêncio e arrematou: *Doutor, o senhor captou bem, a verdadeira razão de eu ter vindo aqui é o fato de eu ser um grande mentiroso e as pessoas que convivem comigo já estarem se dando conta e me alertando para os riscos que isso representa para mim.* Pedi algum exemplo e Mateus respondeu: *Aqui, há pouco, quando o senhor perguntou o que eu fazia profissionalmente, eu lhe disse que tenho uma empresa de seguros que tem 400 funcionários, quando na verdade são 40. Eu sou assim, exagero tudo que possa me engrandecer. Às vezes eu prometo para mim mesmo que vou parar com isso, mas quando me dou conta, já estou mentindo de novo. Isto tem cura pela análise?.*

Diante da pergunta sobre se adiantaria tentar uma análise, e, em caso positivo, se eu o aceitaria como paciente, eu estava pronto para lhe lembrar que ainda no contato telefônico lhe avisara que não podia me comprometer com um tratamento analítico continuado, pela dificuldade de tempo, mas com todo prazer eu o receberia para uma entrevista de avaliação e possível encaminhamento. Antes de lhe comunicar essa posição, senti uma empatia por ele, por ter me parecido verdadeiro em suas mentiras, e isso me fez mudar de idéia e desejar dar um jeito de arrumar tempo para enfrentar o desafio de analisar um paciente mentiroso. E não me arrependi. Pelo contrário, foi gratificante.

Reflexões

Sem querer, o paciente tocou num ponto bastante controvertido entre os psicanalistas. Um grande contingente de terapeutas acredita que a essência de uma análise repousa exatamente na necessidade de o paciente ser sincero e somente trazer verdades. Outro grupo, no qual eu me incluo, pensa que um paciente mentiroso não tem necessariamente um defeito de caráter e não responderia bem a um tratamento analítico, mas, sim, que seu comportamento pode estar traduzindo uma organização defensiva contra medos, sem que tais defesas tenham atingido toda sua personalidade.

Assim, no caso de Mateus, a evolução da análise evidenciou que ele possuía uma autoconfiança e uma auto-estima bastante baixas, acompanhadas pelo medo de não ser reconhecido pelos demais como uma pessoa de valor, ser aceito, benquisto e admirado. Sua defesa era aparentar ser um empresário bem-sucedido, extremamente importante, como garantia de que nunca ficaria abaixo dos outros e seria desprezado por eles, tal como ocorrera nos bancos escolares de seu passado, quando, com uma profunda dor de humilhação, os colegas debochavam dele e lhe chamavam de Mongolão.

Na atualidade, o analista não deve valorizar tanto o uso da verdade, porque mais importante do que as verdades objetivas são as verdades subjetivas, ou seja, a verdade que está no interior do psiquismo do paciente, fruto das significações que ele e as pessoas de seu entorno emprestaram às importantes experiências afetivas da sua infância. Além disso, não existem verdades absolutas, elas são sempre relativas. Neste ponto eu evoco um poema do poeta Campoamor: *Nem tudo é verdade nem tudo é mentira tudo depende do cristal com que se mira*. O cristal com que eu mirei o paciente consistiu na ótica de que suas mentiras não tinham a natureza daquelas mentiras malignas que servem para burlar, provocar engodos, sem apreço e consideração pelos outros. Pelo contrário, de saída, me pareceu que as mentiras de Mateus não tinham essas características psicopáticas, mas, sim, consistiam em seu arsenal defensivo contra os seus medos interiores. Assim, no lugar de o analista funcionar como um obsessivo "caçador" de verdades, ele deveria priorizar o aspecto de observar se o seu paciente (e também ele próprio) é uma pessoa *verdadeira* ou *falsa*.

Os diferentes tipos de silêncio de Ruth nas sessões

Ruth era uma analisanda habitualmente loquaz, com um discurso colorido e superlativo, mas que em determinadas sessões imergia em silêncios profundos, que podiam ocupar quase todo o seu tempo. Na primeira vez em que isso ocorreu, no início da análise, tratava-se de um "revide hostil e raivoso" ao que ela sentia como indiferença de minha parte em relação a ela: ela me expunha toda sua intimidade, enquanto eu não lhe facilitava saber da minha vida pessoal; ela apresentava melhoras e eu não vibrava manifestamente; ela me elogiava e eu não retribuía na mesma moeda.

Em outra fase, aproximadamente um ano após, um silêncio de aparência igual ao anterior obedecia a outra necessidade de compreensão: por se sentir mais confiante, a paciente "precisava experimentar um longo silêncio entre nós", sem ter que sentir uma ansiedade de tipo catastrófico, que lhe ocorria sempre que julgava que era obrigada a preencher os "vazios" do silêncio, que lhe pareciam o prenúncio de uma relação seca e morta. Ficou mais claro que a sua prolixidade habitual decorria da necessidade de contra-arrestar um antigo pânico de perder o contato visual, auditivo e verbal com sua mãe – eu. No terceiro momento do curso analítico, durante uma sessão, ela se manteve silenciosa, de olhos cerrados desde o começo até praticamente o final. Somente então eu, que também me mantive silencioso todo o tempo (algo me dizia que aquele silêncio de Ruth deveria ser respeitado), falei e interpretei. Baseado em um misto de empatia e intuição, eu lhe disse que, daquela vez, parecia que ela sentira uma sensação de paz com o silêncio, como se precisasse me sentir como uma mãe amiga, boa, "velando o sono da filhinha". Chorando, Ruth confirmou que era assim mesmo e que foi um dos momentos mais importantes da análise, pois ela ficaria muito decepcionada comigo se eu a tivesse interrompido com estímulos do tipo "em que estás pensando?".

A interpretação se completou com a paciente conectando o que se passou entre nós com o fato de que, segundo seu modo de sentir, sua mãe não lhe dava espaço para silêncios. Passava todo o tempo recriminando-a, estimulando-a ou dando-lhe ordens: *Está na hora de acordar.*; *Já fez a lição?*; *Por que está tão quieta, o que você tem, minha filha?*; *Fala, menina!*. Em momentos mais adiantados da análise, ocorriam pausas silenciosas prolongadas, que correspondiam a um movimento interno de "elaboração dos *insights*" parciais que ela ia adquirindo.

Reflexões

A partir desse relato, é possível verificar a ampla gama de significados diferentes que os silêncios adquirem nas distintas situações psicanalíticas, embora eles possam ser de aparência análoga. A partir de minha experiência clínica, penso que as principais razões para o silêncio durante a análise são as seguintes:

1. *Simbiose*: o paciente se julga no direito de esperar que o analista adivinhe magicamente as suas demandas não-satisfeitas;

2. *bloqueio*: o paciente tem bloqueada sua capacidade de pensar;

3. *inibição fóbica*: o paciente tem medo de falar devido a uma forte ansiedade paranóide de dizer "bobagens", ser mal-interpretado, haver quebra de sigilo, etc. Nesses casos, a inibição da fala é análoga à contenção anal da sujeira de fezes e urina;

4. *protesto*: o paciente não tolera a relação assimétrica com o analista e protesta, porque acha que assim obrigará o analista a falar mais. Mais comumente esse protesto silencioso acontece quando os anseios narcísicos do paciente não estão sendo correspondidos;

5. *controle*: o silêncio é uma forma de testar a paciência do analista ou de impedir que este tenha material para construir interpretações que ameacem a sua auto-estima;

6. *desafio narcisista*: o analisando tem a fantasia de que permanecendo silencioso triunfa e derrota o analista. Vale acrescentar a advertência de Lacan de que em todo o diálogo aquele que cala é quem detém

o poder, porquanto é quem outorga as significações ao que o outro diz;

7 *negativismo*: o silêncio tanto pode ser uma forma de identificação com os objetos frustradores que não lhe respondem, como também pode representar o necessário e estruturante uso do "não", que Spitz descreveu como uma etapa na evolução normal das crianças por volta do décimo quinto mês de vida;

8 *comunicação primitiva*: por meio dos efeitos contratransferenciais que o silêncio do paciente desperta no analista, o paciente pode estar fazendo uma importante comunicação daquilo que está inconsciente e ele não consegue expressar com palavras;

9 *regressivo*: em algumas ocasiões, o paciente, totalmente silencioso, adormece no divã como uma forma de sentir-se como uma criança tendo uma mãe a velar o seu sono. Outras vezes, de forma análoga, o silêncio prolongado e um aparente distanciamento podem estar representando a busca, na presença da mãe, daquilo que Winnicott postulou como "a capacidade para ficar só".

10 *elaborativo*: muitas vezes o silêncio constitui-se em espaço e tempo necessários para o paciente fazer reflexões, correlações e a integração dos *insights* parciais para chegar a um *insight* total.

Existe um silêncio comum a um número significativo de adolescentes, que na maioria das vezes se manifesta por um período transitório e se justifica pela desconfiança, em meio a suas inúmeras mudanças corporais e afetivas. Após uma certa duração, a imensa maioria dos adolescentes substitui o silêncio por uma conduta normal.

Até poucas décadas atrás, um silêncio prolongado demais na sessão era sempre entendido como uma resistência que muitas vezes impedia o prosseguimento da análise, mas hoje os analistas valorizam outras formas de comunicação não-verbais, inclusive acreditando que mesmo o silêncio pode falar mais alto do que muitos discursos.

53
UM INÍCIO EXTREMAMENTE DIFÍCIL DE UMA ANÁLISE

Por indicação de seu marido, Mariana procurou análise e durante as entrevistas iniciais de avaliação mostrou-se uma pessoa moderadamente neurótica, com pensamentos obsessivos e fóbicos um pouco exagerados, fazendo queixas contra a "frieza" do marido e o desconforto em depender dele para pagar a sua análise. Relatou uma tentativa de suicídio quando era muito jovem, entrando em um rio bastante profundo, e emocionou-se ao contar o grave acidente de trânsito que os pais tiveram quando ela ainda era bebê, tendo o pai falecido e a mãe, embora gravemente ferida, se salvado.

Posteriormente, a mãe voltou a casar-se com um homem que assumiu o papel de "pai" de Mariana. Não obstante ela sempre ter reconhecido que o seu pai adotivo era muito "legal" com ela, Mariana o desafiava. Sentia-se traída pela mãe, abandonada pelo pai biológico, discriminada pelo pai adotivo, que teria "nítida preferência" pelo novo irmão que nascera, e carregava constantemente o penoso sentimento de ser diferente das colegas da escola, elas sim "filhas legítimas de uma família normal".

Logo após termos feito o "contrato de trabalho psicanalítico" (os dias e horários das sessões, sua responsabilidade pela ocupação de seu espaço exclusivo nos horários combinados, os honorários e o plano de férias), as sessões que se seguiram evidenciavam uma Mariana bem diferente daquelas poucas entrevistas preliminares, em que ela se mostrara participativa. Apesar de ser assídua e pontual no comparecimento às sessões, ela permanecia cabisbaixa o tempo todo, quase em um mutismo aterrador, e, aos balbucios, mal respondia às minhas tentativas de estimulá-la a falar.

Após alguns meses, Mariana parou de pagar os honorários devidos, dizendo de forma curta e seca: *Meu marido não pode*. O mutismo, acrescido da falta de pagamento, que já completara quatro meses, estava provocando uma contratransferência muito difícil. Eu me sentia impelido a telefonar para o seu marido, colocar em cheque se valia a pena o prosseguimento daquela análise, dizer coisas que, no fundo, sentia que teriam um caráter acusatório, além de perceber que minha paciência estava acabando.

Porém, ao mesmo tempo, levando em conta as suas entrevistas prévias, eu pressentia que ela possuía uma boa reserva de capacidades positivas e tinha a sensação contratransferencial de que valia a pena ampliar a minha capacidade de paciência e continência.

Assim o fiz. Durante uma sessão, tive a impressão de que, embora ela se mantivesse mirando fixamente o chão, com o rabo dos olhos ela mirava o divã, de modo que resolvi dizer-lhe que me parecia que ela estava namorando o divã, quem sabe como uma forma de me comunicar que estava com vontade de se integrar mais à análise. Mariana levantou um pouco o olhar e me perguntou: *O senhor falou em integrar ou se entregar ao tratamento?*. Eu perguntei qual seria a diferença e, a partir daí, começamos a analisar o seu medo de se entregar, que estava intimamente ligado à angústia de se apegar e depois correr o risco de ser traída, rejeitada, abandonada, trocada por outra pessoa, tratada com frieza. Com a participação mais ativa dela, fomos iluminando o quanto a sua conduta no campo analítico naqueles aproximadamente seis meses se justificava pela sua necessidade, tanto consciente como, principalmente, inconsciente, de testar ao máximo se eu tinha capacidade de aceitá-la sem restrições, de acreditar nela e, especialmente, se eu era plenamente confiável.

REFLEXÕES

Esse caso ilustra a enorme importância dos pacientes que receiam se entregar mais profundamente a uma análise, isto é, as pessoas que resistem fazer uma entrega profunda a outros, como familiares, namorados, cônjuges, amigos, etc., repetindo o mesmo distanciamento com o terapeuta durante o processo analítico. Mariana demonstrava uma intensa necessidade de promover testes inconscientes, que, sobretudo, visavam a dar-lhe a certeza de que ela não passaria novamente pela antiga dor de sofrer abandonos, decepções e rejeições. Em tais casos, impõe-se a necessidade de o analista possuir um atributo essencial, ou seja, a capacidade de ser continente, ou seja, de ele conter os ataques agressivos, as angústias, as dúvidas, os medos, as resistências, os sentimentos depressivos, a parte psicótica da personalidade que este tipo de paciente, certamente, projetará dentro dele.

Na hipótese de que o terapeuta não tenha uma boa capacidade de contenção, ele corre o risco de ficar intoxicado com as penosas projeções do paciente dentro de sua mente, o que lhe provocaria uma dificílima contratransferência, que poderia induzir a três possibilidades malignas, capazes de reproduzir o modelo patogênico dos pais: não sobreviver aos ataques do paciente e ficar deprimido ou perdido; ficar raivoso e revidar com contra-ataques; encher o paciente de medicamentos, ou, em casos um pouco mais graves, pensar em internação hospitalar, ou ainda, por desânimo, encaminhá-lo para outro terapeuta., fatos que não são nada raros.

54
Rosália tinha fobia por dirigir automóvel

Rosália era uma paciente de grupoanálise que procurou tratamento porque estava descontente com seu casamento, com dificuldades na educação dos filhos menores, algum grau de depressão e alguns discretos sintomas de fobias, como a de subir sozinha em elevadores, de ficar no escuro e de viajar de avião. Numa certa sessão do grupo, Rosália passou a criticar os demais que "não davam um passo sem utilizar o automóvel", enquanto ela se jactava por, deliberadamente, ter feito a opção de caminhar ou andar de ônibus e fazer questão de não aprender a dirigir.

Quando alguém lhe perguntou como ela faria se tivesse que se deslocar para algum lugar excessivamente distante, onde não houvesse linha de ônibus, Rosália, com um certo ar de escárnio, fitou a todos nós e respondeu de forma enfática: *Vocês sabiam que já inventaram uma coisa chamada táxi? T-A-X-I. TÁXI! Estou me preparando para fazer como se faz nos países mais adiantados da Europa: andar de bicicleta para todos os lugares. Além de ser mais barato, não polui com gases venenosos o ambiente natural.* Em meio à animada contestação dos demais, eu tentei mostrar que, mais do que uma mera opção, Rosália poderia estar expressando algum tipo de inibição, de medo, nos moldes daquele discreto medo de escuro, elevador e avião.

Ela negou categoricamente. Era opção, não medo. Decorrido algum tempo, a cidade foi atingida por um vendaval e uma forte chuva, que alagou a maior parte da cidade,. Rosália ficou retida numa zona muito distante, tremendo de frio, não tinha ônibus e tampouco táxi. Usando o telefone celular, ela telefonou para o marido, que atendeu, porém explicou da impossibilidade de ir buscá-la, já que todo trânsito estava congestionado e paralisado. A paciente contava suas agruras de então, com queixas amargas de todos (prefeitura, marido, táxis...), o que propiciou que o grupo cobrasse dela as "maravilhas" de não dirigir automóvel.

A situação propiciou que eu trabalhasse com o grupo o fato de Rosália estar apresentando uma negação, acompanhada de "convincentes" racionalizações – aquilo que o sujeito sente como sendo muito penoso de reconhecer conscientemente e necessita justificar com os mais diversos tipos de argumentos. A sessão prosseguiu com uma pergunta, que eu dirigi a Rosália: de que tipo de medo ela poderia estar fugindo, a ponto de ter uma posição tão rígida em relação a aprender a dirigir automóvel. O meu propósito era o de, juntamente com manifestações equivalentes dos outros pacientes do grupo, tentar transformar o que era egossintônico (isto é, o paciente imagina que não sofre, de modo que aparentemente está "numa boa", em sintonia com o seu sintoma, e não faz nada para mudar) em egodistônico (ou seja, o paciente começa a se dar conta de que encobre os seus conflitos e começa a sofrer, único caminho que pode levar a mudanças).

Com a continuação da elaboração do grupo acerca dos medos, Rosália admitiu que tinha medo, sim, de poder atropelar alguma criança que se atravessasse na rua ou de ela própria provocar um acidente e morrer. A partir daí começamos a trabalhar a má resolução dos sentimentos de agressão, e, aos poucos, Rosália foi se animando, entrou numa escola de direção. Hoje dirige muito bem, não pode se imaginar sem um automóvel, que, segundo ela, "facilita enormemente a minha vida cheia de compromissos", e chega a rir de suas racionalizações na época do auge de sua fobia.

Reflexões

A fobia de dirigir automóvel é uma situação bastante freqüente e, tal como está ilustrado no caso de Rosália, está virtualmente ligada a um intenso medo em relação às pulsões agressivas do sujeito, a ponto de este não conseguir discriminar a diferença entre as suas antigas pulsões sádico-destrutivas (principalmente a inveja maligna e o ódio diante de frustrações) e as pulsões agressivas sadias (ambição de crescimento adequado, garra, luta pelos direitos, entusiasmo, etc.).

Na situação analítica, pelo fato de toda fobia vir acompanhada de racionalizações, o primeiro passo do terapeuta deve ser transformar o estado mental de egossintonia (uma acomodação, aparentemente harmônica, do ego) do paciente em um outro, de egodistonia (o ego está num estado de desconforto, de inconformismo), de sorte a motivá-lo a tentar enxergar os seus antigos e atuais conflitos inconscientes, com o objetivo de achar soluções para a fobia, que provoca sérias limitações em sua vida. Todas as considerações que foram feitas em relação à fobia de Rosália valem para as outras múltiplas e diversificadas formas de fobias.

55
O CORPO FALA – O OMBRO DE MARCELO QUE O DIGA

Marcelo era um jovem de pouco mais de 20 anos, bem-dotado de inteligência e com excelente rendimento na faculdade de medicina, que estava em tratamento psicanalítico há aproximadamente dois anos. Quando procurou análise, estava em um estado de confusão, não sabia bem o que queria e, principalmente, não queria mais ser criança, tampouco ser adulto, pois, nesse caso, dizia ele, teria que mergulhar num mundo de deveres, obrigações, responsabilidades, de modo a perder a sua liberdade e ficar prisioneiro do desejo dos outros.

Na medida em que, pela análise, foi aceitando e assumindo a sua parcela de vontade de ser adulto, Marcelo foi sendo gradativamente mais solicitado pelos demais familiares para prestar favores e "quebrar galhos". Numa sessão dessa época, ele narrava o quanto estava sendo envolvido pelos problemas da mãe, do pai e das duas irmãs, "gente complicada". À medida que ele se queixava das exageradas exigências dos seus familiares, começou a sentir um certo desconforto no ombro direito. Passou a sentir uma dor crescente, que atribuiu inicialmente à possibilidade de ter dormido de "mau jeito" na véspera, depois levantou a hipótese de que estivesse numa posição viciosa no divã. Tentou se levantar para sentar na poltrona, porém deu um gemido, ficou rígido na sua posição, enquanto a sua expressão facial estampava um ricto doloroso.

Nessa altura, seu desconforto era tão intenso que qualquer movimento que ele fazia despertava uma dor intolerável. O tempo ia passando, a hora de acabar a sessão estava se aproximando e a dor era cada vez mais incômoda. Marcelo, impaciente, provavelmente à espera de que eu fizesse algo, só murmurou: *Não sei mais o que dizer*, enquanto eu, em parte, estava algo perplexo, pensando na melhor forma de o socorrer, e, em outra parte, mantive o meu lugar de psicanalista, no sentido de entender o que estava se passando e, se possível, interpretar o que provavelmente o seu corpo estaria querendo comunicar.

Assim, estabeleci uma associação entre o que o paciente estava falando no momento em que começou a surgir a dor em seu ombro e lhe disse: *Marcelo, você não sabe dizer com palavras, mas, quem sabe, o seu corpo, mais precisamente o seu ombro, está falando por você.* Após uma breve pausa, prossegui: *Seu ombro está nos dizendo o quanto você está achando pesado o fato de ter de carregar a responsabilidade pelo bem-estar ou o mal-estar de seus familiares.* Como por milagre, a dor foi cedendo, os movimentos voltando, e tudo voltou à normalidade.

Reflexões

Inicialmente é necessário reconhecer que nem sempre as coisas se passam assim, tão exitosamente. Acontece que, no caso relatado, tratava-se de um momento agudo (sempre de melhor prognóstico, se bem tratado), com o surgimento de uma "histeria de conversão", isto é, apesar do caráter pejorativo que, lamentavelmente, a palavra *histeria* adquiriu, a conversão alude ao fato de um conflito psíquico que não pode ser reconhecido converter-se em sintoma corporal. Também é necessário esclarecer que a dor no ombro não era imaginária ou, muito menos, uma simulação, mas, sim, que a angústia de Marcelo o fez contrair a sua musculatura, principalmente da área dos ombros, o que provocou a dor. O importante é o fato de que, uma vez o conflito tornado consciente e traduzido em linguagem verbal, o sintoma psicossomático fica sem função de linguagem pré-verbal, no caso, o de uma somatização. Existem certas psicossomatizações, mesmo as conversivas, que são muito difíceis de ser decodificadas.

Para exemplificar, recordo de uma situação em que uma paciente, psicóloga, estava preocupada com o surgimento de um tique em seu filho de 8 anos, que consistia num súbito, vigoroso e repetitivo movimento com a cabeça da posição normal para a direita, no sentido horizontal. Quanto mais ela o criticava e pedia que ele parasse com o tique, mais o sintoma se intensificava. Ponderei com a paciente que havia muita coincidência no fato de o tique do seu filho ter aparecido ao mesmo tempo em que ela e o marido avisaram ao menino que tinham decidido se divorciar, logo, ele deveria estar comunicando, através de uma conversão corporal, algo que o deveria estar angustiando bastante. Sugeri que ela, em vez de criticar, abrisse um espaço de conversação, mostrando um real interesse pelo que podia estar se passando com o filho e o que ele deveria estar sentindo, sabendo que os pais estavam se separando.

Quando foi procurar o filho para conversar, após um breve silêncio, o menino lhe disse que estava com ódio do pai porque ele o estava abandonando, e que às vezes lhe passava pela cabeça o pensamento de que seria melhor o pai morrer. Logo em seguida ele completou: *Mas aí, mãe, eu fico com medo, me arrependo e digo para mim mesmo: NÃO!*. Ao dizer isso, fez o referido movimento com a cabeça. *Não quero que ele morra, mãe, mas depois eu quero, sim, e aí me arrependo de novo, e assim vai...* A mãe lembrou-se de que nós trabalhamos na análise o fato de ela, indignada porque o marido a estava trocando por outra mulher, "desabafar" com o filho e, de modo muito sutil, destilar a sua mágoa, fazendo o menino ficar do lado dela e com raiva do pai.

Conscientizando-se do que estava fazendo com o filho sem se dar conta, ela passou a tranqüilizá-lo, dizendo que o pai tinha o direito de seguir sua vida, mas jamais o abandonaria, e que o amor do pai por ele estava mais do que garantido, assim como ele podia contar integralmente com o amor dela, que saberia se manter forte, e que certamente haveria um relacionamento de recíproco respeito entre os pais. Gradativamente, o cacoete foi desaparecendo e, após umas duas semanas, desapareceu completamente.

Pergunto aos leitores: se o menino não tivesse tido a compreensão do que estava acontecendo com ele, além de um reasseguramento de que o seu pensamento de querer que o pai morresse não representava nenhum pecado capital, que merecesse um castigo, e de que ele não ficaria desamparado com a separação dos pais, além de que o amor deles por ele estava garantido, não haveria uma grande possibilidade de que o tique se perpetuasse? E se o menino, quando adulto, fosse se analisar com vistas a curar o cacoete, que poderia ser alvo de uma cruel gozação de outros, será que na análise conseguiria chegar a atingir o remoto trauma de sua infância, causador do tique?

56
A ANORGASMIA ("FRIGIDEZ") DE HELENA

Helena, uma bonita mulher em torno dos 30 anos, casada, com dois filhos, disse-me que ouvia falar muito em orgasmos femininos, mas não sabia o que era isso. Segundo ela, o máximo que atingira com alguns companheiros fora, eventualmente, um grande prazer. Este fato, dizia ela, começou a angustiá-la bastante. Ela evitava ter aproximação sexual com o marido, e parecia-lhe que ele também estava deixando de procurá-la, de modo que sua vida genital estava praticamente desaparecendo, e quando acontecia, não era mais do que para "cumprir as sagradas obrigações conjugais". Helena pensou que tivesse algum problema orgânico, fisiológico, hormonal ou algo semelhante, porém o seu ginecologista afiançou que clinicamente ela estava normalíssima e encaminhou-a para um tratamento de base psicanalítica.

Após alguns meses, a paciente começou a evidenciar nítidos sinais e lembranças de que, quando era criança e púbere, manteve uma espécie de "namoro" com seu pai, pessoa sedutora, ao mesmo tempo que brigava demais com a mãe, quando procurava amparo no pai. Helena acreditava que a mãe tinha inveja de sua mocidade e beleza e ciúmes de sua relação especialmente carinhosa com o pai. Trazia recordações de sentar demoradamente no colo do pai assistindo a novelas na televisão e de suas reações confusas entre prazer, nojo e medo com o hábito do pai de desfilar pela casa só de cuecas ou nu. À noite tinha pesadelos, principalmente com ladrões que entravam pela janela e tentavam raptá-la e cometer abusos.

Essa situação se manteve até a adolescência, quando o pai passou a ser indiferente com ela, só falando o necessário, enquanto ela também se distanciou e nunca mais o abraçou e muito menos o beijou, nem nas festas de família, como aniversários, Natal, etc.

O distanciamento coincidiu com o período em que Helena ficou sabendo que o pai tinha uma amante fixa. Ela se perguntava se havia se afastado como um revide pelo mal que o pai estava fazendo a sua mãe ou porque se decepcionara raivosamente pela hipocrisia do pai, que mantinha um rigoroso padrão de moralidade em casa, fazendo sucessivas reprimendas e recomendações para não deixar que os namorados abusassem dela, enquanto ele, sem moral, tinha uma amante, ou por alguma outra razão que ela não atinava. Helena estranhava que os três ou quatro homens que tivera antes de casar-se e também o marido tivessem um perfil muito parecido com o de seu pai.

O trabalho analítico centrou-se principalmente nos conflitos em relação ao estímulo de suas fantasias sexuais, com um misto de sentimentos em relação ao pai sedutor, que acompanharam a meninice e a puberdade de Helena, juntamente com sentimentos de ódio e medo pela figura de "bruxa má e invejosa" da mãe. Helena também imaginava que o distanciamento recíproco, até com alguma hostilidade, entre o pai e ela, se devia ao medo de ambos de que o erotismo assumisse características perigosas e que a raiva dela pelo fato de o pai ter uma amante não era tanto por solidariedade à mãe, como ela dava a entender, mas, sim, porque ela própria se sentiu abandonada, rejeitada e trocada por uma outra mulher. O fascínio e nojo que a menina e a adolescente Helena sentiam pelo pênis que o pai exibia, o medo da inveja e da vingança da mãe, as aulas de moral repressora com que o pai catequizara sua mente contribuíram fortemente para sua anorgasmia, como um recurso inconsciente extremo para bloquear a plenitude de sua sexualidade, considerada por ela como cercada de perigos.

Reflexões

A situação de anorgasmia descrita por Helena é bastante freqüente nos consultórios de ginecologistas, sexólogos e psicanalistas. Outras vezes acontece que a mulher se considera frígida porque nunca obteve um pleno orgasmo vaginal, não obstante alcance um orgasmo pela manipulação do clitóris, fato que vem acompanhado de sentimentos de vergonha e de fracasso. Nesse caso é importante o terapeuta poder educar esta paciente para a verdade, comprovada cientificamente, de que, fisiologicamente, a zona erógena varia de uma mulher para outra, sendo que, com freqüência, o ponto erógeno por excelência é justamente o clitóris, de sorte que é absolutamente normal aquilo que era considerado como sendo uma patologia.

No entanto, na grande maioria das vezes, uma anorgasmia mais totalizada, tanto vaginal como clitoridiana, é devida a antigos conflitos relacionados com a área da sexualidade e genitalidade. Dentre os distintos conflitos, tanto qualitativos quanto quantitativos, existe a predominância de uma má resolução do período edípico, o qual, por sua vez, já sofre a forte mal-sucedida resolução do período anterior da evolução, ou seja, a fase pré-edípica, narcisista. Dessa forma, a criança que nutre fantasias relacionadas com um dos pais mantém uma espécie de "namoro" com este e um conseqüente temor de represália do outro. Esse temor está fortemente ligado à idéia de culpa da criança por estar alimentando desejos proibidos. Ela crê que Deus está vendo tudo e a castigará, que não merece ter uma satisfatória plenitude genital porque, como no caso de Helena, por exemplo, a figura invejosa e vingativa da mãe está internalizada dentro dela, fazendo graves ameaças de retaliação, proibindo a menina-mulher de ter um orgasmo pleno.

57
Como Alberto foi criado para ser uma pessoa tímida e submissa

Alberto, um homem simpático de seus 50 anos, casado, com um filho, alto funcionário de uma importante empresa, foi encaminhado para tratamento analítico porque andava algo deprimido sem que houvesse razões objetivas para preocupações. Seu sentimento depressivo estava ligado à sensação de não ter conseguido gozar a vida e estar achando que nada mais poderia mudar e ele estaria condenado ao tédio e mesmice diários, sem "ver uma luz no fim do túnel".

A evolução da análise evidenciou que desde criança Alberto era um menino apático, muito obediente e estudioso, porém sem espontaneidade para participar de jogos e brincadeiras com os colegas. As suas características obsessivas se reproduziam na situação da análise, isto é, ele sempre foi pontual, assíduo às sessões, e, deitado no divã, começava as suas falas fazendo um pequeno retrospecto da sessão anterior, até lembrar o ponto em que tínhamos parado e, a seguir, costumava dizer: *Bem, agora vou relatar todos os meus passos desde a sessão passada até agora.* Esse modo controlador, típico das personalidades obsessivas, também se manifestava no seu relacionamento comigo: sempre muito respeitoso, formal, gentil, concordava com praticamente tudo o que eu assinalava e jamais dava algum indício de contrariedade e, muito menos de qualquer sentimento de natureza agressiva.

Até que, em uma determinada sessão, fui forçado por fatos imprevistos a chegar bastante atrasado ao consultório. Ele estava sentado na sala de espera, lendo uma revista, e foi gentil ao cumprimentar-me, com a expressão facial de sempre. Pedi desculpas pelo meu atraso, perguntei se ele poderia fazer a sessão com o tempo normal ou se isto atrapalharia os seus compromissos, e ele prontamente declarou: *A nossa sessão é o compromisso mais importante de todos.* Durante aquela sessão, assinalei que ele ficara inteiramente indiferente ao meu atraso. Ele disse não ter comentado o fato porque o achara a coisa mais natural do mundo. Concordei com essa colocação, pois, do ponto de vista da lógica, o fato era realmente simples e natural, mas sempre despertava algum tipo de pensamento ou sentimento.

Diante de seu silêncio, transmiti a minha sensação de que seu hábito de manter uma fachada de total indiferença a tudo que acontecia, sem nunca evidenciar qualquer sinal de contrariedade, sempre obedecendo, deveria acompanhá-lo desde a infância e deveria haver uma causa para tanto. Fez-se um novo silêncio, que, contra a habitual indiferença de Alberto, pareceu-me um silêncio de quem estava refletindo, por isso também me quedei silencioso, até que Alberto rompeu a relativamente longa pausa silenciosa e falou: *Agora me lembrei de um fato acontecido em minha época de guri que me marcou muito. Eu tinha combinado com a minha turma de colegas de minha idade, por volta dos 12 anos, de irmos a uma reunião dançante na casa de uma colega e voltarmos à meia-noite. Eu me vesti, bem arrumado, perfumado, alegre, estava me despedindo dos meus pais, quando o meu pai me interpelou, perguntando de forma autoritária onde eu pensava que ia. Expliquei a combinação com os amigos e disse que já tinha pedido autorização para minha mãe, mas ele se manteve rígido na sua posição, dizendo que criança não pode se meter a adulto, que eu estava proibido de sair e pronto. Tentei argumentar de tudo que é jeito, cheguei a implorar, de joelhos, e nada adiantou. Ele me ordenou que parasse de chorar, porque homem não chora, e que me recolhesse de castigo ao meu quarto. Quando passei por ele para me recolher, eu balbuciei uma palavra de desabafo, pensando que ele não ia ouvir, mas ouviu. A palavra, dirigida a ele foi palhaço, ao que, imediatamente, ele me desferiu um violento tapa no rosto, que continua doendo até hoje.*

Reflexões

O encadeamento das associações permitiu verificar que o pai sempre fora excessivamente autoritário e as conversas que tinha com os filhos sempre consistiam em cobranças dos deveres escolares, exigência de uma boa conduta e a permanente colocação de expectativas a serem cumpridas. A mãe, que tinha uma personalidade passivo-submissa, era excessivamente dedicada a Alberto, mas este recordou que, mais de uma vez, quando criancinha, como uma lição para ele não dizer mais palavrões, ela punha pimenta na língua dele como uma forma de aprendizagem.

É fácil deduzir que Alberto ficou impregnado de um superego rígido e até cruel, de uma autocensura que acabou funcionando como uma espécie de camisa de força, tolhendo a espontaneidade de seus gestos e sufocando a criatividade, a garra, o entusiasmo e a ambição inerentes a uma agressividade sadia. Ele tornou-se amorfo, mas um excelente cumpridor de ordens, o que lhe possibilitou galgar degraus de crescimento na empresa onde trabalhava, na qual ainda permanece, decorridos mais de 30 anos.

Três reflexões são importantes. Uma é a de que o pai foi bem-sucedido porque com a violência do tapa conseguiu obter o "bom comportamento" do filho, porém não deve ter se dado conta de que pagou um preço altíssimo, visto que construiu um futuro adulto tímido e sem ambições na vida. A segunda reflexão é sobre a necessidade de se fazer distinção entre agressão destrutiva e agressividade construtiva. Alberto não tinha condições de fazer esta distinção, colocou tudo no mesmo saco e conteve todo e qualquer movimento que lhe parecia agressivo, receoso de que fosse uma agressão e que, por isso, fosse castigado com um "violento tapa" por parte do pretenso ofendido.

A terceira reflexão parte do fato de que, no trabalho analítico, a partir de sua lembrança da violência do pai, o paciente começou muito gradualmente a experimentar me fazer críticas, censuras e, para meu deleite, por duas vezes, chegou a gritar comigo. Senti, que, ao contrário de uma transferência negativa, tratava-se de uma transferência positiva, no sentido de que o paciente, com a sua agressividade, estava evidenciando que estava construindo vínculos de confiança básica, tanto de que não era tão inadequado e perigoso como imaginava, como de que nem todas as pessoas eram como seu pai. Ele precisava testar a minha capacidade de conter sua agressividade, não revidar, não me decepcionar nem me deprimir, não me desfazer dele encaminhando-o para outro tratamento, não enchê-lo de medicamentos, etc. Considero um dos aspectos mais importantes de qualquer análise essa reconciliação do sujeito com sua agressividade positiva.

58
A hipocondria de Manuel

As queixas de Manuel, um engenheiro de aproximadamente 40 anos, incidiam em queixas aparentemente orgânicas, tais como uma permanente sensação de que era portador de algum tipo de doença grave, que mais cedo ou mais tarde acabaria se manifestando como terminal e fatal. Estes sintomas o acompanhavam desde a sua adolescência, quando, coincidentemente, a sua família sofreu um grande baque com a morte súbita e inesperada de seu pai, vítima de um enfarte agudo do coração. Segundo o paciente, ele amava o pai de forma muito ambivalente, isto é, tanto tinha uma profunda admiração e gratidão pelo seu pai, homem honrado que lhe propiciou estudar e "ser alguém na vida", como também o odiava pela sua tirania e pelos castigos que lhe infligia na infância e adolescência. Na mesma época, foi detectado um tumor maligno em um amigo seu. Assim, Manuel passava grande parte de sua vida num estado de sobressalto, amplificando qualquer desconforto que sentisse. Um resfriado banal era descrito como uma gripe causada por um perigosa virose; a ocorrência real de uma gripe era vivenciada como já sendo uma pneumonia maligna e, se ocorresse uma pneumonia real, certamente ele a sentiria e descreveria como sendo um tumor maligno do pulmão, com o grave risco de matá-lo.

Da mesma forma, a localização de suas queixas costumava ser variada: poderia estar com um problema no coração, no aparelho digestivo, perda de memória com risco de ter doença de Alzheimer, e assim por diante. Por essas razões, Manuel costumava submeter-se a sucessivos *check-ups*, que sempre comprovavam a sua excelente saúde real, o que lhe trazia um grande alívio. Esse, porém, durava pouco tempo, de modo que os seus temores, as dúvidas torturantes e a verbalização das queixas retornavam com a mesma intensidade. O paciente informava que sua mulher e filhos já não o levavam a sério, que estavam cansados de suas queixas e temores e que ele também não se agüentava mais, além de seu raciocínio lógico não conseguir diminuir sua "certeza" de que seria portador de alguma doença muito grave. Manuel dizia não saber de onde se originava tudo aquilo. *A menos que seja influência da minha mãe, que sempre se queixava de doenças e parecia deprimida. Também me sinto mal porque estou bem de vida, enquanto todos meus irmãos estão mal, perderam tudo que tinham*, explicava.

REFLEXÕES

Existe um grande contingente de hipocondríacos crônicos, que, por isso, sofrem e fazem os seus mais próximos também sofrer e, ao mesmo tempo, se impacientar e se irritar. As causas determinantes da hipocondria são variáveis, porém, de alguma forma, estão sempre ligadas a algum tipo e grau de depressão. Uma das causas mais freqüentes está retratada no caso do paciente Manuel, ou seja, o seu psiquismo era habitado por dois fatores que são bastante responsáveis pela instalação dos quadros de hipocondria. O primeiro é a *identificação patogênica* com a figura da *vítima* (no caso de Manuel, a vítima era a sua mãe). O segundo fator consiste numa vivência persecutória: no caso, o pai, falecido precocemente, com quem ele mantinha uma relação ambivalente de amor e ódio, e os irmãos mais velhos, que ele superou ao longo da vida, estavam internalizados em seu psiquismo como perseguidores que o acusavam de não ter o direito de ser feliz e ter que pagar o mesmo preço que eles, ou seja, ele também morreria cedo ou perderia seus melhores bens, incluindo a saúde.

Esses personagens imaginários, que com muita freqüência surgiam em seus pesadelos sob a forma de monstros, fantasmas, bandidos, etc., estavam localizados em diversas partes de seu corpo, de onde lhe desferiam ataques, com ameaças de doenças incuráveis e de morte. O interessante é que, nos sonhos, os monstros e bandidos gradativamente foram sendo substituídos por pessoas doentes que ele ajudava ou por prédios em ruínas que ele reconstruía. Somente após alguns anos de análise, depois de atenuar esses fantasmas, Manuel conseguiu "**fazer reparações**" **com** esses personagens internalizados, vivos ou mortos, e, assim, manter uma harmonia com eles, fazendo com que sua hipocondria praticamente desaparecesse.

59

"Doutor, o senhor não acha melhor eu esquecer o meu passado, tão traumático, em vez de lembrá-lo?"

Luiz, um homem de aproximadamente 50 anos, recém-separado, com um par de filhos adolescentes, procurou tratamento analítico, tendo sido encaminhado por seu psiquiatra, porque estava em sério estado de depressão e não respondia à medicação antidepressiva. Nos primeiros tempos, ele se mantinha bastante silencioso e reafirmava que seu "papo" era exclusivamente com seu diário, o único em quem ele confiava, e o mantinha guardado a "sete chaves" para não perder sua privacidade. Minhas primeiras intervenções foram no sentido de compreendê-lo e lhe assinalar que parecia que ele não acreditava em ninguém, portanto também não podia confiar em mim, porque estava recém me conhecendo, não obstante ele desejar ter uma pessoa amiga, confiável, com quem pudesse partilhar a sua privacidade, especialmente suas dores.

Aos poucos, Luiz começou a trazer alguns retalhos de seu passado, todos tristes. Contou mal ter conhecido seu pai, um alcoolista que, muito cedo, morreu de cirrose hepática. A mãe ganhava "uma miséria" trabalhando como balconista em uma pequena loja de subúrbio. Para esta cumprir os horários, Luiz e seus dois irmãos menores foram distribuídos entre parentes – avós e tios – e vizinhos, perambulando entre diversas famílias. Ele lembrava de muitas vezes ter passado fome e de que nessas situações se contentava em comer alguns restos de comida que catava pela casa, inclusive, mais de uma vez, nas latas de lixo. Seguidamente ele tinha uma forte sensação de rejeição, que vinha acompanhada de uma ideação suicida, que reaparecera durante a depressão pela qual passava.

Relembrou, com asco e ódio, de uma tentativa de ser violentado por um dos filhos dos donos de uma das casas em que morou. Com um forte receio de vir a ser expulso das casas onde ficava, Luiz optou por manter um comportamento exemplar e, com uma enorme força de vontade, foi um excelente aluno e concluiu o curso de contabilidade. Extremamente sensitivo, mantinha distância das pessoas, ficava ofendido com grande facilidade e sentia-se um estranho nos ambientes em geral. O trabalho analítico ficou mais centrado nas antigas feridas, ainda abertas, que o marcaram com o estigma de abandono, rejeição, orfandade, desamparo, sentimentos que ficaram impressos em sua mente e que ele continuava reproduzindo, sendo que a recente separação, solicitada por sua mulher, reativara tais sentimentos.

Luiz, embora algo aliviado em poder "desabafar" suas velhas e novas dores, freqüentemente me perguntava: *De que adianta remexer nas minhas porcarias e perdas, se o passado já passou, não volta mais e não há mais o que fazer para recuperá-lo?*. Já bastante melhor de sua depressão, sem medicação, insistia em que não valia a pena recordar coisas tão tristes (é evidente que eu nunca o forçava a isso) e que ele queria de mim uma fórmula que o ajudasse a esquecer tudo. Em uma determinada sessão, na qual ele voltou a argumentar que queria a "fórmula do esquecimento" eu respondi: *Eu tenho uma fórmula*. Diante de seu visível interesse, completei: *A melhor forma de esquecer é lembrar!*. Passados alguns anos de análise, Luiz, já bem mais confiante em si e mais integrado com pessoas e grupos, abençoava a sua coragem quando optou por encarar os seus fantasmas de perto. *Eles não eram tão feios e maus como eu imaginava*, dizia.

Reflexões

O aspecto mais relevante dessa vinheta clínica reside na importância que representa para a psicanálise o mecanismo defensivo descrito pioneiramente por Freud com o nome de "recalque" ou "repressão". A defesa de repressão apresenta algumas vantagens, como é o caso de poupar o ego ainda imaturo do risco de ficar sobrecarregado com conflitos que ele ainda não tem condições de enfrentar. Por outro lado, o recalcamento também representa desvantagens. A principal delas consiste no fato de que o ego do sujeito gasta uma enorme energia psíquica para manter reprimidos os desejos proibidos, os acontecimentos traumáticos, inconscientes, quando essa mesma energia poderia ser mais bem aproveitada para ser "sublimada" em sentimentos de liberdade, criatividade e uma abertura para a passagem aos potenciais positivos do ego que estavam prisioneiros nas malhas da repressão.

Outro ponto importante a destacar é que a "desrepressão" não é útil unicamente como uma válvula de escape, uma catarse, mas, antes e mais importante do que isso, o surgimento no consciente daquilo que estava recalcado no inconsciente deve possibilitar ao analista promover novos significados, que se sobreponham aos significados anteriores, os quais adquiriram no passado uma natureza ameaçadora. Um bom exemplo é a grande freqüência com que pacientes que se masturbavam na infância, adolescência e, inclusive, já adultos ainda guardam o segredo como se fosse um pecado capital. Assim, "confessar" para o analista que, em vez de significar como sendo uma vergonha, crime ou coisa parecida, encara a masturbação com naturalidade, eventualmente associando a ela aspectos positivos (a descoberta da sexualidade, em certas etapas do desenvolvimento psicossexual, por exemplo), produz um enorme alívio no paciente, além de fazer dessignificações patógenas e recriar novos significados sadios.

60
LÚCIA: "MEU LUGAR NA VIDA É FICAR ENTRE OS ÚLTIMOS LUGARES"

Apesar de ter demonstrado desde a primeira sessão possuir uma série de atributos positivos, como beleza, inteligência, criatividade e empatia, Lúcia não concluía aquilo que começava com entusiasmo, como fizera com cursos de pós-graduação, com alguns inícios de sua atividade profissional como médica e com seus diversos namoros, que começavam bem e mais cedo ou tarde acabavam sendo interrompidos. O primeiro aspecto que chamou a minha atenção foi ela ter enfatizado na entrevista inicial que só queria uma "terapia de apoio", e não uma análise. Não discordei, mas perguntei-lhe o porquê dessa decisão, ao que ela me respondeu que seu pai, médico, apoiado pela mãe, psicóloga, achavam que ela era frágil demais para fazer uma análise, de sorte que deveria se contentar com o objetivo único de diminuir os seus sintomas de ansiedade depressiva.

Já nessa mesma entrevista perguntei-lhe se havia a possibilidade de que seus pais a estivessem subestimando e, quem sabe, até lhe infantilizando. Como resposta Lúcia começou a chorar aos prantos, achava que sim, que eles só tinham olhos para seus dois irmãos, enquanto ela não passava de uma "boneca de luxo" com a qual eles se exibiam para os amigos. Com a sua concordância, imprimimos um andamento psicanalítico ao tratamento. Lúcia confirmou seus valores e potenciais, de modo que, após um início trôpego, com muitas faltas, atrasos e silêncios, aos poucos espontaneamente passou a usar o divã, foi se mostrando assídua, pontual e bastante participativa, com uma boa associação de idéias e capacidade para ter *insights*.

O primeiro benefício da análise, após dois anos de tratamento, foi que Lúcia começou a desfazer seus laços com homens muito complicados, que a humilhavam e "faziam gato e sapato" com ela. Também se distanciou de amigas tão ou mais complicadas que ela em relação à forma de levar a vida afetiva e, aos poucos, resgatou muitas de suas velhas amigas, pessoas bem mais sadias.

Durante uma sessão, perguntei-lhe por que ela se colocava em um plano secundário na clínica médica que pertencia a seu pai, evitando atender pacientes diferenciados e delegando esse atendimento a um de seus irmãos. Observei que ela estava sabotando seu crescimento e se maltratando, da mesma forma como fazia com seus namorados complicados. Como resposta, Lúcia respondeu de forma enfática: *O meu papel na vida é o de ficar em segundo lugar, na melhor das hipóteses, ou em último lugar, que eu acho que é o que predomina.* A análise passou a ficar mais focada nessa sua posição, oriunda de mandamentos depreciativos, infantilizadores e sadomasoquistas provindos de seu inconsciente. Também ficou claro que sua antiga fantasia de ser a preferida do pai (sedutor) lhe custou um enorme temor de sua mãe, que seria ciumenta dela, invejosa e vingativa, proibindo-a de crescer como mulher completa. No interior de seu psiquismo havia a determinação de que seus irmãos, especialmente o mais velho, sempre seriam superiores e melhores do que ela, a quem só caberia se contentar em ser uma médica "faz-de-conta", uma figura decorativa, um bibelô, sempre ocupando um lugar secundário em todos os planos de sua vida.

Reflexões

Como é extremamente comum a existência de personalidades similares à de Lúcia, atrevo-me a sugerir que o leitor faça um esforço para verificar se existe no mapa de seu psiquismo ou no de seus filhos, alunos ou pacientes, com maior ou menor extensão, uma "zona Lúcia". No caso da minha paciente, o relato evidencia uma série de fatores que lhe deixaram feridas que recém estão cicatrizando. Dentre estes, cabe destacar o discurso infantilizador de seus pais, atribuindo-lhe o papel de eterna menina frágil, sem reconhecer excelentes capacidades da filha que estavam como que pedindo uma libertação. Um segundo fator reside na culpa da paciente por ter "namorado" o pai, de sorte a criar a fantasia de que sua mãe e seus irmãos se constituiriam como inimigos que lhe proibiriam de ser uma mulher plena, genitalizada e bem-sucedida. Essas situações acontecem com muitos filhos, homens ou mulheres, que estacionam em seu crescimento pessoal e, em geral, são pessoas sem garra, iniciativa e marcadamente dependentes dos pais ou de figuras substitutas destes. Quando esse quadro ocorre com homens, é bastante comum que eles sejam chamados pelo apelido de "pequenos polegares".

61 A FOBIA SOCIAL DE PEDRO

Pedro, um arquiteto bem-conceituado, casado, com dois filhos adolescentes não aparentava sofrer de alguma neurose, porém na primeira sessão confessou que fazia um esforço gigantesco para fugir de qualquer compromisso social ou de alguma solicitação de ter de falar para uma platéia, embora tivesse sólidos conhecimentos e uma boa capacidade para verbalizar suas idéias. Usava "mil e uma racionalizações" para fugir de um encontro social, usando pretextos como doença, compromisso anterior, esgotamento físico, etc., e só comparecia em situações que eram praticamente impossíveis de evitar (festa de casamento de um irmão, ceia de Natal na casa dos pais, etc.).

Nas ocasiões em que era forçado a permanecer na festa, Pedro sentia uma intensa angústia, que se manifestava principalmente por tonturas, sensação de que poderia desmaiar, taquicardia, intensa sudorese. Simulava acompanhar as conversas da roda social, porém se mantinha silencioso e alheio ao que os demais conversavam. Só relaxava quando, após muita insistência, sua esposa concordava em voltarem para casa.

Pedro recorda que sua mãe também evitava festas e viagens de avião.

REFLEXÕES

A fobia social é bem mais freqüente do que pode parecer. Comumente passa despercebida, porque o sujeito fóbico utiliza um sistema bem estruturado de dissimulações e, através de racionalizações de toda ordem, evita ao máximo fazer aproximações sociais nas quais tenha de interagir, o que, não raramente, o faz ganhar o apelido de "bicho do mato". Como acontece com as demais fobias, a fobia social também se caracteriza pela intensa necessidade do sujeito de *evitar* situações nas quais, por antecipação, ele "tem medo de ter medo". As situações mais comumente temidas são as de falar ou representar diante de platéias, comer ou escrever (por exemplo, preencher cheques) em público, falar ao telefone para pedir algo, participar de reuniões sociais, falar com autoridades, etc.

Os encontros com as situações temidas disparam o medo com ansiedade excessiva e irracional, que supera o raciocínio lógico do fóbico social, interferem em seu funcionamento, causam desconforto e, muitas vezes, levam o sujeito a renunciar a importantes oportunidades, como a de ser promovido em seu emprego ou assumir alguma responsabilidade, embora objetivamente esteja bem preparado para isso. A principal causa dessa fobia é a presença no psiquismo de um *superego* de fortes características exigentes e ameaçadoras. O álcool é freqüentemente utilizado como uma tentativa de abrandar esse implacável superego. Existe uma tendência de haver um padrão familiar na fobia social.

62
Rafael sofria de uma "fobia ao casamento"

Rafael era uma excelente pessoa, advogado bem-sucedido e de boa aparência, embora fosse um pouco baixo e manco. Tinha grande capacidade para fazer amigos e conquistas amorosas, encantando a todos com sua conversa interessante e uma gentileza autêntica. Fora encaminhado para análise porque já estava com 40 e poucos anos e, apesar de ter tido inúmeras namoradas, não se estabilizava com nenhuma delas e estava começando a ficar cansado dessa situação repetitiva. As suas racionalizações preferidas eram a de que ainda não tinha aparecido a mulher dos seus sonhos e a de que "estava se sentindo sufocado e não queria perder a liberdade"

Seus namoros guardavam sempre a mesma característica: ele escolhia uma mulher "a dedo" para paquerar e se aproximar. O início era tórrido, ele se entusiasmava e, à medida que a companheira ia se apaixonando e se enchendo de esperanças, ele ia esfriando. Decorrido algum tempo, quando a mulher começava a reclamar do seu relativo distanciamento e começava a fazer cobranças de firmar um compromisso mais sério, Rafael dava um jeito de terminar o vínculo. Para tanto empregava dois recursos preferenciais: ou inventava uma história que comprovasse a sua impossibilidade de continuar o vínculo amoroso, ou, mais comumente e de forma inconsciente, induzia a companheira a não agüentar mais os seus desaforos, mentiras e traições públicas, de sorte a forçá-la a tomar a iniciativa de abandoná-lo.

No curso da análise, Rafael negava a existência de quaisquer fatores inconscientes que lhe despertassem o *horror* (fobia) à formalização de um compromisso de casamento e a conseqüente formação de uma família, com esposa e filhos; pelo contrário, sempre atribuía a sua evitação do casamento a razões externas, localizadas em qualquer falha estética ou psicológica da companheira, por mínimas que fossem. De forma muito gradual, principalmente através da análise de seus sonhos (por exemplo, ele preso em correntes ou uma mulher obesa e megera em luta com um homem frágil e louco, enquanto criancinhas ao redor choravam desesperadamente), constatei que ele tinha o pavor de reproduzir em um hipotético casamento as mesmas tragédias de sua família original.

Reflexões

Se o leitor estiver atento vai perceber nitidamente, em amigos, em pessoas conhecidas, em pacientes, etc. o quanto é freqüente a existência desta aversão a concretizar e formalizar um casamento, sob os argumentos mais diversos possíveis. O nome científico dessa fobia ao casamento é gamofobia, termo que deriva dos étimos gregos *gamos* (união, casamento) e *phobos* (horror). A gamofobia atinge pessoas tanto do sexo masculino quanto do feminino. As causas inconscientes que determinam este tipo de fobia são variadas e muitas vezes múltiplas, com uma possível conjugação entre elas.

Como exemplos mais comuns cabe mencionar a situação decorrente de um péssimo modelo de vida conjugal dado pelos pais, como no caso de Rafael; o medo de ficar submetido, escravizado e perder a liberdade, como ocorre com pessoas que, quando crianças, observaram a mãe ser escravizada pelo pai ou vice-versa; uma excessiva e inatingível idealização em relação ao futuro cônjuge, com uma eterna expectativa de encontrar o príncipe encantado. Também há casos em que, devido à baixa auto-estima, esse tipo de fóbico receia não ter condições de se assumir como um adulto completo, figuras internalizadas o proíbem disso ou ele crê que o cônjuge não agüentará a maldade que imagina possuir, e assim por diante, as causas se multiplicam e se interpenetram. Não obstante serem situações de grande resistência, muitas vezes a análise com essas pessoas é bastante bem-sucedida.

63
UM CASAL DIANTE DA INFIDELIDADE CONFESSA DO MARIDO

Por iniciativa do marido, um casal me procurou para "opinar e orientar" quanto ao destino do casamento, tendo em vista o homem ter sido obrigado a confessar à esposa, Maria, que tinha uma amante havia alguns anos, o que levou a esposa, de forma categórica, a querer uma separação definitiva. Lucas, o marido, implorou mais uma chance e tanto insistiu que conseguiu convencê-la a fazerem, conjuntamente, uma consulta de avaliação com um psicanalista. Ao iniciar a sessão, ele passou a palavra à mulher, que o atacou violentamente, frisando o fato de não ter sido a primeira vez que ela descobria o adultério e desafiando-o a desmentir ou justificar as razões que o levavam a traí-la.

Lucas fez, então, uma colocação interessante e inusitada: *Na frente do doutor vou repetir as mesmas coisas que eu tenho lhe dito em casa: é ou não é verdade que quando estou totalmente fiel a você eu fico em casa emburrado, triste, me torno uma companhia chata para você e para todos, apático e depressivo, mas quando estou lhe traindo, embora com o máximo de discrição possível, eu sou um outro homem dentro de casa, amoroso, alegre, uma boa companhia. Seja sincera, Maria, isto é ou não é verdade?*. Maria admitiu que era verdade, sim, mas que ela não conseguia tolerar, e nem pretendia, ser usada para que ele mantivesse uma vida dupla. Ele tinha que decidir de uma vez por todas: ou ela ou a amante.

Lucas, com a voz embargada e transpirando sinceridade, retomou a palavra: *Mas, querida, você sabe que é a você que eu amo como minha companheira e mãe de nossos filhos. A outra é só um objeto sexual, que, reconheço, me atrai porque temos uma química especial que eu não consigo dominar, apesar de – sei que você concordará – a nossa vida sexual é muito boa. Maria, por favor, me perdoe, mas isso é mais forte do que eu e, se eu for obrigado a escolher, toda vida vou preferir ficar com você, só que você terá um companheiro deprimido e chato.* Pronunciou estas palavras e se aproximou para dar-lhe um beijo suave, ao qual Maria inicialmente fez um gesto de rejeição, porém logo em seguida aquiesceu, ainda que de uma forma algo fria, o que para mim pareceu uma espécie de "última chance" que ela se prontificava a lhe conceder.

Decorridas mais algumas sessões, chegamos os três à conclusão de que o mais indicado seria que ambos se tratassem individualmente com terapeutas diferentes e, sempre que considerassem útil, fizessem sessões conjuntas. Maria já tinha o seu terapeuta, enquanto Lucas fez questão que eu o tratasse. Aceitei e tratei-o individualmente durante algum tempo, durante o qual realizei eventuais sessões com o casal.

Reflexões

A situação desse casal não é muito diferente da de muitos, salvo o fato de o marido assumir sua infidelidade e, em vez de mentir ou arranjar mil desculpas e disfarces ou fazer promessas de bom comportamento, manter sua posição, tentando convencer a mulher de que seria bem melhor para ela e para toda a família que ele continuasse levando uma vida dupla, sob o argumento principal de que ele nunca deixaria de pô-la num plano especial e de que ela seria sempre a mulher que ele amava.

O acompanhamento do casal comprovou o que já era possível antecipar: Maria obrigou-o a sair de casa, semanas depois ficou "penalizada" com sua solidão, –à qual ele já estava se acostumando e da qual até já começava a gostar – e convidou-o a voltar para casa com a condição de dormirem em quartos separados. No entanto, por motivos fúteis ia visitá-lo em seu quarto, mantinham relações sexuais ardentes (seu propósito era deixar o marido "esgotado" e sexualmente saturado), até que ele voltou a partilhar com ela a cama de casal.

Maria optou por não manter um controle severo da conduta de Lucas, deixou reticente a possibilidade de ela também poder ter uma "vida livre". Lucas se mostrava feliz e, nos primeiros tempos da terapia, mantinha sua posição de não voltar à amante oficial, porém não renunciava ao desejo de voltar a ter amantes em uma próxima oportunidade, quando saberia ser "mais discreto", sem deixar a mínima pista.

O trabalho analítico permitiu concluir que Lucas tinha no interior de seu psiquismo uma imagem partida da mãe (no caso de a mulher ser a infiel compulsiva, comumente a imagem internalizada é a do pai do passado). Assim, metade da imagem da mãe, capaz de uma boa maternagem, estava colocada em Maria, enquanto a outra metade, a da mãe "puta", era deslocada para a amante. O trabalho analítico consistia em tentar integrar as duas facetas da mãe que estavam dissociadas. Assim, Lucas começou a refletir sobre a possibilidade de encontrar somente em Maria a mãe protetora e a mulher fortemente erotizada, com uma "química sexual", sem sentir-se obrigado a tomar cuidados especiais para não resvalar para a luxúria ou ter que procurar outra mulher para desempenhar esse papel.

Outro aspecto interessante é o fato de Lucas também argumentar com preconceitos próprios de determinadas culturas que, com o tempo, darão razão às razões dele. Enquanto eu escrevia esta vinheta, fiquei refletindo se ele poderia ter alguma ponta de razão, visto eu não ter dúvida de que os valores culturais vigentes em uma determinada época exercem uma influência marcante na formação da personalidade e nos costumes de qualquer pessoa. A vinheta clínica a seguir enfoca justamente isto.

64
Terapia psicanalítica de grupo: a entrada de uma paciente não virgem em uma época e, 25 anos depois, em outro grupo a entrada de uma outra paciente, ainda virgem

Para comprovar o quanto os valores culturais de uma determinada época e um determinado lugar podem alterar o comportamento de indivíduos e grupos e vice-versa, vou narrar um fato de minha experiência clínica com grupoterapia analítica, que pratico há mais de 40 anos. Assim, no início da década de 1960, uma jovem estudante de medicina de 21 anos, integrante de um grupo analítico, levou aproximadamente um ano e meio para, cheia de culpa e temores de ser julgada pelos outros, vir a "confessar" aos demais que NÃO ERA MAIS VIRGEM e mantinha relações sexuais com o namorado, com quem se relacionava havia três anos. De forma análoga, em outro grupo, em meados da década de 1980, uma jovem da mesma idade também levou mais de um ano para "confessar", bastante envergonhada e temerosa de uma gozação geral, que ela AINDA ERA VIRGEM...

Reflexões

O que pretendo evidenciar é o fato de que, embora a natureza humana continue sendo a mesma (ambas as moças apresentavam angústia, culpa, vergonha, temor de provocar decepção, rechaço e um não reconhecimento e aceitação dos demais), a causa desencadeante de tais sentimentos, nos dois exemplos, foi totalmente contrária, porquanto, nos 25 anos decorridos entre as duas experiências – uma geração –, mudaram as contingências e os valores socioculturais. Esta vinheta também serve para ilustrar que todas as considerações que costumamos fazer sobre nós mesmos e os outros devem partir do pressuposto de que é impossível separar o indivíduo dos avanços tecnológicos, científicos, da mídia, das transformações socioeconômico-culturais próprias dos grupos e da sociedade nos quais ele está inserido, e a recíproca também é verdadeira – cada indivíduo tem potencial para promover transformações em seu meio familiar, social, político, etc.

65
A regressão de Luciana em um nível de postura fetal

Uma colega me telefonou pedindo por favor que, com alguma urgência, eu atendesse uma sobrinha dela, e me adiantou que Luciana, a sobrinha, acabara de passar por uma situação de natureza emocional fortemente traumática e estava reagindo muito mal. Recusava alimentação, passava todo tempo deitada, encarquilhada, chorando, às vezes convulsivamente, não falava com ninguém e respondia aos estímulos de forma obediente e passiva, como se fosse um robô.

A colega também me esclareceu o motivo do trauma. Após um longo período de namoro e noivado, finalmente Luciana ia casar, já com os convites distribuídos, os padrinhos convidados, os representantes da lei, o padre oficiante, o salão de festas, a decoração, o conjunto musical e arranjos florais contratados. Muitos presentes já tinham sido recebidos e alguns parentes que moravam em outros estados já tinham vindo para as cerimônias. Faltavam dois dias para a festa do casamento, quando, subitamente, esta fora cancelada, porque o noivo alegara que, segundo ele, a família de Luciana não cumprira o combinado de antecipar aos noivos um polpudo dote para "fazer face às despesas de início de uma vida de casados". Não adiantaram os rogos de Luciana, suas argumentações de que o amava e daria um jeito para que o pai dela cumprisse a promessa, pois o cancelamento do casamento seria um ultraje a ela, um vexame público. O noivo manteve-se categórico e arrematou dizendo que, como também achava que não gostava mais dela, o assunto estava definitivamente encerrado. A partir daí, Luciana entrou num crescente estado depressivo, chegando a um ponto de estupor.

Consegui arranjar um horário para atendê-la e, na hora aprazada, a moça, de cabeça baixa, com os cabelos cobrindo a face, chegou acompanhada por sua mãe. Fui recebê-la na sala de espera, a mãe fez um gesto de entrar junto, mas pedi que Luciana entrasse sozinha e disse à mãe que, no momento oportuno, eu a chamaria para participar da entrevista. Quando Luciana se levantou para me acompanhar até a sala de trabalho, tive um forte impacto: com o corpo totalmente arqueado, sem olhar para os lados, praticamente correndo, ela adentrou o consultório, me aguardando de pé até eu solicitar que ela sentasse. Apesar de desgrenhada e mal-vestida, era possível adivinhar nela uma privilegiada anatomia feminina e, pelas frestas de sua cabeleira, dava para perceber uma certa beleza em seus traços fisionômicos. Embora eu fizesse pequenos e discretos estímulos para que Luciana falasse qualquer coisa, ela se mantinha num mutismo absoluto, olhando fixamente o chão, enquanto eu permanecia olhando atentamente para ela, para tentar reconhecer algum sinal de linguagem corporal, mas o que ela mais me passava era a esquisita sensação de estar diante de um feto pedindo para ser auxiliado para nascer (no caso, renascer).

Deixei passar um silêncio de alguns minutos e disse-lhe que sua tia me relatara a sua situação, que eu entendia perfeitamente a sua dor e que, pelo menos pelo relato da tia, eu achava que, seguindo a máxima de que "há males que vêm para o bem" ou a de que "Deus escreve certo por linhas tortas", eu acreditava que ela ficaria bem. Pela primeira vez, de forma muito tímida e fugaz, com o rabo dos olhos, Luciana olhou para mim. Senti um olhar de súplica, como se ela estivesse me dizendo: *Pelo amor de Deus, me ajude, me proteja, me acompanhe, me tire deste inferno.* Traduzi isso para ela com as minhas palavras e reassegurei que eu a acompanharia de perto e que eu tinha plena convicção (não era para consolar, eu estava sendo verdadeiro e honesto) de que ela sairia daquela situação, talvez revigorada.

Pedi sua licença para introduzir sua mãe, a fim de escutar o que ela teria a dizer e lhe comunicar um plano de tratamento psicoterápico, sem medicação, e o prognóstico otimista. Combinamos sessões diárias até que a situação amainasse, e então espaçaríamos o número de sessões. Na hora aprazada me despedi delas e me pareceu que Luciana saiu mais ereta. Ela sempre vinha acompanhada da mãe às sessões, que transcorriam de maneira difícil, porque Luciana, quando falava, era para balbuciar frases como *Não adianta nada, está tudo perdido, o melhor é morrer.* As minhas intervenções habituais pareciam não fazer o menor eco nela.

Cheguei a pensar em medicação antidepressiva, mas antes decidi modificar a minha forma de abordagem verbal e comecei a usar algumas metáforas. Na primeira, eu lhe perguntei o que faz uma atleta no trampolim quando quer dar um salto vigoroso na piscina, ou quando alguém quer passar de uma margem de um riacho estreito para a outra margem. Após um breve silêncio, eu mesmo respondi que para pular é necessário antes recuar, para ganhar força e impulsão. Fiquei com a impressão de que Luciana entendeu a metáfora e de que dava sinais de me olhar de maneira mais direta e interessada.

Algumas sessões depois, com o mesmo propósito de retirar o significado catastrófico de seu estado de regressão, empreguei uma outra metáfora e lhe perguntei o que seria de um automóvel se ele não tivesse a marcha à ré, tão necessária para fazer manobras, como, por exemplo, se o carro estivesse emparedado, sem poder seguir em frente, permitindo-lhe recuar e tomar novas direções, com muitos avanços. Fiquei com a nítida impressão de que Luciana entendeu perfeitamente que seu recuo regressivo poderia ser o início de uma nova marcha na vida. A partir daí, foi possível trabalhar na sua percepção equivocada por um excesso de idealização do noivo que, na verdade, como ela concluiu, deveria ser um mau caráter. Isso levou-a a reconhecer que era extremamente dependente, o que a induziu a tentar compensar os seus medos de ficar sozinha, desamparada, através de uma extrema idealização. Já numa postura corporal e verbal normal ela declarou: *Felizmente foi bom tudo isso ter acontecido para eu poder levar uma vida normal, porque eu estava cheia de projetos não só para a minha vida pessoal, mas também para o meu crescimento profissional.*

Reflexões

A regressão é um importante fenômeno psíquico, que foi estudado e descrito por Freud. Para esclarecê-la, Freud empregou a sua famosa metáfora de que num campo de batalha, quando a tropa que avança se confronta com forças inimigas muito mais poderosas, o comandante, se for adequado, usará a estratégia de ordenar que seus soldados recuem para as trincheiras anteriormente ocupadas, onde estavam mais seguros e protegidos, até conseguirem reagrupar a tropa e restaurar as energias para uma nova ofensiva. Assim, podemos concluir que a regressão psíquica que se instala diante de alguma situação traumática pode representar uma situação patológica (especialmente quando é desproporcionalmente exagerada diante da intensidade do trauma ou quando tende à cronicidade), porém também pode ser um ponto de partida para a restauração das energias psíquicas e a retomada mais sadia das ofensivas para as conquistas do cotidiano. Também cabe destacar a importância de o analista se adaptar ao momento e ao ritmo do paciente, e não o contrário. Igualmente é útil assinalar que, em determinadas situações analíticas, impõe-se o emprego de metáforas, porque estas propiciam um encontro dos pensamentos com as imagens, o que facilita a compreensão por parte de pacientes que estejam fora de sua plena capacidade de usar as funções psíquicas mais amadurecidas.

66

DIVA NÃO CONSEGUIA ENGRAVIDAR: ESTERILIDADE? INFERTILIDADE?

Diante do insucesso na tentativa de realizar o ardente desejo da paciente de engravidar, o obstetra que há alguns anos acompanhava Diva, uma empresária bem-sucedida de aproximadamente 30 anos, sem encontrar nela qualquer indício de problema orgânico, decidiu encaminhá-la para um tratamento psicanalítico.

Já nas primeiras sessões, ficou bem claro o intenso grau de angústia da paciente, que a cada menstruação caía em estado depressivo, acompanhado de choro às vezes convulsivo e de idéias de autodepreciação e baixa auto-estima. O marido, contagiado pela angústia de Diva, fizera todos os exames necessários para verificar sua fertilidade sem que fossem constatados problemas. Os dois evitavam confraternizar com casais amigos bem-sucedidos na gestação e parto de filhos. Também ficou evidente que Diva tinha uma relação muito difícil com a mãe, que dava sinais de ser uma pessoa invasiva, controladora, mandona e possessiva.

Os primeiros meses da análise foram usados para reduzir a carga de ansiedade transbordante da paciente pelo esclarecimento e assinalamento de seus terrores, ligados à gestação e ao parto e ao "sufoco" que o possível bebê daria nos pais, privando-os da liberdade. Diva estava se sentindo em uma encruzilhada: se não engravidasse, não toleraria esse fracasso "aos olhos de todos" e renunciaria a um grande sonho que a acompanhava desde menina, porém, se engravidasse e levasse a gestação a termo, ela poderia falhar como mãe (ou seja, ela seria com seu filho tudo aquilo que sua mãe tinha sido com ela), ou não suportar uma criança birrenta, cheia de vontades, sempre brigando com a mãe (como ela achava que havia se comportado em relação a sua mãe déspota).

Um pouco antes de completar um ano de análise, Diva engravidou. Todos vibraram, porém ela ficou fortemente receosa de comunicar tão auspicioso fato para sua mãe e sua sogra. Da mesma forma, às vésperas do parto, a paciente pediu à mãe para não estar presente na sala de parto e, mesmo tendo sido atendida, continuava com a angustiante fantasia de que alguém, uma enfermeira, por exemplo, a título de levar o bebê para o berçário, poderia raptá-lo. Tudo correu normalmente em seu parto.

Reflexões

O termo esterilidade alude a alguma causa de natureza orgânica que impede definitivamente a fecundação natural, enquanto a expressão infertilidade significa que está existindo uma séria dificuldade para a mulher engravidar, caso em que é necessário que o marido se submeta a exames para avaliar uma possível alteração espermatogênica que o incapacite para a fertilização natural. Caso essa última hipótese não se confirme, existe uma alta possibilidade de que a infertilidade se deva a causas emocionais. No caso de Diva, além de ter estado intoxicada de fantasias, medos e crenças errôneas, ela também mantinha internalizada uma mãe de características malignas e invejosas, que, no seu imaginário, estaria proibindo-a de ser bem-sucedida como uma mulher completa, capaz de ter um filho sadio e de ser feliz.

Na aterrorizante fantasia da paciente de que seu bebê seria seqüestrado, ficou evidente que a hipotética "enfermeira seqüestradora" representava um deslocamento da mãe "má", invejosa e vingativa interiorizada no seu psiquismo. Um fato curioso, já exaustivamente comprovado, consiste na freqüência de vezes que uma mulher infértil, cansada de tantas tentativas fracassadas de engravidar, como Diva, decide adotar um bebê e, com o passar do tempo, observa que tem condições de maternagem, logo, de engravidar. Ao mesmo tempo também lhe fica claro que, em termos reais, a sua própria mãe (ou uma substituta desta) mostra-se feliz com a sua filha, agora mãe, e com o neto adotivo, de modo que as fantasias de que haveria uma "guerra" com a mãe vão se desvanecendo e, assim, as reações bioquímicas comandadas pelo eixo hipófise-hipotálamo-supra-renal vão se normalizando, surgindo gestações normais. Dessa forma, a experiência da prática psicanalítica, mercê da atividade interpretativa do analista, aliada ao acolhedor modelo de uma "mãe boa", costuma produzir resultados muito gratificantes nos casos de infertilidade feminina.

67
A PERSONALIDADE NARCISISTA DE MARIA JOSÉ

Quando Maria José, uma elegante mulher de aproximadamente 50 anos, de traços bonitos, porém com uma postura algo "masculinizada", procurou tratamento por meio da psicanálise, que durou uns seis anos, ela alegou que a sua motivação se baseava no seu sofrimento devido a sucessivos *ataques de pânico*, um permanente clima de desentendimento com seus funcionários e colegas, seu marido e filhos (ela era conhecida como "bronquinha" e "dona da verdade"), além de uma úlcera péptica que piorava quando ela passava por um período de tensão emocional.

Perguntei a ela se o marido, os filhos, os amigos e os colegas, tinham algum tipo de queixa dela, e Maria José respondeu: *Meu marido, sim, vive se queixando de que eu sou mandona, sempre quero ter a razão em tudo, e me deixou perplexa quando, quase chorando, se queixou amargamente de que eu quero ser o homem da casa e tenho uma enorme competição com ele, a ponto de dizer que eu não vibro com o sucesso dele e, pelo contrário, fico contrafeita e dou um jeito de desmerecer tudo aquilo que ele faz de positivo com alguma crítica, desdém ou indiferença e, mais ainda, disse que tem medo de mim, porque basta discordar em qualquer coisa para eu virar uma fera.*

Um pouco mais adiante ela afirmou que seu jeito deveria ser uma "herança" do avô materno, José, homem dinâmico, autoritário, que criou a poderosa empresa de seguros que ela então comandava. Quando lhe perguntei o motivo de sua tensão, Maria José respondeu que era a presidente da empresa, a concorrência era muito grande e, se ela cochilasse, corria o risco de perder clientes importantes, como um em especial, que estava em vias de perder. Pedi alguns esclarecimentos sobre o que estava acontecendo entre sua empresa e o referido cliente e acabei lhe perguntando se a perda dele representaria algum problema mais sério do ponto de vista de equilíbrio orçamentário ou similar, tendo em vista a intensidade de sua angústia. Prontamente, Maria José me respondeu que não, que ela estava muito bem de finanças e repunha clientes com facilidade. A sua dor, ela prosseguia, devia-se ao fato de que esse importante cliente a trocaria por uma outra seguradora, de propriedade de sua maior rival, com quem ela disputava acirradamente a liderança do mercado de seguros, o que poderia prejudicar a imagem de sua empresa, fato que a transtornava, visto que seu projeto de vida era torná-la a maior seguradora do país.

Voltei a lhe perguntar por que isso era tão importante para ela, o que mudaria na sua qualidade de vida, visto que ela se queixava de não ter tempo para a família e, muito menos, para se dedicar a prazeres e lazeres. Maria José ficou silenciosa durante vários minutos, admitiu que não sabia responder e perguntou se eu tinha alguma opinião. Eu lhe respondi que, por enquanto – era o início da análise –, estávamos recém começando a nos conhecer, eu ainda não tinha uma idéia clara, porém me parecia que sua ânsia por triunfo, poder e prestígio poderia estar significando uma enorme necessidade de compensar sua grande insegurança. Talvez a mulher forte que estava à minha frente estivesse encobrindo uma criança frágil, sujeita a sentimentos de pânico quando algo a ameaçava. A paciente me olhou, disse que estava meio perplexa, porque ninguém ousava lhe desafiar e dizer coisas que ela não gostava de ouvir, mas achava que, por mais que não gostasse de certas verdades dolorosas, sentia que eu tinha razão quando apontava a sua fragilidade, embora ela nunca tivesse pensado nisso e seria uma experiência importante dialogar com alguém que não tinha medo dela.

Decorrido um tempo relativamente longo na análise, percebemos que ela estava com idéias bastante mais claras acerca das motivações conscientes e inconscientes de sua desenfreada busca por triunfos, porém isto não estava se refletindo no seu cotidiano, visto que os episódios que relatara no início se repetiam com a mesma regularidade, ou seja, seus *insights* eram intelectualizados. Maria José me perguntou o que poderia fazer para mudar verdadeiramente. Eu lhe respondi que o caminho era fazer reflexões mais profundas e contei- lhe brevemente o mito do triunfo de Pirro. Esse mito conta a história de um rei de Epiro, localidade grega, que entrou em luta com um rei romano pela posse de um morro chamado Asculum, que ficava entre os dois reinos. A tentativa de diálogo entre os dois reis falhou totalmente, porque nenhum dos dois queria ceder um milímetro. Foi declarada guerra. As tropas de Pirro, após encarniçadas batalhas, venceram as forças inimigas. Do alto do morro conquistado, o rei olhou para todos os lados e só via cadáveres, tanto dos inimigos quanto de militares de suas tropas, inclusive de muitos amigos. Sentindo-se só, começou a chorar e a pensar:

E agora, o que eu faço com este morro, que não tem nenhuma importância estratégica? Que falta vou sentir de meus únicos e leais amigos! De que me valeu esse triunfo?.

Foi impressionante o quanto Maria José ficou impactada com a metáfora. Freqüentemente ela a utilizava para aconselhar amigos e mencionava-a na análise quando algo semelhante estava por acontecer com ela. O mais importante é que desde então começaram a se processar verdadeiras mudanças, tanto no sentido de estabelecer uma capacidade de fazer reflexões, não só através de um diálogo interno com a sua parte criança apavorada, com forte sensação de desamparo, que procurava compensação pelo "faz de conta" de sucessivos triunfos, como também pelo exercício de saber pensar "depressivamente" (refletir sobre o seu quinhão de responsabilidade, e não unicamente na dos outros). Essa capacidade para pensar depressivamente é que resultou em verdadeiras mudanças na sua vida profissional e familiar. Também surgiram e foram analisados aspectos como sua forte identificação com o avô materno, fortemente idealizado por sua mãe, ao mesmo tempo em que esta desqualificava a figura do marido, da mesma forma que Maria José fazia com o seu.

REFLEXÕES

Situações como a de Maria José são freqüentes na vida normal de um enorme contingente de pessoas, tanto homens quanto mulheres, assim como também surgem nas situações de tratamento psicanalítico. No filme "*Duas vidas*" (*The Kid*), de 2000, dirigido por Jon Turteltaub, tem-se a magnífica demonstração do embate que ocorre nas pessoas portadoras de fortes traços narcisistas, como Maria José, entre um lado adulto e seguro e uma parte infantil e extremamente insegura. No filme, o personagem narcisista, um bem-sucedido empresário de 40 anos vivido pelo ator Bruce Willis, fazendo uso abusivo de onipotência e prepotência arrogante, sem capacidade para amar, só consegue sair dessa situação quando começa a dialogar com um tímido menino de oito anos, que é ele mesmo.

Resumindo, pode-se dizer que Maria José estava cheia de...vazios! Também cabe refletir que os "ataques de pânico" da paciente não se referiam à chamada "síndrome do pânico", de natureza endógena, orgânica. Eles resultavam de situações freqüentes em transtornos narcisistas, em que basta a onipotência falhar para logo sobrevir uma ameaça de desamparo e destruição que leva ao pânico e a possíveis somatizações (sua úlcera péptica). Um terceiro aspecto a assinalar é que, com certos pacientes que não conseguem simbolizar suficientemente bem ou que recorrem às defesas obsessivas da intelectualização, penso que o uso de metáforas, como a de Pirro, como recurso interpretativo pode ser altamente produtivo, visto que estas têm a propriedade de unificar a imagem, a idéia e os sentimentos. Uma quarta reflexão é a dedução de que desde criança Maria José foi "programada" pela mãe para se identificar com a figura prepotente do avô, de modo a ser sua sucessora, o que, de fato, aconteceu.

Cabe fazer uma especulação: será que o nome Maria José funcionou como uma espécie de predição do que ela deveria vir a ser – em parte, uma mulher (Maria) bonita, e em parte um homem (José) prepotente? Para os leitores que estejam mais diretamente interessados neste tema, recomendo a leitura do Capítulo 22 do meu livro *Manual de Técnica Psicanalítica*, Transtornos Narcisistas, o qual eu encerro com o seguinte trecho: *Da mesma forma que Copérnico demonstrou que o planeta Terra não passa de um corpo opaco que gira em torno do sol, do qual recebe luz e calor, também na atualidade entende-se que o sujeito narcisista deixa de ser o centro em torno do qual tudo e todos se movem, pois, na verdade, ele gira em torno de suas carências básicas, mascaradas por uma pretensão de autonomia, ilusão de independência e presunção de auto-suficiência.*

O médico Victor não conseguia clinicar devido a seu "mal de Douglas"

Victor apresentou-se na entrevista inicial para a análise dizendo-se médico generalista, competente, porém incapaz de exercer a parte prática da clínica médica devido a uma invencível compulsão de manter uma aproximação física erotizada com as pacientes do sexo feminino. *Doutor, eu sofro do mal de Douglas!*, exclamou Victor em um tom patético. *Faço juramentos para mim mesmo que vou me controlar diante de pacientes mulheres, mas basta eu começar a proceder ao necessário exame físico, independentemente de a paciente ser bonita ou feia, séria ou sedutora, fria ou sensual, para eu começar a me excitar. Vou ficando cego e burro, de modo que os meus toques do procedimento médico vão se misturando com sutis carícias. Às vezes as coisas não passam disso, outras vezes, conforme a reação da mulher, a coisa vai mais longe. Já tentei colocar uma auxiliar de enfermagem sempre presente no exame clínico, mas não adiantou.*

Victor, realmente angustiado e confuso, prosseguiu nesse mesmo diapasão e concluiu afirmando que decidira abandonar a medicina ou mudar de especialidade (pensou em fazer urologia masculina), mas refletiu que talvez o melhor fosse a tentativa de encontrar solução na análise. Já no início do trabalho analítico, a título de ampliar seus conhecimentos sobre exames laboratoriais, juntamente com uma pesquisa sobre uma doença importante, o paciente conseguiu junto a um colega amigo trabalhar fechado em uma sala, às voltas com microscópio, lâminas, modernos recursos tecnológicos, etc. O transcurso da análise revelou que desde criança Victor demonstrava uma impulsividade de difícil controle, tanto de natureza agressiva quanto erótica. Assim, quando algum desejo seu era frustrado, o menino Victor atirava-se ao chão, berrava, chutava e quebrava objetos que estavam perto dele. Outras vezes aproximava-se da mãe, das irmãs e de amigas delas, levantava suas saias e enfiava a cabeça entre suas pernas, para diversão geral.

Tendo em vista que o maior problema de Victor era a *impulsividade*, devido à qual ele mantinha a mesma curiosidade mórbida sobre a genitália feminina que o assolava desde a tenra infância, o foco central da análise consistiu no trabalho com o sensível prejuízo que sofreu sua capacidade de *pensar*, de modo fazer com que ele fosse capaz de refletir e, principalmente, fazer antecipações, isto é, substituir o imediatismo pela atividade reflexiva em torno de conseqüências imediatas e futuras. Decorridos cerca de 15 meses de análise, Victor voltou a clinicar normalmente, dedicando maior interesse aos aspectos emocionais de seus pacientes.

Reflexões

A denominação de "mal de Douglas" procede de um problema que atormentava o famoso ator do cinema americano Michael Douglas, o qual se tornou público depois que ele esteve internado numa clínica de recuperação, porque não conseguia controlar sua frenética e compulsiva atividade sexual, com uma troca vertiginosa de parceiras.

Com algumas variantes na modalidade e na intensidade, é bastante freqüente a presença de uma impulsividade que faz com que um grande número de pessoas aja de forma intempestiva, com atitudes, ações e respostas emocionais bastante desproporcionais aos estímulos que induziram um estado de frustração ou de indignação, seguidos de uma resposta geralmente agressiva, verbal ou até mesmo física. Já estão sendo utilizados, com resultados ainda não comprovados como definitivamente eficientes, medicamentos que reduzem o imediatismo, a intensidade e a repetitividade dessa forma de compulsão à impulsividade.

A hipótese psicanalítica mais atual em relação à gênese dessa forma de impulsividade refere-se à possibilidade de determinados traumas primitivos terem condicionado circuitos neurocerebrais a uma resposta defensiva imediata, de sorte que essa resposta antecipa e ofusca o uso da capacidade para pensar. Assim, frustrações no futuro adulto, por menores que sejam, evocam e despertam os antigos traumas infantis e os circuitos neuronais reagem da mesma forma que no passado primitivo. O manejo técnico com esses pacientes, além de tornar conscientes os antigos conflitos revividos, também deve privilegiar o enfoque de assinalar ao paciente que, em condições normais, existem três tempos entre um estímulo e a ação: o primeiro é a recepção do estímulo provindo do mundo exterior, o segundo é a reflexão sobre o que e por que está se passando e o terceiro é a resposta adequada ao tamanho do estímulo desencadeante. Nas pessoas impulsivas, o segundo tempo, da reflexão, não existe, de maneira que a resposta ao estímulo é imediata e violenta.

69
Josefa, a colecionadora de infelicidades

Arquiteta, por volta dos 40 anos, proveniente de uma família abastada, divorciada, com dois filhos no início da adolescência, Josefa procurou tratamento analítico com a motivação principal de saber se existiam explicações para o fato de ela ser tão azarada na vida. *Eu teria tudo para ser feliz, mas tudo sai errado para mim*, afirmava. Exemplificava dizendo que, na infância e adolescência, a sorte de ter no pai um verdadeiro amigo foi ultrapassada pelo enorme azar em ter tido uma mãe egoísta, que competia com ela e a invejava e mais de uma vez batera nela, quando menina. Os seus dois irmãos mais moços também a hostilizavam e debochavam da magreza dela.

Posteriormente, o "azar" se repetira nas professoras "más" que o colégio lhe designava, enquanto as demais colegas tinham muito mais sorte do que ela porque ficavam com as professoras "boas". Seus namoros não davam certo, até que casou e parecia que as coisas iam se acertar, mas lá pelo quinto ano do casamento ela descobriu que o marido tinha uma amante e o casamento se desfez. Como arquiteta convidou uma colega para se associar com ela na instalação de um escritório bem equipado. Quando parecia que o escritório finalmente ia decolar, eis que sua sócia dá-lhe um golpe, rouba seu dinheiro e, ainda por cima, a processa. Tentou outras sócias, porém sempre sofreu algum tipo de decepção. Mulher bonita, Josefa costumava ser assediada por homens, e justamente aqueles que ela selecionava para tentar recompor sua vida conjugal, por razões distintas, decepcionaram-na profundamente, a ponto de que ter ficado "recolhida" em casa, de bem com os filhos, porém com freqüentes atritos com estes. Trabalhava no escritório do pai, porém mais como figura decorativa, sem entusiasmo, um pouco deprimida, sem saber que direção dar à sua vida.

Reflexões

Josefa representa uma espécie de protótipo de uma imensidão de pessoas que se dizem "azaradas" na vida e que, freqüentemente, se perguntam: "Por que eu? Por que isto sempre acontece comigo?". Essas perguntas denotam a convicção de tais pessoas de que realmente são perseguidas por fatores alheios a elas, que é um "carma" (nas filosofias da Índia, este termo está ligado às diversas formas de transmigração, assim definindo as noções de destino), ou seja, um destino que Deus lhes preparou para cumprirem a condição de ser infelizes e sofredoras durante toda a vida.

Na verdade, os psicanalistas conhecem bem o fato de que não se trata de azar, ou algo equivalente, mas, sim, de uma determinação interna, sob a forma de um mandamento, que proíbe a esse tipo de paciente de ser bem-sucedido e feliz na vida. No caso de Josefa, a análise evidenciou que desde menina ela entrou em conflito com a mãe enquanto idealizava o pai. Através de recíprocas provocações, ela e a mãe já se engalfinhavam desde o início de sua infância, fato que recrudesceu com maior intensidade durante toda a sua adolescência e que continuava até aquela época, com a mãe, segundo Josefa, querendo controlar todos os seus passos e interferir na educação de sua filha.

Assim, sua mãe estava internalizada dentro do seu psiquismo como sendo má, invejosa, controladora, vingativa, perseguidora e proibidora de que a paciente pudesse superá-la. As sucessivas e excessivas frustrações impostas pela mãe obrigaram a menina Josefa a entrar num dilema: ou se submetia aos caprichos maternos, e então tudo ficaria aparentemente bem, ou se rebelava. Na ânsia de liberdade, Josefa optou pela segunda possibilidade e se rebelava fazendo desaforos e ofensas, brigando e denegrindo publicamente a imagem da mãe, que revidava nos mesmos moldes. Sentimentos de ódio foram crescendo reciprocamente, estabelecendo-se um círculo vicioso maligno entre ambas, que se detestavam, porém não podiam prescindir uma da outra.

O ódio de Josefa naturalmente provocou sentimentos de culpa, que, por sua vez, impuseram-lhe a necessidade de receber um castigo por se achar "tão má", castigo este que ela recebia se autopunindo por meio de escolhas inconscientes de pessoas que mais cedo ou mais tarde lhe traíssem ou lhe tratassem tão mal como ficara estabelecido no seu vínculo sadomasoquista com a mãe.

Ao leitor interessado no fenômeno psíquico vivido por muitas pessoas que passam a vida tendo sucessos seguidos de fracassos, por razões inconscientes que determinam autopunições, proponho um método mnemônico (ou seja, para facilitar a memorização) para seguir os passos dos dinamismos psíquicos que promovem essa psicopatologia, que denomino 5 C:

1. *Completude*: essas pessoas têm carências afetivas e anseiam pela completude, de sorte que exigem tudo e não toleram frustrações.

2. *Cólera (ou crime)*: como a ausência total de frustrações é impossível, elas desenvolvem ódio com facilidade, de modo que a cólera vem acompanhada de sentimentos de vinganças.

3 *Culpa*: o ódio, às vezes é tão intenso que vem acompanhado de fantasias de cometer um crime, o que sempre acarreta sentimentos de culpa.

4 *Castigo*: os sentimentos culposos, por sua vez, sofrem uma exigência, provinda do inconsciente, que obriga a alguma espécie de castigo, que pode vir na forma de autopunição, como também o próprio sujeito, através de certas atitudes ou certas escolhas, pode obrigar outro a maltratá-lo.

5 *Compulsão à repetição*: a busca inconsciente de castigos, que está dentro da área psíquica do masoquismo, repete-se muitas vezes, de maneira compulsiva.

70

O CASAL SILVA NÃO SABIA COMO COMUNICAR AOS FILHOS A DECISÃO DE SE DIVORCIAR

Flora e Décio tomaram a decisão de se separar, porém, a conselho de uma pessoa amiga que passou por uma experiência semelhante, acharam mais prudente procurar um analista que também praticasse a terapia de casal. Já nos primeiros encontros, ficou evidente que, após 11 anos de casados, com três filhos, a crise entre eles era bastante forte. A comunicação era péssima, passavam todo o tempo acusando-se reciprocamente, um não escutava o outro, visto que toda atitude era voltada para provar que ele ou ela estava certo e o outro, errado. A mútua consideração, o respeito e, sobretudo, a admiração estavam quase a zero. Passavam todo o tempo emburrados, com atitudes hostis. Flora, ainda por cima, mantinha-se em muitos momentos do dia com uma aparência depressiva, às vezes chorando copiosamente.

Quando seus filhos perguntavam o que estava acontecendo, tanto Flora quanto Décio costumavam responder laconicamente que não havia nada ou murmuravam alguma queixa contra o outro. A tensão dentro de casa estava ficando insuportável, com manifestos sinais de que a crise estava se refletindo na conduta das crianças. A minha tomada de posição inicial diante do casal foi dizer-lhes que se ambos ainda nutriam algum desejo e esperança de que as coisas entre eles ainda poderiam ser revertidas para a época em que eram um casal suficientemente bem ajustado e feliz, a terapia investiria nessa perspectiva; caso contrário, se já estivessem mais do que convencidos de que o divórcio era inevitável, a terapia seria conduzida com o objetivo de auxiliá-los para que a separação fosse harmônica, no mínimo respeitosa, evitando que eles utilizassem os filhos como "pombos correios" ou como cenário de projeções de suas desavenças pessoais.

Imediatamente, ambos afirmaram que a separação era inevitável e a decisão já estava tomada. A esposa "abriu o jogo", afirmando que o marido não queria renunciar à amante que ela descobrira que ele vinha mantendo havia dois anos, fato que ele confirmou, e que essa era uma condição *sine-qua-non* para uma tentativa de reconciliação. Como, realmente, ele reiterou que não podia e não pretendia prescindir da amante, ambos optaram pelo objetivo de conseguir fazer o divórcio com um mínimo de traumas para todos da família. Justificaram não ter revelado francamente para os filhos a sua decisão de se divorciar por acreditar que estes sofreriam um enorme estresse e querer evitar uma dor tão cruel para as "pobres crianças que não tinham culpa de nada". Quando cogitavam falar com os filhos, eles não conseguiam decidir se cada um falaria separadamente ou se fariam isso juntos; se era melhor comunicar filho por filho, começando pelo mais velho ou se fariam uma espécie de "assembléia familiar", com todos reunidos. Ademais, eles também estavam ansiosos com o que diriam, principalmente em relação à existência de uma amante, como justificariam uma decisão tão "drástica e trágica", e outras tantas dúvidas.

Trabalhamos por dois meses, com uma sessão semanal, enfocando prioritariamente aspectos como a séria dificuldade de escuta adequada de ambas as partes, que se reproduzia nas sessões com o casal. Esse aspecto melhorou sensivelmente. Outro enfoque prioritário foi no fato de estarem transferindo para os filhos as próprias ansiedades de separação de cada um deles, lembrando que toda separação, após um longo convívio do casal, por mais inevitável e necessária que seja, sempre é um fato triste, acompanhado de uma sensação de fracasso e de um estado de angústia, diante de alguma forma ou grau de perda importante. O ponto mais importante, que foi exaustivamente trabalhado, consistiu em fazer o casal Silva perceber que ambos, individualmente e como casal, tinham dificuldade para enfrentar as verdades penosas, tanto as internas como as provindas de fatos externos. Assim, aos poucos eles foram percebendo que a separação era realmente um fato triste (inicialmente ambos negavam esse sentimento, numa ânsia de se mostrar fortes, indiferentes e aliviados do tormento), mas não era uma tragédia irreversível, nem para eles nem para os filhos, desde que a verdade pudesse ser comunicada a estes de forma natural – o que não é o mesmo que banal ou indiferente.

A terapia também propiciou que o casal Silva se conscientizasse de que só conseguiria fazer aos filhos uma comunicação com verdade e naturalidade a partir do reconhecimento da tristeza que sentia, e de que um divórcio, por mais lamentável que seja, pode ser um fato natural e com a possibilidade de cada um dos membros do casal e os filhos vir a abrir novas portas, que lhes facultem seguir as respectivas vidas com uma boa qualidade, possivelmente com novas aquisições. Finalmente, foi bastante destacado que o importante para os filhos, principalmente quando ainda são menores, é o reasseguramento de que, não obstante os pais se separarem, estes permanecerão pessoas amigas, que se respeitarão, e que os filhos podem estar absolutamente convictos de que o amor, a companhia e a disponibilidade dos pais em relação a eles estão garantidos, e de que eles não tiveram nenhuma responsabilidade na dissolução do casamento.

O casal optou pela tática de cada um falar separadamente com cada filho, respondendo com naturalidade, sem nunca fugir da verdade, às dúvidas e perguntas que as crianças fizessem, por mais embaraçosas que fossem. O casal também concordou que, conforme a repercussão dessas conversas nos filhos, eles voltariam a decidir entre eles a necessidade ou não de fazer uma reunião conjunta entre os cinco membros da família. Também ficou combinado, por sugestão do casal, que as portas de meu consultório sempre estariam abertas para a eventualidade de eles sentirem que uma sessão comigo pudesse ser útil.

Reflexões

Nem sempre as coisas se passam de forma exitosa como com o casal Silva. Muitas vezes, existe a longa predominância de um recíproco ódio cego, com sentimentos de vingança, com a ausência total de uma escuta adequada.

Pior ainda, durante as fases beligerantes que antecedem a separação oficial, durante as tratativas advocatícias (muitas vezes, em processos litigiosos, altamente traumáticos, em especial para os filhos), e também depois de consumado o divórcio, é bastante freqüente que os pais continuem brigando compulsivamente, só que, então, através dos filhos, criando nestes um conflito de lealdade, muitas vezes obrigando um determinado filho a ficar inteiramente leal e devoto de um dos pais, que o doutrina a tratar o outro como um terrível inimigo, e assim por diante. Em contrapartida, cada vez mais existe a procura por terapeutas de casal, de forma que não é nada raro que uma separação iminente se transforme num retorno à normalidade, ou que o divórcio se processe, porém sem maiores traumas e sem a manutenção de um permanente estado de luto ou de guerra aberta.

71
O "PODEROSO CHEFÃO" NÃO ERA TÃO PODEROSO COMO JULGAVA SER

O motivo que levou Michel a procurar análise foi o fato de, para sua total surpresa, andar um pouco depressivo, sem ânimo para o trabalho. *Logo eu, que sou o poderoso dono de várias empresas. É um verdadeiro império que eu tenho, a minha voz é soberana, todos se cagam de medo de mim, eles sabem que um desejo meu é uma ordem e que eu sempre tenho razão.* Nesse tom, revelando um alto grau de onipotência narcisista, com certa arrogância, Michel prosseguiu sua entrevista inicial, admitindo estar sofrendo um baque diante do desejo da esposa de separar-se dele. *Nunca podia imaginar que ela viesse a querer isso, no início pensei que fosse uma tática para me fazer mudar, mas agora estou vendo que a coisa é séria mesmo, e não sei o que fazer, por isso, me aconselharam a procurá-lo*, disse ele.

No curso de subseqüentes sessões foi se evidenciando que ele realmente funcionava com os seus subordinados e fornecedores, no trabalho, e com a esposa e os filhos como se fosse o comandante genial, uma espécie de majestade, e os demais, seus súditos. Isto lhe trouxe inegáveis sucessos empresariais e econômicos, além de um nome altamente respeitado no mundo dos negócios, na mídia e, às vezes, nas colunas sociais. Uma análise mais detida na iminente separação do casal evidenciou que a mesma se avizinhava pela insistência e determinação da esposa, com a alegação de que gostava muito dele, mas não mais o amava, perdera a libido, e não queria mais ser para Michel unicamente uma boneca de luxo, uma gueixa comandada por seus desejos e caprichos.

Reflexões

O prosseguimento da análise comprovou que Michel de forma alguma admitia a hipótese de que sua mulher quisesse deixá-lo. Achava que alguma coisa errada deveria estar acontecendo com ela, porque, afinal, ele era milionário, não era feio, era poderoso, moravam numa bela mansão, faziam inúmeras viagens de turismo pelo mundo todo, freqüentavam a alta sociedade, nada faltava para ela ser feliz. Inicialmente ele imaginou que ela poderia estar tendo um caso. Chegou a contratar um detetive particular, que, após alguns meses de intensa vigilância, chegou à conclusão de que não havia sequer um mínimo sinal que sugerisse infidelidade. Michel, então, passou a aventar outras hipóteses, como a de que ela deveria estar passando por uma séria depressão (tinha sabido por um amigo psiquiatra que às vezes a depressão se manifesta por atos masoquistas).

Começou a se comunicar com os filhos e os parentes da mulher como se sua crença fosse verdadeira e os alertando dos sérios riscos que ela estaria correndo. Refinou o seu "diagnóstico" afirmando que ela sofria de um "transtorno bipolar" e afiançou que a fase maníaca estava explicada pelos "exageradíssimos" gastos que ela fazia em compras de roupas (os fatos vieram a mostrar que ela não fez mais do que uma adequada reposição de parte do vestuário quando mudou a estação do ano). O psiquiatra que ele a induziu a consultar para fazer uma avaliação do seu estado mental, para sua grande decepção, atestou que ela estava gozando de boa saúde física e mental e que tinha plenas condições de tomar decisões importantes. Na falta de melhores argumentos, ele teve que acatar a formalização do divórcio, ainda que continuasse não entendendo o que tinha acontecido e achando que o psiquiatra deveria ter se equivocado. Após a concretização da separação, ela saiu da mansão e foi morar num pequeno apartamento de aluguel, porque ele assim impôs e ela não queria mais porfias.

REFLEXÕES

A reflexão que convido o leitor a fazer comigo é sobre o quanto as personalidades narcisistas negam maciçamente reconhecer em si próprias qualquer fragilidade ou característica física ou emocional que não seja unicamente de grandeza. Quando Michel percebeu que o divórcio aconteceu de verdade, que ele estava praticamente solitário em sua mansão, entrou em um processo de depressão e sua auto-estima teve um significativo decréscimo, assim como seu rendimento no trabalho também decaiu bastante, a ponto de chamar a atenção de todos que o conheciam. Preferi não medicá-lo com antidepressivos, como ele pediu, e propus que aguardássemos um certo tempo, com a garantia de que, se fosse mesmo necessário, não haveria o menor problema em utilizar os recursos da moderna psicofarmacologia.

O trabalho analítico ficou concentrado na existência, em seu psiquismo, de uma parte remanescente da criança insegura, tímida, frágil e temerosa de ser abandonada ou de perder o amor de seus pais, sentimentos que marcaram a infância de Michel. Ele conseguiu elaborar o *insight* de que sua onipotência e arrogância, das quais sua mulher tanto se queixava, não eram mais do que defesas de uma aparência de poderoso para contra-arrestar a criança assustada que ainda habitava o seu interior. Não foi fácil para Michel reconhecer que ele não era tão poderoso quanto imaginara; pelo contrário, foi muito doloroso reconhecer que ele não era aquela pessoa tão forte, segura e amada por todos que imaginava. *Eu achava que os outros também me viam assim, maravilhoso, e agora será necessário eu voltar à estaca zero e traçar um verdadeiro projeto de um vir-a-ser.* Foi o que aconteceu, após vários anos de análise.

72
A OBSESSÃO DE ROMEU: "TENHO QUE ARRANJAR UMA AMANTE"

Romeu, um jovem advogado, bem apessoado, cativante, bem casado com uma mulher "bonita, legal e leal", com dois saudáveis filhos de 7 e 4 anos, era filho de abastados fazendeiros do interior do Estado, onde o paciente passou toda a sua infância e a maior parte de sua juventude. Radicou-se em Porto Alegre a fim de fazer a sua formação acadêmica, com os devidos estágios nas áreas do Direito. Na universidade conheceu sua atual esposa, que, na época, era bastante requisitada pelos demais colegas de faculdade. Romeu foi o privilegiado vencedor na conquista de uma mulher com tantos atributos. Não obstante todos os elogios que o paciente dispensava à sua esposa, inclusive dizendo-se plenamente satisfeito na vida sexual, Romeu insistia que precisava arranjar uma amante. Mais de uma vez assinalei que havia algo que ia além de razões conscientes para este seu desejo. Já que ele se dizia plenamente preenchido com sua mulher, então por que uma amante? Para preencher o quê?

Aos poucos fomos descartando as suas racionalizações: não se tratava da busca da "princesa maravilhosa" de seus antigos sonhos, tampouco sentia carências afetivas ou sexuais; não tinha tentação por uma mulher em especial, nem era daqueles homens que se excitavam facilmente diante de uma mulher atraente e sensual. Sequer cabia aventar a hipótese de que Romeu estivesse, num processo inconsciente, dissociando a figura da mãe numa mãe como uma santa dona de casa e amorosa com os filhos e uma mãe sensual, perita nos prazeres da cama, que seria a figura da hipotética amante. Por que então a necessidade de uma amante? Com o evoluir das sessões, o próprio Romeu esclareceu: *Desde guri aprendi com meu pai, meus irmãos mais velhos e amigos que homem que não tem outra mulher além da esposa é porque deve ser uma bicha. Homem que é homem, lá na Fronteira, onde eu vivia, tinha que ter amante, para ser respeitado por todos os demais.*

REFLEXÕES

A última frase desse relato clínico diz tudo. Assim, a partir daquele *insight*, o trabalho analítico ficou mais centrado nas distorções de valores da vida atual em função de sentimentos, pensamentos, costumes e significados, que, provindos dos pais ou dos valores culturais de uma certa época, ficaram impressos no psiquismo primitivo da criança e do adolescente. Às vezes, esses valores, sob a forma de convenções sociais, crendices e expectativas a ser cumpridas para a obtenção de um reconhecimento dos pares, permanecem impressos no psiquismo de uma forma tão arraigada e oculta que funcionam de forma automática e impulsiva, de modo que se torna muito difícil conseguir uma mudança permanente. O importante a destacar é a importância da influência dos valores da cultura vigente em uma determinada sociedade, a ponto de passarem a integrar a formação do inconsciente, de onde emitem mandamentos que o adulto se sente obrigado a cumprir, não obstante possa achá-los irracionais.

73
O TRATAMENTO DE PACIENTES COM DEPRESSÃO NO PASSADO E NA ATUALIDADE

Em meados da década de 1970, quando ainda estava no início de minha formação psicanalítica, recebi o encaminhamento para tratamento analítico da paciente Paula, uma jovem senhora de aproximadamente 40 anos, casada e mãe de um adolescente. Sua queixa principal era a de viver em um estado permanente de tristeza, apatia, choro fácil, prejuízo de sono, cansaço generalizado, sensação de tédio no casamento, sem o menor desejo sexual. Exercia sua vida social e profissional (era assistente social) de forma puramente mecânica, sem ver graça em nada. Eventualmente tinha alguma idéia suicida sem maior importância. Sua depressão já durava cerca de três meses, o que coincidia com a viagem do filho de 16 anos para estudar em Londres. Afirmava não ter queixas do marido, mas posteriormente tornou-se evidente que ela tinha queixas, sim, do que considerava frieza dele em relação a ela, além de suspeita de que ele tivesse outra mulher. Relatou que a mãe era deprimida e um tio materno teve uma internação hospitalar por alcoolismo e depressão.

O tratamento analítico, com quatro sessões semanais, correu normalmente, com enfoque nos seus sentimentos de abandono pelo filho e o marido, reproduzindo experiências análogas de sua infância. O sofrimento depressivo de Paula era intenso, eu me flagrava, às vezes, me vendo perdido, querendo aliviar seu sofrimento e me sentindo impotente para tanto. Sugeri a meu supervisor experimentarmos a medicação antidepressiva, que estava entrando no arsenal medicamentoso da psiquiatria. Ele alegou que o uso de medicação durante a análise não só descaracterizaria uma "psicanálise de verdade", como ainda prejudicaria o livre fluir da análise, que sempre necessita da força de um motor, representado pela presença de um certo grau de angústia, de modo que haveria o risco de a medicação abafar essa necessária angústia. Na época, só me restava acatar essa determinação.

Após alguns anos, com resultados analíticos que merecem ser considerados bons, começamos as tratativas tendo em vista um término, então chamado de "alta", da análise. Para minha surpresa, de maneira muito desagradável e preocupante, Paula começou a regredir. Voltou a se queixar de depressão, com ênfase na sensação de abandono por todos, não adiantando eu interpretar isso como ela sentir-se abandonada por mim em função do término de nosso trabalho. Ameaçou deixar a análise abruptamente, retornando às mesmas condições psíquicas de quando havia começado, anos antes. Segundo ela, só perdera tempo e dinheiro.

Voltei a procurar o meu supervisor e ambos chegamos à conclusão de que se tratava do surgimento daquilo que no jargão psicanalítico, é chamado de "reação terapêutica negativa" (RTN), a qual costuma acontecer justamente quando o paciente melhora. Na atualidade, fazendo uma avaliação retrospectiva, eu me dou conta de que se tratava de uma depressão endógena, e que a aparente RTN não era mais do que o recrudescimento, uma reativação da referida depressão, de fundo genético, familiar. Assim, no lugar de *reação* terapêutica negativa, nesse caso talvez a expressão mais adequada fosse *relação* terapêutica negativa.

Um outro exemplo

Na década de 1980, fui procurado por Dulce em uma situação muito semelhante à de Paula. Minha conduta, emancipado daquilo que aprendi e já não mais fazia eco no meu modo de pensar e de agir, foi encaminhar a paciente a um colega psiquiatra especialista para que este a medicasse. Dessa mesma forma procedi e procedo na atualidade com muitos pacientes com um quadro clínico depressivo mais severo, de natureza endógena. No caso de Dulce, pude me dar conta de que com o uso adequado da medicação antidepressiva não só consegui aliviar seu desnecessário sofrimento intenso como também descobri que, diferentemente do que havia aprendido, a eficácia das sessões analíticas não foi prejudicada. Pelo contrário, a mente de Dulce ficou menos embotada pela depressão, de sorte que sua participação e seu aproveitamento tornaram-se sensivelmente melhores.

Reflexões

O maior contingente de pacientes que procuram tratamento é, fora de dúvidas, composto por pessoas que, de alguma forma ou grau de intensidade, sofrem de angústias depressivas. Existem muitas formas de depressão, tanto de natureza endógena (ou seja, de causas genéticas, orgânicas, ligadas ao sistema nervoso) quanto de natureza emocional, desencadeadas por distintos fatores.

Nos meus primeiros tempos de clínica psiquiátrica e psicanalítica, os aspectos neurobiológicos da depressão ainda não estavam suficientemente bem-entendidos, de modo que considerávamos que a depressão era sempre existencial, desencadeada por perdas, lutos mal-elaborados, excesso de culpas, masoquismo, fracasso narcisista, etc. Nossa maior preocupação psiquiátrica consistia em, acima de tudo, fazer uma criteriosa avaliação do risco de suicídio. O arsenal medicamentoso antidepressivo era por demais escasso e, diante de um sério risco de suicídio, o uso de algumas sessões de eletrochoque se impunha (ainda hoje, em casos de depressão com alto risco de suicídio, o uso de eletrochoque é perfeitamente justificado), assim como usávamos tranqüilizantes menores para aliviar a angústia da depressão.

Na atualidade, não vejo a menor razão em fazer a opção ou pelo uso de medicamento, nos casos indicados, ou por alguma forma de terapia de base psicanalítica. Pelo contrário, a orientação contemporânea enfatiza que ambas se complementam, de modo que muitas vezes a medicação pode dar resultados, porém o índice de reincidências é alto, porque as fragilidades emocionais que facilitam o surgimento da depressão endógena continuam sendo as mesmas. Em contrapartida, um tratamento analítico fortifica o ego, porém de forma alguma deve necessariamente prescindir de contar com a colaboração do que nos ensinam as modernas pesquisas das neurociências, com um acompanhamento medicamentoso que age diretamente no sistema neuro-hormonal, com o suprimento da serotoninas, etc.

A propósito, existe a boa notícia de que uma nova e promissora técnica de tratamento contra a depressão se encontra em fase de testes, inclusive no Brasil: a estimulação magnética transcraniana (EMT). A técnica consiste na aplicação de pulsações magnéticas repetitivas, as quais geram uma corrente elétrica que ativa os circuitos neurais, com base no fato de o cérebro ser um órgão cujo funcionamento envolve processos químicos e elétricos. Enquanto os medicamentos antidepressivos agem na parte química, a EMT atua diretamente nos sinais elétricos usados na comunicação entre os neurônios. Vale especular se, neste caso, que não age de forma similar ao clássico e empírico eletrochoque.

74 Jorginho, rotulado pela família como "aborrescente". Isso representa algum inconveniente?

Os pais, aflitos, marcaram uma consulta de orientação por já não saber mais o que fazer com seu filho Jorge, a quem chamavam de Jorginho. Este, um adolescente recém-entrado nos 19 anos, estudante de arquitetura, vinha apresentando baixo rendimento na faculdade, saía todas as noites e voltava de madrugada. Mentia muito, já batera duas vezes com o carro que ganhara como prêmio por ter passado no vestibular, mal cumprimentava os pais e vivia se atritando com os irmãos mais velhos, que trabalhavam no escritório de arquitetura do pai, sempre elogiados por este. Além de tudo, os pais suspeitavam que, por fazer parte de uma turma considerada por eles "da pesada", Jorginho poderia estar usando drogas.

Pedi aos pais que Jorge fosse sozinho à próxima entrevista comigo, à qual ele compareceu pontualmente e mostrou-se uma pessoa irradiando simpatia, gentileza e alguma forma de sedução, anunciando-se como alguém diferente de todos de sua família. Disse que a arquitetura "não era a sua praia", mas como o pai insistia, ele queria ganhar um tempinho, depois pediria trancamento da matrícula na faculdade, para então tentar estudar artes, seu grande sonho, para dar vazão ao que considerava seu verdadeiro talento.

É evidente que, em função de minha veterania, a primeira coisa que eu pensei foi: *É sempre a mesma coisa que ocorre com os que apresentam transtornos de conduta: mais um pouco e, diante das primeiras frustrações, vai emergir o seu lado psicopático, e então Jorge vai faltar bastante às sessões ou desistir da análise por meio de um pretexto qualquer, ou querer me induzir a aceitar uma análise na base do "faz-de-conta".*

Impedi que esses preconceitos saturassem a minha mente de analista e à medida que eu o escutava desarmado, fui acreditando no seu lado sadio, o que me possibilitou perceber que o simples diminutivo de "Jorginho" já revelava que, especialmente por parte da mãe, pessoa submissa ao marido, simbiótica, superprovedora e superprotetora, havia um propósito inconsciente de infantilizá-lo, até porque ela e o marido combinaram que Jorge seria o último filho deles a nascer. Ao mesmo tempo, o pai, um narcisista obsessivo, tinha um objetivo totalmente definido, isto é, seu filho caçula se incorporaria ao seu escritório, junto aos irmãos mais velhos, e formariam uma equipe imbatível. Após uma submissão inicial, Jorge decidiu ser mais honesto e autêntico consigo mesmo, de modo que começou a dar os primeiros sinais de rebeldia às ordens vigentes na família. Os pais não tiveram a sensibilidade para perceber que os sinais que o filho emanava eram sadios, na busca de um sentimento de liberdade, e não um ato de hostilidade, como eles interpretavam. Então, em meio a um montante de queixas, decepções e ameaças, formou-se um círculo vicioso maligno: quanto maiores eram os ataques de toda a família, mais Jorge reagia com a única arma de que dispunha, isto é, agir de forma totalmente contrária ao que exigiam dele, inclusive com o uso inicial, porém breve, de droga.

O incômodo e a vergonha que os pais e irmãos sentiam pela conduta de Jorge custaram-lhe o apelido de "aborrescente", o qual não era pronunciado de forma carinhosa ou de brincadeira. Pelo contrário, era como um rótulo, denotando significados que podiam ser traduzidos como *você é a ovelha negra da família, nós lhe damos tudo do bom e do melhor e você só nos aborrece e causa problemas, logo é um ingrato e um mau filho e irmão*. Eventualmente, com a aquiescência de Jorge, eu convidava os pais (e, uma vez, também os dois irmãos) para refletirmos todos juntos sobre problemas como a definição de papéis, os transtornos da comunicação entre eles, o respeito e a consideração pelas diferenças de valores e de ritmo de atividade de cada um, o círculo vicioso de ataques, contra-ataques, culpas e reações sadomasoquistas, a necessidade de desenvolvimento da capacidade de empatia (cada um ter condições de se colocar no lugar do outro) e coisas do gênero.

Um dos primeiros aspectos que foi abordado e solucionado foi a eliminação do rótulo de aborrescente, em troca de um entendimento respeitoso das razões que levavam Jorge a agir da forma agressiva que tanto os aborrecia. Depois de quatro anos de análise, Jorginho, que passou a ser chamado de Jorge pelos familiares e amigos, completou um curso de pintura e, "espontaneamente", solicitou reingresso na faculdade de arquitetura, ao mesmo tempo em que estagiava no escritório do pai, não mais por imposição deste, mas sim porque achava que então a escolha tinha sido dele e fora livre. *Até porque eu posso exercer a minha criatividade artística no campo da arquitetura*, explicou.

REFLEXÕES

Os leitores conhecem o grande número de adolescentes que estão atravessando a etapa de vida que Jorge atravessou e que apresentam o que pode parecer uma rebeldia doentia, de tipo psicopático, mas muitas vezes trata-se de um sadio movimento em direção à formação de um sentimento de identidade autêntico. Da mesma forma, verificam-se pequenas transgressões na conduta social e sexual por parte de adolescentes que vivem em famílias que, não obstante sejam bem estruturadas, têm um relacionamento que parece o de um quartel ("famílias aquarteladas"), onde um, no papel de comandante, dá as ordens, e cabe aos demais cumpri-las para ganhar o paraíso, porém o inferno desaba sobre os que as transgredirem.

No caso de Jorge, felizmente foi possível contar com a colaboração sadia da família, já que faltava a seus pais e irmãos um melhor entendimento do que estava se passando com ele. Como agiam de boa fé, crentes de que estavam dando o melhor para Jorge, não conseguiam perceber que o tiro estava saindo pela culatra e, uma vez esclarecidos, tiveram a coragem e a sensatez para se modificarem, aguardando os resultados com respeito, relativa tolerância e paciência. Infelizmente, em inúmeros casos análogos, nem sempre as coisas correm bem. A presente vinheta clínica também possibilita refletir acerca do desempenho de distintos "papéis" em diferentes grupos, assim como discutir o uso de apelidos.

75
BIA E SEU AMOR TANTALIZANTE – AQUELE QUE "NEM ATA, NEM DESATA"

Todos que conheciam Bia estranhavam como era possível que uma pessoa de grande valor e cheia de virtudes como ela podia estar envolvida há tanto tempo com uma pessoa complicada, que não a merecia e, pior, era a terceira vez que isso estava acontecendo na sua vida amorosa. Assim, ao mesmo tempo esperançosa e frustrada, Bia estava envolvida com um homem a quem, ela me afirmava, "amava acima de tudo", enquanto ele mantinha e renovava as esperanças dela, porém, por razões diferentes, sempre se dizia estar impedido de realizar concreta e definitivamente suas promessas de uma união estável e exclusiva com ela. Desse modo, ela ia cronificando sua condição de excluída, de sorte a assumir o papel de uma eterna reserva, uma "regra três" (para usar uma imagem futebolística) que, de vez em quando, entra em campo para jogar por um curto tempo o jogo desse tipo de amor, para, logo após, nas partidas seguintes, ceder o lugar a uma eventual titular.

As desculpas dele, homem casado e com dois filhos, giravam sempre em torno das mesmas justificativas: ia se separar, porém havia o problema dos filhos, que, segundo ele, ora ainda eram por demais pequenos, ora, já grandes, estavam em um momento delicado em função do vestibular... Outras vezes ele confessava, geralmente com uma falsa sinceridade, que não conseguia gostar de ninguém, logo ela merecia alguém melhor, ou alegava precisar de um tempo para ajeitar sua situação econômica; outras tantas vezes ele usava o expediente de atribuir a ela a culpa por sua indecisão, e assim o tempo ia passando, com determinados momentos críticos em que ela jurava que estava tudo acabado e, então, ele renovava as promessas de amor e afirmava que, agora sim, tudo ia dar certo, porque até podia lhe ser infiel, porém ela era a única a quem ele amava, o que a fazia recarregar as pilhas da esperança, dar-lhe mais uma chance e tudo recomeçava da estaca zero. Ao cabo e ao fim, ele mantinha um poder e um domínio sobre ela.

Familiares e amigos de Bia não conseguiam entender como é que uma pessoa como ela, tão bonita, séria, prendada, estava perdendo a melhor parte de sua vida com um sujeito que não a merecia, a humilhava. Geralmente eles, e a própria Bia, quando ficava furiosa com ele, adjetivavam o sedutor de forma altamente pejorativa, como cafajeste, etc. Diante de mais uma recorrente decepção, ela tomava posições sinceramente definidas, do tipo "agora sim, tudo terminou mesmo; chega, não agüento mais". No entanto, ao primeiro aceno dele, tudo desandava, apesar de sua inegável honestidade no propósito de escapar dessa escravidão pretensamente amorosa.

Recordo de uma supervisão, na qual a paciente de meu colega supervisionado, em uma situação bastante semelhante a de Bia, relatara-lhe na sessão do dia anterior: *Finalmente, tomei a decisão final, agora é para valer mesmo, não agüento mais tanta mentira e humilhação. Brigamos feio, trocamos insultos e saí arrasada, mas firmemente decidida a me separar definitivamente.* No entanto, na sessão do dia seguinte, a mesma paciente continuou o relato anterior, dizendo: *Ao chegar em casa, escutei na secretária eletrônica uma mensagem dele, na qual, com uma voz muito doce ele me perguntava se estava tudo bem comigo. Para não ser ainda mais grosseira do que fui, resolvi retornar a ligação, mas ele não estava em casa. Apelei para o celular, mas como só dava a mensagem de fora da área ou desligado, repeti várias tentativas. Será que estou errada em querer ser gentil e terminar tudo em harmonia?*.

É fácil o leitor imaginar que nas sessões seguintes a paciente relatou que o sedutor desaparecera por alguns dias, o suficiente para deixá-la quase em pânico, reaparecendo em seguida, com uma desculpa dita de maneira "muito carinhosa", e a *via crucis* prosseguiu inalterada, no melhor estilo de um vínculo de tipo tantalizante, que será detalhado mais adiante. Igualmente é fácil perceber o quanto essa paciente estava cindida entre um lado que sinceramente queria fugir do seu cativeiro amoroso e outro intrinsecamente conluiado com o sedutor-dominador.

Com pequenas variações, essa vinculação patológica também pode estar presente em certos casamentos formalmente legalizados. De modo geral, são casais que vivem sob o mesmo teto, porém não conseguem ficar sós, tampouco separados, razão pela qual a relação tende a se eternizar, com inúmeras separações seguidas de reaproximações, em um círculo vicioso às vezes interminável. Pode acontecer que ele ou ela tenham vários casos ou aventuras passageiras, porém "nunca é a mesma coisa...". Assim, entre tapas e beijos, a relação adquire uma configuração vincular de natureza sadomasoquista, caso em que os papéis de quem exerce o sadismo e de quem sofre o masoquismo tanto podem ser fixos e permanentes ou alternantes.

No entanto, é indiscutível o fato de que o sadismo manifesto está sempre junto com o masoquismo latente, e vice-versa, de sorte que todo sádico tem um lado masoquista e todo masoquista tem uma contraparte sádica, assim como todo dominador tem um lado de dominado, e assim por diante. Deriva daí que estes casais dissociam e projetam no outro as suas partes sádicas ou masoquistas que estão cindidas, por isso eles se complementam, o que torna a separação muito difícil, pois a perda do outro representa uma espécie de amputação de uma metade sua. No caso de Bia, o seu lado sadio, que já tinha crescido bastante, conseguia estabelecer um diálogo com o lado doente dela, de sorte a poder administrar a sua impulsividade a tudo voltar ao mesmo ponto de sempre. Em meio a um terrível sofrimento, porém com muita coragem e dignidade, ela conseguiu se afastar de vez do homem com quem estava envolvida e, assim, com a necessária paciência, abriu espaço para um novo relacionamento saudável e de mútuo respeito e admiração.

Reflexões

Creio que nenhum analista contesta o fato de na clínica cotidiana todos observarmos um grande número de situações com configurações vinculares nas quais nossos pacientes, homens ou mulheres, estão envolvidos amorosamente com um (a) parceiro(a) de maneira muito sofrida e cronificada, em um "nem-ata-nem-desata" cíclico e aparentemente sem saída. Ademais, é notório que essas ligações amorosas conflituadas guardam características comuns e igualmente repetitivas entre os inúmeros e diferentes pacientes que estão presos nas malhas dessa forma patológica de amar e ser amado. Na verdade, em nosso meio cultural, parece mais evidente que predomina, de longe, o número de mulheres que estão aprisionadas como "vítimas", e, é claro, um igual número de homens no papel de "vitimantes". As vítimas presas na rede dessa vinculação doentia sofrem as intensas angústias desse tipo de relação amorosa patológica, baseada naqueles refrões que a sabedoria popular designa como "nem ata, nem desata"; "não caga, nem desocupa a moita", etc.

Escolhi a palavra *tantalizante* para conceituar uma forma específica de patologia da relação amorosa, que alude diretamente ao mitológico "suplício de Tântalo", no qual o personagem com esse nome, por ter roubado os manjares dos deuses do Olimpo, foi punido por Zeus, devendo eternamente passar fome e sede. Mais precisamente, Tântalo, acorrentado, estava imerso até a cabeça nas águas de um lago situado num lugar aprazível, rodeado por um bosque acolhedor, e o suplício consistia em que as águas subiam até sua boca para em seguida fugirem de seu alcance quando ele se preparava para saciar a sua imensa sede, o mesmo acontecendo com os apetitosos frutos que se aproximavam com a promessa de alimentá-lo e igualmente se afastavam, perpetuando um irreversível e repetitivo ciclo de promessas, expectativas e decepções, em um perverso dar e tirar.

Nos casos de pais obsessivos, que exerceram sobre os filhos pequenos uma sedução do tipo tantalizante, isso significa que eles tanto lhes davam carinho, proteção e elogios como também impunham rígidas condições e suplícios, como as crianças terem que pensar, desejar, sentir, valorar e agir estritamente de acordo com eles, ou, pelo menos, com um deles, o dominador, sob pena de castigos severos, às vezes físicos, ou de corte na comunicação verbal, ameaça de expulsão de casa, etc. Outras vezes, o suplício foi praticado com castigos mais dissimulados, sabotando, obstaculizando ou desqualificando qualquer iniciativa do filho que não estivesse de acordo com o pai ou a mãe, dominador(a) ou que não tivesse provindo da iniciativa deste. Isso caracteriza, de forma análoga à do suplício imposto a Tântalo, um processo de dar (geralmente às custas de muito choro, promessas de obediência total, etc.) e tirar, acrescido de um apoderamento e abolição do desejo do outro.

O que importa destacar é que os filhos educados nessa atmosfera emocional tornam-se fortes candidatos a se identificar tanto com o agressor (por exemplo, o pai), como com a vítima (por exemplo, a mãe), ou com si próprios, crianças vítimas de suplícios, reproduzindo na vida adulta relações amorosas com configurações análogas à que os pais tiveram entre si e com eles, os filhos.

Nos casos em que a configuração vincular do par sedutor-seduzido está alicerçada em bases predominantemente narcísicas, o personagem no papel de seduzido coloca o sedutor-tantalizante no lugar de seu ideal de ego, o qual, por definição, implica uma demanda de expectativas grandiosas.

Ele passa, por isso, a agir como um objeto interno insaciável, devorador, que exerce um efeito de sucção e de conseqüente vácuo, com permanentes incertezas e sobressaltos, prisioneiro do telefone, à espera de um chamado do amado, que teima em não chamar, exaurindo todas as energias do sujeito seduzido.

Tais fatores, como pode ser constatado nos exemplos anteriores, têm um ponto de encontro nos vínculos amorosos nos quais o sedutor(a) deixa claramente subentendida, mais por atos do que por palavras (embora o seduzido, de forma consciente ou não, negue sistematicamente), a sua mensagem inconsciente, que pode ser resumida mais ou menos assim: *Quero ser amado por você e farei tudo para conseguir e perpetuar esse amor, porém quero adverti-la(o) de que isso deverá ser da minha maneira de amar, de que eu não quero perder a liberdade de continuar procurando a minha princesa (ou o meu príncipe) encantado(a), de modo que, ao mesmo tempo, eu também farei de tudo para não ser amado (a) por você e, mais ainda, que você corre o risco de passar fome e sede por um amor acenado e recusado, e de vir a ser destruída(o) por mim.* Isso lembra o verso de uma música cantada por Daniela Mercury, que diz: *Quando lhe achei, me perdi*, ao qual, creio, para efeitos de cura psicanalítica, poderia ser acrescentada a contraparte: *Quando lhe perdi, me achei.*

O que deve restar claro é que a denominação de vínculo tantalizante somente fica justificada nos casos em que predomina nitidamente uma relação amorosa com características de uma situação de aprisionamento que tende à cronificação, nos mesmos moldes de qualquer outra forma de adição, consistente em um continuado jogo perverso de acenos e promessas de "dar", seguidos de um "retirar", com periódicos términos e reaproximações que "recarregam as pilhas" deste amor patológico.

Também deve ficar claro que, nesses casos, não cabe rotular de bandido um dos participantes do par amoroso e o outro de vítima, porquanto o que está realmente doente é a relação, o vínculo sadomasoquista, que, na imensa maioria das vezes, tem uma origem muito antiga, pré-genital, uma representação de uma criancinha mendigando para a mãe tantalizante provas de que é amada por ela, de que não vai ser repudiada, desamada, desamparada e abandonada para sempre. Por guardar raízes tão primitivas e organizadas, justifica-se para as pessoas que querem sair dessa adição doentia a indicação prioritária de um tratamento psicanalítico individual ou de casal, o qual, quando bem conduzido, quase certamente terá um curso com períodos bastante penosos, tendo em vista que não há nada que provoque mais sofrimento do que a renúncia ao mundo das ilusões narcisistas, como ocorreu no caso do "amor" de Bia, todo ele baseado em idealizações cegas.

76
Egon, um narcisista do tipo tímido

Na entrevista inicial, Egon me pareceu ser o típico portador de um transtorno narcisista da personalidade, isto é, aparentava ser um sedutor. Por exemplo, ele insistia que era um "grande sonhador" e, fazendo o gesto de juntar os dedos nos lábios quando se acha algo muito gostoso, completava: *Doutor, são sonhos ricos, complexos, mas cheios de mensagens à espera de interpretações brilhantes*. Era evidente que, temeroso de não ser aceito como paciente para análise, Egon, além de contar maravilhas sobre si mesmo e o que teria ouvido sobre mim, crente que "todos os analistas adoram interpretar sonhos", estava tentando me seduzir com promessas e, mais do que isso, propondo, de forma predominantemente inconsciente, uma espécie de conluio inconsciente de "recíproca fascinação narcisista", em que haveria uma idealização mútua da dupla analítica e não haveria lugar para nada que não fosse digno de elogio, admiração e gratificações recíprocas.

Mais para o final da entrevista inicial de avaliação, eu lhe assinalei que até então ele só me mostrara uma faceta de "paz e amor" e lhe instiguei a me falar do seu lado mais agressivo, que, acrescentei, toda e qualquer pessoa, de alguma forma, sempre tem. Sua primeira e pronta resposta, de forma categórica, foi: *Se eu tenho um lado agressivo, doutor, eu nunca me dei conta disso, acho que não tenho não*. Após uma breve pausa, eu lhe ponderei que ele entendera a palavra "agressivo" como algo mau, mas existe o lado sadio da agressividade, baseado no sagrado direito de uma pessoa ficar indignada diante de certas situações, e convidei-o a pensar se não lhe ocorria qualquer exemplo de alguma reação sua de indignação. Egon aparentou estar "puxando pela memória" e então falou: *Lembro de um exemplo, sim: eu não gostei do gabinete que me deram para trabalhar no meu novo emprego (ele era advogado). Não fui reclamar porque não quero criar atritos, porém eu mal consigo me mexer porque tem uma planta num vaso que ocupa praticamente todo meu espaço. Fico com raiva, mas engulo em seco.*

O paciente prosseguiu falando na planta, demoradamente, com tanta ênfase e com tantos detalhes que eu senti que ele deveria estar atribuindo algum significado especial à forma invasiva da referida planta e, movido por uma espécie de intuição, eu lhe perguntei de que tipo de planta se tratava, ao que Egon respondeu imediatamente: *É a COMIGO-NIN-GUÉM-PODE*. Conforme eu pressentira, o paciente confirmava, em linguagem simbólica, que a maior parte do espaço interior de seu psiquismo estava ocupada por defesas narcisistas segundo as quais, fazendo uso de uma astúcia sedutora, ele conseguiria dominar a tudo e a todos. Uma metáfora que ele trouxe lá pelo segundo ano de análise pode ilustrar este seu jogo de astúcia: *Eu me comporto como o ratinho Jerry, da dupla Tom e Jerry. Como no desenho, eu faço da minha fraqueza a minha potência, e, com astúcia e sabedoria, tenho derrotado os gatos aparentemente fortes que cruzam a minha vida.* Em outra ocasião, Egon sentenciou que a lei mais importante que determinava sua conduta era a Lei de Talião, cujo princípio é "olho por olho e dente por dente". Aliás, como o paciente seguidamente falava em seus ímpetos de retaliação, eu entendi que isso estava relacionado com a formação etimológica da palavra (re = mais uma vez + taliação = derivado de Talião).

O desenvolvimento da análise evidenciou o quanto as defesas narcisistas de Egon ocultavam uma intensa fragilidade, uma forte timidez social, sentimentos depressivos de desvalia e uma intensa angústia de desamparo diante de certas frustrações. Em mais de uma ocasião, quando invadido por uma ansiedade de desamparo, Egon ia a um cinema, no escuro da sala sentava-se ao lado de algum homem que estivesse desacompanhado, e, da forma mais sutil possível, encostava-se nele até que, quando era correspondido, masturbava-o ou praticava felação, retirando-se, anonimamente, com a sala ainda às escuras. Não obstante a sua metáfora de que "com ele ninguém poderia", após sete anos de análise Egon fez profundas transformações.

REFLEXÕES

Quando falamos em personalidades narcisistas, logo pensamos em pessoas rigidamente protegidas por uma couraça de defesas em que sobressai a tríade *onipotência*, *onisciência* e *prepotência*, ou seja, indivíduos que adoram mandar, sempre têm a razão em tudo, jamais admitem alguma falha, colecionam desafetos e se deliciam quando conseguem humilhá-los. No jargão analítico, estes sujeitos são conhecidos como portadores de um narcisismo do tipo "pele dura", enquanto os narcisistas frágeis e delicados são considerados portadores de uma "pele fina". Cabe acrescentar que toda pele grossa protege uma pele fina subjacente. Em relação aos mencionados conluios inconscientes, é bastante útil enfatizar que estes se processam, freqüentemente, em todos os relacionamentos humanos: nas relações marido-esposa, médico-paciente, professor-aluno, analista-analisando, etc.

77
O EPISÓDIO DE "PSICOSE DE TRANSFERÊNCIA" QUE DÉBORA MANIFESTOU

Débora, uma competente psicóloga de aproximadamente 30 anos, tinha um histórico de muitos desentendimentos com familiares, tanto membros da família original como da família atual, notadamente com o marido. Apesar de manter um bom trabalho com seus pacientes, ser estudiosa e desejosa de crescer na vida pessoal e profissional, Débora sempre esbarrava em algum obstáculo que provocava a estagnação de seus projetos. Na transferência comigo, a paciente alternava períodos de forte idealização e outros, mais prolongados, de uma transferência "negativa", em que mostrava estar sendo incompreendida por mim, tolerava pessimamente qualquer tipo de frustração que eu impusesse aos seus desejos e caprichos, punha em dúvida minha competência, dando a entender que continuava comigo como se estivesse me fazendo um favor.

Já naquela época essa transferência negativa não me desconfortava, porque a experiência acumulada me possibilitava saber que esta, quando bem-entendida e manejada, pode ser altamente positiva para o crescimento do paciente. Tudo era devidamente interpretado, porém Débora dava a entender que nada do que eu dizia lhe fazia o menor eco, muito embora os seus sonhos estivessem dizendo o contrário.

A análise corria nesse ritmo até uma época em que a paciente ia enfrentar um importante concurso, que lhe proporcionaria um significativo aumento salarial e um notório reconhecimento como psicóloga bem-sucedida. Débora dedicou-se com afinco especial, estudou e pesquisou bastante, fez as provas e aguardou o resultado, num estado de ansiedade, enquanto eu trabalhava no reconhecimento de seu esforço, de seus méritos, independentemente da aprovação ou não para uma das duas únicas vagas abertas.

Antes da primeira sessão da semana, eu já ficara sabendo por uma outra paciente que Débora fora aprovada e obtivera a primeira vaga. Fiquei imaginando que na sua hora ela apareceria radiante de felicidade. Cheguei a aventar a hipótese idealizada de que ela compartilharia comigo parte do seu sucesso, de modo que o leitor pode imaginar minha surpresa quando, sorridente, recepcionei-a na entrada e ela estava carrancuda, com um aspecto hostil. Minha primeira impressão foi a de que ou Débora estava brincando, para depois dar a notícia alvissareira, ou a paciente anterior havia se equivocado e ela tinha sido reprovada. Enquanto eu, perplexo, estava tomado por essas suposições, Débora, de dedo em riste, disse: *Apesar de você eu passei, viu?* E, ato contínuo, se deitou no divã e prosseguiu fazendo uma série de ataques, principalmente dizendo que todo o tempo eu só a "puxei para baixo", que deveria ter inveja das capacidades dela, que nunca acreditei realmente nessas capacidades e em seus grandes potenciais e que por isso eu podava a sua criatividade, queria torná-la uma pessoa submissa, uma profissional burocrática e outras acusações semelhantes.

Não obstante eu tivesse a clara consciência de que os ataques de Débora não correspondiam à verdade objetiva, eu estava pela primeira vez diante de uma experiência tão paradoxal que fiquei perplexo e incorri num erro técnico. Refiro-me a um erro técnico, que muitos colegas sabidamente competentes também cometem, ou seja, de eu querer usar argumentos lógicos para que Débora pudesse sentir que estava distorcendo a realidade. Para tanto, eu a lembrava de situações em que reconheci méritos seus que ela não via, situações em que eu lhe apontava que acreditava nela muito mais do que ela própria, que costumava se autodepreciar. Também evoquei situações em que a incentivei diante de sua quase desistência de se submeter às provas de seleção do difícil e concorrido concurso. Nada adiantava e, pelo contrário, mais enfurecida Débora se mostrava e "interpretava" que eu estava me defendendo. *É um claro sinal de que você tem culpa no cartório*, afirmou.

A situação já se prolongava por duas semanas, sem a mínima mudança, até que decidi vasculhar a literatura psicanalítica em busca de casos que fossem semelhantes e encontrei um artigo versando sobre "psicose de transferência". Nesse trabalho, do consagrado psicanalista britânico H. Rosenfeld, o autor descreve uma importantíssima e nada rara ocorrência na situação psicanalítica, muitas vezes desencadeada por sucessos do paciente, que consiste no fato de pacientes não-psicóticos eventualmente ingressarem em um estado transferencial de tamanho negativismo e distorção dos fatos reais em relação ao analista, que chegam a dar a impressão de uma situação realmente psicótica. No entanto, segundo Rosenfeld, a grande característica dessa "psicose" transferencial consiste no fato de que ela fica restrita à situação da sessão analítica, finda a qual o analisando retoma a sua vida de forma completamente normal.

No caso de Débora, ainda seguindo as recomendações de Rosenfeld, eu parei de polemizar com ela, substituí a polêmica por uma escuta mais atenta, paciente, evitando que uma contratransferência do tipo "paciente ingrata" contaminasse o meu estado psíquico. Assim, o clima analítico foi serenando e, aos poucos, aventei a hipótese de que a sua forte reação contra mim poderia estar representado o deslocamento de um desabafo de algo muito doloroso que ela represava havia muito tempo nas profundezas de seu psiquismo. Através de algumas associações e sucessivos sonhos significativos, ficou evidenciado que Débora, desde criancinha, nutria sentimentos ambivalentes por sua mãe, ora adorando-a, ora, predominantemente, a odiando, porque jurava que sua mãe tinha uma transparente preferência por seu irmão mais jovem, sempre invejara a sua juventude, beleza e inteligência e a "puxava para baixo", com críticas ácidas. Relatava que sua mãe às vezes usava suas roupas sem pedir licença e comprava vestidos iguais aos dela, e assim por diante. Daí resultou a importante aquisição de *insight* de Débora em relação aos seus sabotadores internos, que durante longo tempo boicotaram o seu crescimento. Em outras palavras, ficou patente na lógica consciente de Débora que seu expressivo sucesso no concurso evocou e acordou a mãe invejosa que estava adormecida dentro dela e, dessa forma, reativaram-se o medo e o ódio antigo contra essa mãe que ficou deslocada, justamente transferida para mim, na condição de analista – que está aí para isso mesmo.

Reflexões

Depois da experiência com Débora, fiquei bastante mais atento para o surgimento dessa difícil forma de transferência. Não foram poucas as situações em que a detectei no curso de supervisões com colegas mais jovens em formação, apavorados com a possibilidade de seus respectivos pacientes terem regredido a uma condição de psicose clínica ou de ser abandonados por estes pacientes, o que determinaria o risco de ter que incluir um fracasso no seu currículo e na sua imagem de analista. Uma vez bem reconhecida, identificada e manejada pelo analista, a situação de psicose de transferência pode durar dias, semanas ou meses, com um bom prognóstico, com acréscimo de vantagens para o paciente em relação a uma maior harmonia com seus sabotadores internalizados (no caso de Débora, a sua "mãe invejosa"). No entanto, se houver falha no manejo analítico por parte do psicanalista, essa situação pode perdurar por um período demasiadamente longo e ininterrupto, constituindo um sério indicador de um impasse irreversível, do tipo reação terapêutica negativa (RTN).

78
Duas experiências com pacientes atípicos – um padre e uma freira

Padre Lucas. Ainda hoje recordo nitidamente uma experiência ocorrida há mais de 20 anos. Um padre do interior do Estado decidiu "largar a batina", fato que gerou uma intensa aflição em seus familiares e amigos da paróquia. Todos queriam saber o porquê de uma decisão tão esdrúxula, já que ele era reconhecido e estimado por todos paroquianos, ser padre sempre fora seu desejo e ele gostava das funções eclesiásticas que executava. O padre Lucas respondia a todos, de forma vaga e monossilábica, repetindo apenas que descobrira não ter mais vocação. Como último recurso, a família convenceu-o a fazer uma avaliação com um psicanalista.

Embora contrafeito, o padre Lucas compareceu à entrevista, meio depressivo e cabisbaixo, repetindo para mim as mesmas frases que vinha empregando com os seus circunstantes. Após a terceira sessão, ele foi adquirindo mais confiança e passou a me dizer que a sua decisão de renunciar se prendia a motivos mais sérios, que ele não podia contar a ninguém e, sem que eu fizesse pressão, espontaneamente passou a me relatar o seu drama: *Doutor, acontece que de uns tempos para cá, quando estou oficiando a missa, em que professo palavras de amor, respeito a Deus, solidariedade humana, amabilidade e bondade no trato com todos, nas quais eu realmente acredito, ao mesmo tempo, sem que eu queira, pensamentos sujos vão se infiltrando na minha cabeça e parece que eu vou perder o controle, de modo que no lugar de palavras amorosas e dignas fico apavorado diante da possibilidade de proferir terríveis palavrões, mandando todos os meus queridos paroquianos à merda, ou, pior, à p.q.p. Tenho medo de chamar a todos de hipócritas e cínicos e até de expulsá-los da igreja. Agora o senhor entende por que é que eu não posso continuar oficiando missas? Como é que eu posso confessar essas barbaridades para os outros, crentes? Faço um esforço enorme, prometo para mim mesmo me corrigir, mas nada tem adiantado. Só me resta fazer a renúncia, o senhor não acha, doutor?.*

Antes de lhe responder, perguntei se ele detectava algum fator desencadeante dessas idéias, na época em que elas começaram. O padre Lucas baixou os olhos e, de forma honesta, disse que iria trocar de papéis comigo e me dava o papel de seu "confessor". Assim, ele "confessou" que, numa ocasião, quando distraidamente andava pela igreja, diante de um quadro de Nossa Senhora, ele se surpreendeu tendo desejos eróticos por ela. Fez uma breve pausa, como que esperando alguma reação de minha parte, e prosseguiu: *Pronto, agora desabafei, me sinto mais aliviado, é como se tirasse um enorme peso da minha cabeça. Mas o senhor ainda não me respondeu: não estou certo em querer renunciar; não é certo que as idéias que me assaltam são incompatíveis com um ofício sagrado?.*

Nessa e nas demais sessões que se seguiram eu disse a ele que não achava suas idéias incompatíveis com seu ofício, considerava que ele tinha um quadro clínico relativamente comum, isto é, idéias obsessivas que invadem a mente sem serem convidadas, mas isso não representava nem de longe o risco de que, de fato, ele perdesse o controle consciente de suas ações. O padre Lucas, já então com o olhar mais vivo e com um certo brilho, me perguntou se eu garantia isso, e, contrariando os meus hábitos na minha forma de analisar, eu lhe afiancei que, sim, eu garantia, e acrescentei uma metáfora com uma situação de transe induzido por hipnotismo: se a pessoa hipnotizada durante o transe receber ordens simples (por exemplo, quando despertar vá abrir a janela, lavar as mãos, etc.), depois de acordado, o sujeito as executará; no entanto, se o mesmo sujeito, pessoa de bons princípios, receber ordens que fogem de sua índole (por exemplo, o senhor vai pegar um revólver e matar alguém), certamente ele não as executará, devido à predominância de sua forte censura interna.

O sentimento de culpa do padre em relação aos desejos lúbricos despertados pela imagem de Nossa Senhora foi tratado como normal. Após mais algumas semanas de sessões ele voltou à sua cidade. Decorridos alguns meses, para minha surpresa, recebi uma carta sua, informando que voltara a seus afazeres normais na igreja, com notícias otimistas de que, esporadicamente, aqueles pensamentos obsessivos surgiam, embora bastante atenuados, porém ele aprendera a administrá-los sem medo e com maior confiança nele mesmo. Mostrou ternura e gratidão. Obrigado, bondoso padre Lucas.

Irmã Dulce. Em outra ocasião, a madre superiora de uma ordem religiosa encaminhou a Irmã Dulce para que eu avaliasse se, de fato, esta tinha vocação para exercer as funções de freira. Quando a vi, minha primeira impressão foi a de que seu nome fazia jus à sua pessoa, porque ela possuía um olhar doce. Irmã Dulce contou-me que exercia as suas funções em um hospital e convivia amigavelmente com todos, em especial com os médicos. Prosseguindo, disse: *No entanto, doutor, quando eu me dei conta, estava atraída e apaixonada por um dos médicos. No início me apavorei, tentei, silenciosamente, resolver isso sozinha me afastando dele ao máximo. Minha consciência me acusava, e sobrevinha o temor de fraquejar. Decidi, então, procurar a madre superiora e confessar o turbilhão que se passava na minha cabeça e no meu corpo. A madre foi muito legal, pelo menos não me acusou e nem me encheu de mais culpas, porém pôs em dúvidas se eu tinha vocação* *para ser uma freira temente a Deus. Gostaria de saber a sua opinião*. Escutei atentamente e com muito respeito o relato honesto do drama pessoal de Irmã Dulce e reconheci que ela, ainda muito jovem, não estava preparada para um conflito dessa natureza, porém estava se mostrando uma pessoa corajosa, fiel e verdadeira com os seus sentimentos, o que era uma forma de se colocar muito melhor do que simplesmente negar tudo para ela própria, caso em que pagaria um preço bastante mais elevado (angústia livre, somatizações, depressão, exaustão e desgosto no seu trabalho, etc.).

Nas poucas sessões que se seguiram, Dulce aceitou as minhas colocações de que, antes de ser freira, ela era um ser humano, portanto estava sujeita a toda ordem de sentimentos e sensações, de sorte que, a meu juízo, eu a considerava absolutamente normal, não via na sua atração e "paixão" secreta pelo médico a mínima noção de pecado. Assim, concordamos que ela podia prosseguir na carreira que escolhera, casada unicamente com Deus, e administrando como natural toda espécie de sentimento que viesse a sentir, não obstante o seu direito de continuar questionando, sozinha, com a madre superiora ou comigo, se existia nela um forte e adequado desejo de abandonar o hábito e levar uma vida com novos valores, como a imensa maioria das mulheres leva, sem que isso representasse uma afronta a seus princípios ou a Deus.

Reflexões

Tanto no caso do padre Lucas quanto no da Irmã Dulce existia a presença de um superego demasiadamente rígido e ameaçador e em ambos, com mais certeza no padre, me pareceu existir uma verdadeira vocação para as respectivas funções de praticar os atos humanísticos da igreja cristã. Creio que não cabe ao terapeuta tomar decisões quanto ao destino das pessoas que estão mergulhadas em dúvidas. Antes, a função analítica consiste em propiciar a tais pessoas um espaço onde possam fazer uma ab-reação (catarse, desabafo) de suas angústias, dúvidas e medos sem receber críticas, mas, pelo contrário, recebendo de seu analista novos significados – normais e sadios – em contraposição aos seus significados anteriores de que estariam pecando e atentando contra Deus.

79
HUMBERTO:
UM PACIENTE DO TIPO *FALSO SELF*

Fui procurado por um homem de aparência distinta, professor universitário, por volta de 50 anos, casado, pai de um casal de filhos adolescentes, estimado e respeitado por seus pares, porém que "não se sentia feliz". A meu pedido ele esclareceu que, apesar de ser bem-sucedido naquilo que fazia, carregava desde criança uma incômoda sensação de ser uma pessoa vazia, falsa, superficial, fútil e que usa uma fachada que engana a todo mundo, porém só ele sabia o quanto vinha sofrendo com essas sensações. Perguntei se ele receava poder me enganar com falsas aparências sem que eu percebesse, de sorte que a análise, na qual ele depositava uma expectativa e um desejo de que desse certo e lhe aliviasse o sofrimento, pudesse estar destinada ao fracasso.

    Humberto sorriu e pareceu aliviado por ter se sentido entendido. Acrescentou que ninguém percebia que ele era bravo e só ele sabia que costumava "explodir por dentro". Pedi algum exemplo e ele relatou: *No último fim de semana, na estrada em que me dirigia à praia, vi um anúncio de venda de pacotes de carvão. Logo pensei no churrasco que ia preparar, fui ver a qualidade do carvão e me encantei. Bem preto, parecia que estava pedindo para acender o fogo. Comprei dois pacotes. Quando chegou a hora de fazer o fogo na churrasqueira, abri o carvão e, para minha surpresa, decepção e forte indignação, percebi que só uma camada de 10 centímetros era de carvão. Embaixo, o resto eram pedregulhos. Meu primeiro pensamento foi pegar o carro, voltar e esmurrar o ladrão ou ir acompanhado por um guarda para prender o cafajeste.*

    Assinalei que naquele momento, quando me apresentava a sua raiva, ele estava sendo verdadeiro. Humberto voltou a sorrir e completou: *E como eu sou bravo! Não sei como consigo enganar tanta gente durante tanto tempo.* Continuei a sessão assinalando que ele escolhera uma passagem de sua vida que ilustrava com bastante clareza que ele receava que eu fosse como o carvoeiro, que acenava com um produto bom, que lhe permitisse assar seu churrasco e saboreá-lo, mas o enganava. Por analogia, ele temia que a análise pudesse não ser mais que uma fraude, na qual ele gastaria dinheiro e esperanças, sem ganhar nada.

Humberto acenou verticalmente com a cabeça, em um sinal de que estava concordando. Prossegui, aventando a hipótese de que, ao mesmo tempo, ele me alertava que, por baixo de sua aparência, tão cordial e colaborativa, estavam ocultos aspectos que poderiam ser um monte de pedras difíceis de ser aceitas e, por isso, como aconteceu com ele, também eu poderia reagir com fúria contra ele. Nesse momento, Humberto trouxe espontaneamente uma série de lembranças antigas, de situações com pais e professores, e recentes, com todos em geral, em que ele se especializou na arte de "esconder as suas pedras e os seus engodos", e sempre pagou o alto preço de carregar uma sensação de ser falso e mentiroso, sujeito a, mais cedo ou mais tarde, ser flagrado e punido com a perda do amor e da confiança depositados nele pelas pessoas significativas de seu convívio. O próprio paciente completou: *Sempre me senti e continuo me sentindo um verdadeiro camaleão, ou seja, eu me adapto aos ambientes onde eu estiver para agradar a todos, ou melhor, para não desagradar ninguém.*

Assim, não obstante o fato de Humberto não ser uma pessoa genuinamente falsa, no sentido de possuir um transtorno de caráter, ele carregava fortemente essa sensação dentro de si, a ponto de não saber julgar se as significativas conquistas que vinha obtendo na vida eram merecidas pelas suas capacidades, sua dedicação ao trabalho, sua competência e seriedade, como era na realidade objetiva, ou se tudo não passava daquela referida aparência ilusória, como estava inscrito em sua realidade subjetiva. Os medos de que no fundo, por baixo do bonito carvão da superfície, ele fosse uma pessoa insignificante, acrescidos dos seus temores de ser descoberto, obrigaram o seu ego incipiente a se munir de mecanismos de defesa que o levaram a construir, além do *falso self*, uma forte presença em sua personalidade de marcantes traços "narcisistas" disfarçados, para encobrir os sentimentos de insegurança e desvalia, de traços "obsessivos", na tentativa de controlar seus impulsos, especialmente os agressivos, e de manifestações "paranóides", resultantes das defesas que faziam com que projetasse em outras pessoas o seu temor persecutório de vir a ser desmascarado e devidamente punido.

Reflexões

Se o leitor se mantiver atento, vai perceber a quantidade de pessoas com as quais de alguma forma se relaciona que, em distintos graus, transmitem a sensação de não ser autênticas; é como se elas estivessem escondendo alguma coisa ou estivessem adulando ou contando vantagens, como forma de autopromoção, ou até se diminuindo para evitar o risco de atrair um olhar invejoso. As raízes disso residem nas marcas que ficaram desde o desenvolvimento emocional primitivo. Assim, se o filho sentir que para garantir o amor dos pais ele deve pagar o preço de renunciar à espontaneidade e de se submeter às condições e expectativas que aqueles depositam nele, cedo ele aprenderá a ter atitudes não-autênticas, criando, portanto, um falso *self*, que pode se prolongar pela vida toda, como recurso inconsciente para não decepcionar ninguém.

Deve ficar claro que o fato de certas pessoas serem portadoras de um falso *self*, como Humberto, não significa necessariamente que sejam pessoas falsas – Humberto não o era –, embora elas se caracterizem por uma permanente sensação de vazio, futilidade e irrealidade. O grau mais extremado de um falso *self* é a figura do impostor, que impõe aos outros uma personalidade totalmente falsa, como no caso, por exemplo, de alguém sem a mínima formação fazer-se passar por médico. O papel do analista é fazer esse paciente acreditar nas suas *reais* capacidades e virtudes, de sorte a fazer a difícil renúncia às suas defesas, que construíram o seu "falso *self*", e substituir este por um "verdadeiro *self*".

80
O problema do "mal-entendido" na comunicação

Alguém já disse que o maior mal da humanidade é o problema do mal-entendido na comunicação. Nas situações analíticas esse fato aparece a toda hora, pois é comum que o paciente "escute" de forma equivocada aquilo que o analista diz ou empreste significados próprios e prévios ao que lhe é dito, de maneira a adulterar o sentido da interpretação pretendido pelo analista. A recíproca também é verdadeira, sendo freqüente que o analista confira significados distorcidos à comunicação do paciente.

Vou citar uma passagem narrada pelo já falecido psicanalista gaúcho Mario Martins, figura ímpar na psicanálise, que fundou o movimento psicanalítico em Porto Alegre. Para tanto, mudou-se para Buenos Aires, na época o mais importante centro da psicanálise sul-americana e um dos mais importantes do mundo. Lá ele procurou um psicanalista didata e, após alguns anos de rigoroso treinamento, completou sua formação e retornou, radicando-se em Porto Alegre, onde criou um núcleo de psicanálise, que desabrochou e hoje constitui a pujante Sociedade Psicanalítica de Porto Alegre.

O professor Mario contava que o primeiro paciente que atendeu em Buenos Aires pelo método da psicanálise era argentino e só falava espanhol, língua na qual a pronúncia de Mario não era muito clara. Em uma sessão, Mario assinalou ao paciente que este estava transmitindo sinais de ser visto pelos outros como homossexual. O paciente silenciou, porém Mario Martins ficou com a impressão de que Juan, o paciente, mostrara um discreto sorriso e um olhar que denotava satisfação.

O paciente não voltou a abordar diretamente o tema da homossexualidade, porém, decorridos alguns meses, espontaneamente e algo deprimido, Juan abordou em uma sessão a incômoda sensação de que poderia ser um homossexual ainda não assumido. O mestre Mario, então, lembrou ao paciente que já tinha lhe assinalado isso, dizendo que parecia que Juan o havia negado totalmente ou não quisera dar importância ao fato e deveria tê-lo esquecido. Diante disso, o paciente afirmou que não tinha esquecido, lembrava-se muito bem daquela sessão, que lhe marcara bastante, ficara satisfeito, mas agora se dava conta de que ele tinha entendido mal o que o Dr. Mario dissera, e proclamou: *Entonces usted había dicho que yo soy homosexual, pero yo había entendido que yo era UN HOMBRE MUY SEXUAL.*

Ainda a propósito de Mario Martins, recordo um outro momento em que eu próprio fui protagonista de uma quebra de comunicação. Eu e meus colegas residentes da Clínica Pinel convidamos Mario Martins para realizar um seminário clínico conosco, a partir de um caso em acompanhamento psicoterápico de base analítica. Quando eu apresentava o referido caso, para caracterizar que o paciente se comportava como um don-juan que seduzia todas as mulheres com quem cruzava e depois se vangloriava (uma "vã glória") de as ter "comido", usei uma expressão corriqueira na época: disse que o paciente não "perdoava" as mulheres. Como Mario não conhecia essa expressão, da gíria dos jovens, ele alicerçou todo o seu raciocínio clínico na dinâmica psíquica, baseada em M. Klein, de que o paciente estaria em plena posição esquizo-paranóide, porque não conseguia perdoar os seus objetos internos, que foram introjetados como sendo maus, e o para nós o honroso seminário prosseguiu nessa linha até o final.

Notei que meus colegas, talvez algo constrangidos, também perceberam que houve uma quebra na comunicação, porém achei mais prudente não corrigir o significado do verbo "perdoar" que eu realmente quisera comunicar. Durante muito tempo, carreguei um certo desconforto, como se eu tivesse induzido o grande mestre a uma discussão com premissas equivocadas. Agora, recordando esse seminário, já bastante mais familiarizado com os sucessivos avanços teóricos da psicanálise, percebo o quanto ele foi excelente e importante, principalmente pelo fato de a causa da atividade don-juanesca daquele paciente que "não perdoava as mulheres" estar intimamente ligada a sua dificuldade de perdoar, essencialmente aos pais, pelos erros cometidos contra ele desde o primitivo desenvolvimento emocional. Faço questão de aqui louvar publicamente a capacidade de intuição de Mario Martins, de saudosa memória.

REFLEXÕES

Não obstante o tom jocoso dessa narrativa real, esta vinheta clínica serve como ilustração de um sem número de situações analíticas equivalentes, e os exemplos poderiam ser multiplicados. Os terapeutas podem testemunhar a quantidade de casais cujo maior problema consiste justamente nos distúrbios da comunicação, tanto na *emissão* das mensagens (às vezes em tom acusatório, professoral, denegridor do outro, de dono da verdade, etc.), quanto na *recepção* das mesmas. Às vezes a *escuta* é péssima, de modo que no lugar de um pretenso diálogo, o que existe são dois monólogos em paralelo, por meio dos quais cada membro do casal quer provar a sua tese para o outro. Isso causa sérios transtornos ao vínculo do relacionamento. É evidente que os distúrbios da comunicação não se restringem às situações analíticas; o dia-a-dia de todos nós está impregnado disso.

Lembro de uma passagem na vida escolar do meu filho Leandro, na época com 6, 7 anos. A professora de português tinha dado um texto para os pequenos alunos lerem e interpretarem. Lá pelas tantas, Leandro apontou o dedo, levantou-se e perguntou: *Professora, o que quer dizer virgem?*. A professora, solícita, discorreu algum tempo sobre as características da genitália feminina, as propriedades do hímen, como se dá o defloramento, com os respectivos aspectos da moral social, etc. Após sua exposição, ela se dirigiu ao aluno querendo saber por que ele tinha feito a pergunta. De forma cândida, ele respondeu: "É que no meu livro está escrito MATA VIRGEM e eu não entendi o que quer dizer isso".

81

PACIENTES – HOMEM OU MULHER – QUE SOFREM DE "FERIDAS EMOCIONAIS" DEVIDO A ABORTOS PROVOCADOS

Raquel, uma bonita jovem solteira de 26 anos, engravidou de seu namorado e decidiu fazer um aborto, tanto pela pressão do namorado quanto pelo medo de comunicar a gravidez aos pais, por não ter coragem para enfrentar a sociedade e, principalmente, porque não teria condições de sustentar e educar o filho, caso o deixasse nascer. Resolveu consultar um analista a pedido de sua melhor amiga e confidente, que argumentou a respeito de um possível arrependimento no futuro. Durante nossa entrevista inicial, percebi que, no fundo, Raquel queria levar a gestação a termo e chegara a imaginar que nome daria à criança. O tempo urgia, ela já estava com dois meses de gravidez e, aflita, esperava uma orientação (ou decisão) de minha parte.

É evidente que não tomei uma decisão por ela, porém me despi de qualquer julgamento ético, moral ou religioso e fiz uma aliança terapêutica com seu lado que queria que o bebê nascesse. Ela me perguntou se, caso decidisse não abortar, eu a atenderia regularmente durante a gestação para ajudá-la a enfrentar todos os seus medos após o nascimento, já que ela achava que não estava suficientemente preparada para uma adequada maternagem e temia que sua mãe se apropriasse do bebê, caso ela o "entregasse" para que esta o acolhesse e cuidasse dele. Felizmente, tudo correu normalmente.

Em outro caso semelhante, por várias e até convincentes razões, a paciente demonstrou claramente que sua decisão de realizar o aborto estava praticamente firmada com convicção. Pensei que querer convencê-la do contrário somente inocularia nela ainda mais culpas do que as que ela já tinha (em certo momento, de maneira muito ansiosa, ela perguntou se eu considerava um crime o que ela ia fazer, como afirmavam as freiras do colégio em que estudara em sua adolescência), e eu não atenuaria as quase certas conseqüências nefastas da decisão para o futuro.

Desse modo, igualmente despido de preconceitos pessoais, eu me aliei a seu lado que, corajosamente, estava tomando uma decisão muito difícil e assumindo o seu ato. Recordo que aludi ao fato de que em centros importantes do mundo, como em alguns Estados norte-americanos, o aborto é legalizado e conta com uma assistência médica de respeito e excelente qualidade. Ela me procurou uma semana após, para comunicar que fizera o aborto com um médico, que tudo correra bem e que fazia questão de me agradecer. Nunca mais soube dela. Em um parágrafo anterior, enfatizei a possibilidade de "conseqüências nefastas para o futuro". Realmente, todo terapeuta competente deve ficar atento para a possibilidade de que, tanto em mulheres quanto em homens, certas condutas masoquistas que alguns pacientes apresentam podem ter uma íntima relação com abortos praticados no passado.

Exemplifico com o caso de Janice, uma mulher de 31 anos, casada, sem filhos, que procurou tratamento porque estava em um estado bastante depressivo, sem ânimo para nada. Ao perguntar-lhe por que ela não tivera filhos, ela argumentou que fora uma decisão tomada juntamente com o marido, pelo fato de ser *uma maldade colocar filhos em um mundo tão cruel e violento*. Instigada por mim, Janice relatou que já praticara seis abortos e que às vezes se flagrava pensando se estaria arrependida ou não.

No decorrer da terapia analítica foi revelado que o primeiro aborto foi praticado quando Janice ainda era solteira. Sem que se apercebesse conscientemente disso, ela temeu que sua capacidade de fertilização e procriação estivesse definitivamente lesada por um castigo de Deus. Daí resultava uma necessidade de provar para si própria que não fora tão severamente punida, e, para tanto, ela tornava a engravidar, porém, no fundo do inconsciente, a memória do feto que foi abortado a recriminava e questionava *por que ela o havia matado e cogitava deixar outros fetos viverem*. Esse conflito se repetiu nos mesmos moldes nas demais vezes e adquiriu a natureza de uma "compulsão à repetição", movida pelo referido círculo vicioso maligno. Também foi possível perceber que sua depressão estava intimamente ligada às perdas resultantes dos abortos praticados.

Geralmente a literatura especializada não destaca os danos emocionais que também acometem muitos homens envolvidos na prática de um aborto. Exemplifico essa situação relatando o caso de Eduardo, homem casado de 52 anos, com dois filhos, cuja principal queixa era a de sua vida ser um rosário de fracassos, tanto afetivos como, e principalmente, profissionais. Apesar de ser um engenheiro sabidamente competente, ele sempre começava muito bem os projetos que criava e a relação com as empresas e clientes que o contratavam, porém sempre dava algum tipo de "azar". *Em geral tudo é abortado no meio do caminho, nada chega ao fim e acabo colecionando novos fracassos. Não me agüento mais. Não sei o que está acontecendo comigo. Além disso, apesar de agora estar bem casado eu me sinto como se estivesse completamente abandonado*, dizia.

A expressão "tudo fica *abortado*" chamou fortemente a minha atenção, então perguntei a Eduardo se em sua vida existiam histórias de abortos. Entre aliviado e angustiado, ele admitiu que, quando jovem, solteiro de vida liberal e irresponsável, engravidara umas três ou quatro mulheres, obrigara-as a abortar e depois as abandonara. A análise demonstrou que, nos porões de seu inconsciente, os fetos mortos obrigavam-no a seguir o mesmo destino que eles tiveram, isto é, sofrer abortos de seus projetos de vida. Da mesma forma, a partir de mandamentos procedentes de seu inconsciente, as mulheres enganadas e abandonadas por Eduardo determinavam que ele tivesse o mesmo destino que elas tiveram, daí sua sensação de abandono.

Reflexões

Ninguém duvida que a iminência de provocação de um aborto é uma situação comum em todas as camadas sociais, de modo que um terapeuta diante de tal situação deve agilizar sua atividade, porque ele e a paciente correm contra o tempo. Outro aspecto importante é o fato de em nosso meio a provocação do aborto ser considerada um crime (apenas em situações excepcionais a lei faculta essa prática). O terapeuta deve ter coragem para não se apavorar diante da obrigação de não transgredir o texto frio da lei e autonomia suficiente para sempre ficar ao lado de sua paciente, usando seu "sensibilômetro" para apóia-la tanto no caso de ela desistir de realizar o aborto, como naqueles em que ela já tomou com firmeza a decisão de fazê-lo.

Também cabe salientar que as feridas emocionais podem acompanhar não só as mulheres, mas também os homens que participaram ativamente da decisão de praticar o aborto. Isso é mais freqüente do que se pensa, e tais homens pagam um alto preço (depressão, compulsão ao masoquismo, etc.), às vezes ao longo de toda a vida.

82
Leona, uma paciente com fobia ao defloramento e ao coito

Encaminhada pelo próprio marido médico, Leona, uma mulher de 25 anos, com uma expressão abatida, desde o começo da entrevista inicial foi dizendo que estava casada havia quase quatro anos, porém não permitia que o marido a penetrasse sexualmente, fato que o estava levando a ameaçá-la de pedir o divórcio.

Leona admitia que era extremamente dependente dele e se apavorava diante da possibilidade de a separação se concretizar e ela cair em total abandono. Apesar dessa fobia, ela tinha uma filha de um pouco menos de dois anos, resultante de um único coito algo violento. O marido era uma pessoa gentil, porém, fizera isso deliberadamente, como havia sido orientado, como um último recurso. Ele a forçara fisicamente e com ameaças, enquanto ela, com um esforço tremendo, atendendo à orientação de seu terapeuta na época, tentou cooperar, embora sentisse uma dor violenta, ficasse trêmula, pálida e suasse com abundância.

Leona engravidou, teve o parto por cesariana, funcionava razoavelmente bem como mãe, mas fez o juramento de que nunca mais se submeteria a uma situação tão traumática como a relatada. *Agora estou neste impasse. Estou confusa. O que faço?*, questionava. Não entrei no clima de "urgência", na obrigação de dar soluções imediatas, e convidei o marido a fazer uma sessão comigo, na qual procurei esclarecer a ele algumas possíveis razões da coitofobia de sua mulher, provindas de um inconsciente remoto, e explicar-lhe que sua recusa ao coito não representava um rechaço consciente a ele, como ele imaginava.

Decorridos alguns meses de análise, Leona espontaneamente recordou uma situação traumática: seu avô materno, quando ela tinha 3 ou 4 anos, colocava-a no colo, no início de forma carinhosa, porém aos poucos, os carinhos foram sendo substituídos por carícias, ela sentia o seu membro endurecido e, não sabia o que fazer. Nunca contara para os pais, dizia-se apavorada, porém esse tipo de carícia se prolongou por alguns anos. Apontei para o paradoxo de ela se apavorar, porém era cúmplice do avô (no ato perverso e no sigilo). No início, alegando ingenuidade e medo naquela época, Leona negava, para ela e para mim, sua cumplicidade e, pior, admitiu, enquanto tapava os olhos, deitada no divã: *Eu reconheço que você está certo. Eu GOSTAVA desse jogo perigoso e, muitas vezes, era eu que o procurava. Que vergonha!*.

Perguntei a ela se poderíamos ver de um outro ângulo, isto é, se no lugar da palavra e do sentimento de vergonha poderíamos usar a palavra coragem, pela sua honestidade e confiança em se tornar uma pessoa verdadeira, sem a obrigação de manter sigilos, como fazia em sua infância. As lágrimas que rolavam de sua face denotavam que Leona fora tocada e ficara comovida. A seguir, começou a trazer uma grande quantidade de lembranças correlatas e contou que naquela época apresentava fobia a objetos cilíndricos, especialmente a objetos pontiagudos, cortantes, como facas, tesouras, etc. e ainda mantinha a fobia de ir ao dentista, devido ao medo de ser machucada violentamente pela broca, tudo isso em uma clara alusão ao terror e fascínio que o pênis duro do avô lhe despertava no passado. Após cerca de dois anos de análise, Leona, embora com anorgasmia, passou a ter uma vida genital de freqüência e qualidade bastante razoáveis.

REFLEXÕES

Inicialmente, é útil diferenciarmos os quadros patológicos de "fobia ao defloramento", caso em que a mulher tem um verdadeiro pânico a ser deflorada, com fantasias de que será despedaçada em meio a dores violentas, e o quadro de coitofobia, em que a mulher já não é mais virgem, porém o coito em si a apavora, devido às fantasias subjacentes. Na fobia ao defloramento, muitas vezes o rompimento do hímen deve ser feito através de uma pequena cirurgia. Depois disso, a mulher pode passar a ter uma vida sexual normal, não obstante a possibilidade de que, em outras situações, a fobia ao defloramento se prolongue com uma permanente fobia ao coito.

A coitofobia, por sua vez, como no caso de Leona, está intimamente ligada a fantasias inconscientes, como a do crime do incesto (no caso, o avô é um deslocamento do pai), ao pânico de que um "pênis enorme" (visto pela ótica de uma criança) possa ser um estraçalhador de sua genitália feminina, e também ao medo, à vergonha e à culpa referentes ao horror do pecado, com os conseqüentes castigos, por parte dos pais e de Deus. A tarefa do analista consiste em abrandar o superego tão ameaçador, cruel e punitivo dessas mulheres, de modo a plantar a confiança em sua condição de mulheres adultas, com genitais sadios, sem a obrigação de manter as culpas fixadas no passado, porém ainda presentes, impressas no seu psiquismo atual.

83
A DISFUNÇÃO ERÉTIL (IMPOTÊNCIA) DE MARCEL

Marcel, um bem-sucedido professor de filosofia de 45 anos de idade, divorciado, me foi encaminhado pelo seu urologista para análise porque se queixava de impotência, e os resultados de todos os exames físicos e laboratoriais foram rigorosamente normais. Marcel esclareceu que a sua impotência era parcial e consistia mais exatamente no fato de que, embora conseguisse a penetração vaginal, sua ereção era em torno de 50% daquilo que atingia quando era mais jovem, de modo que ele receava estar decepcionando as suas parceiras. A prática sexual deixara de ser prazerosa, porque a atenção durante o coito ficava muito mais concentrada no receio de como seria o seu desempenho. Essa angústia crescia na proporção direta do quanto valorizava a companheira, na expectativa de que essa fosse uma pessoa muito diferenciada, tanto intelectual como fisicamente.

Suas evocações históricas acerca do seu desenvolvimento atestavam que, filho de família muito humilde, Marcel se sentia marginalizado em relação a seus colegas de colégio. Na adolescência, invejava os surfistas, que faziam sucesso com as mocinhas, enquanto ele não sabia surfar (alega que não havia dinheiro para comprar as pranchas), de modo que começou a se esforçar para compensar com muito estudo e uma grande dedicação a leituras sobre história, ciência, filosofia, pontos turísticos do mundo, etc., em uma extrema tentativa de impressionar os colegas, principalmente às moças.

De fato, Marcel conseguira se diferenciar intelectualmente e ser reconhecido como uma pessoa brilhante. Recordava que, mesmo depois de casado, teve uma vida sexual ativa com outras mulheres e, segundo ele, com excelente desempenho sexual, porém com as mulheres especiais que cobiçava havia muito tempo, quando conseguia ir para os "finalmente", inibia-se e, algumas vezes, inventava desculpas para desfazer a combinação do encontro sexual. Nos últimos dois anos antes de nossa entrevista inicial a situação se agravara, e ele se dizia apavorado. Perguntei se ele reconhecia algum fator desencadeante e Marcel respondeu que não, embora a situação coincidisse com um concurso especialmente importante para ele, no qual temia que seu desempenho ficasse muito aquém dos demais candidatos, de modo a decepcionar colegas, amigos e familiares.

A evolução da análise demonstrou que Marcel foi o filho predileto e seus pais o utilizaram como repositório de grandiosas expectativas, que, de certa forma, ele cumpriu, porém sempre pagando o preço de, silenciosamente, sentir uma forte angústia ante o medo de fracassar e provocar decepções. Assinalei a possibilidade de que a impotência sexual a que ele aludia pudesse estar representando o seu medo de ser "impotente" diante dos desafios da vida, especialmente quando são especiais e importantes, repetindo o mesmo enredo que se manifestava em sua infância e adolescência. Afiancei que o caso dele não era propriamente de impotência, situação em que existem outros problemas relacionados a libido, ejaculação, orgasmo e muito prováveis fatores orgânicos, mas, sim, de uma disfunção em manter o pênis totalmente ereto, muito provavelmente em razão de seus temores emocionais, que o inibiam.

A continuação da análise atenuou bastante o medo de Marcel de causar decepções e, assim, perder o respeito e a admiração dos demais, com o risco de voltar a ser visto como aquele menino humilde, ignorado e excluído do convívio com gente "mais fina". Essa redução do medo levantou a confiança em si próprio, logo, a sua auto-estima, e esse estado mental se reproduziu na atividade sexual. Com o auxílio de medicamentos orais, tipo Viagra, e o revigoramento da autoconfiança, Marcel, segundo ele, recuperou "uns 90%" de sua condição anterior, e nunca mais mencionou o termo impotência quando se referia a si próprio.

Reflexões

A disfunção erétil (DE) ainda continua sendo considerada pelo grande público como sinônimo de impotência. A DE é uma inabilidade persistente do homem em ter ou manter ereção para a penetração e prática sexual satisfatória. As causas podem ser de natureza puramente psicológica (como, me parece, predominavam em Marcel) ou estar associadas a alguns tipos de doenças orgânicas, como diabetes, hipertensão, níveis elevados de colesterol, tabagismo, abuso de álcool e drogas e envelhecimento. Tanto as causas psíquicas como as orgânicas podem influenciar-se reciprocamente, em um círculo vicioso.

As doenças orgânicas agem na DE porque podem levar a uma degeneração dos vasos sangüíneos do pênis, ocasionando uma redução da circulação do sangue nas artérias e veias durante a ereção. Não cabe a menor dúvida de que os problemas de impotência e disfunção erétil são de surgimento bastante freqüente, e os modernos tratamentos medicamentosos orais são de uma indiscutível eficácia, porém quando não são plenamente suficientes é recomendável o acompanhamento simultâneo de uma psicoterapia de base analítica. Ademais, vale considerar mais dois pontos. O primeiro é o fato de que os tratamentos para disfunção erétil permitiram uma retomada da vida sexual e, logo, da qualidade de vida, para casais, em todas as partes do mundo. O segundo ponto é que a medicação oral deu uma nova vida para os homens mais velhos, inclusive com idade avançada, desde que a libido esteja conservada.

84
Rodolfo, um legítimo don juan

Todos nós conhecemos, de nosso círculo social ou de filmes, aquele homem que é um inveterado conquistador de mulheres de todos os tipos, mas não se apega a nenhuma delas. Pelo contrário, o seu grande prazer consiste em provar que é irresistível, portanto se especializa na arte de seduzir e conquistar, numa compulsão repetitiva. Em grau maior ou menor, já tive pacientes e acompanhei em supervisões muitos casos de homens com essas características. Assim, seria fácil utilizar uma ilustração clínica, como tenho feito ao longo deste livro, no entanto considerei a alta possibilidade de que o leitor já tenha visto o filme *Don Juan de Marco* (aos que ainda não o asistiram ou não se recordam dele, sugiro que passem em uma locadora e retirem o filme), que, penso, se constitui como uma verdadeira aula sobre don-juanismo.

Aqueles que assistiram ao filme hão de recordar de, no mínimo, três passagens significativas. A primeira é a cena inicial, na qual aparece o personagem sendo socorrido por causa de seu intento suicida, que foi motivado pela sua profunda decepção por ter se sentido rejeitado por uma mulher por quem nutria uma profunda paixão e desejo sexual, enquanto ela nem sabia da existência dele. Na verdade, o personagem escrevera uma carta a uma atriz no apogeu da fama e ela sequer a respondera, o que, para o nosso "paciente", foi uma terrível rejeição, que abalou traumaticamente o seu narcisismo.

Na segunda cena, evocando uma lembrança muito primitiva, aparece a mãe do personagem, sensual, exibindo o corpo desnudo ao filho ainda bebê, que a mira extasiado, em uma erotização precoce em plena vigência de uma etapa narcisista.

A terceira e mais ilustrativa passagem é a cena final, na qual o personagem, após ter sido obrigado a admitir que não era o verdadeiro Don Juan, abandona a sua postura anterior de homem forte e potente, com olhar brilhante e conquistador, jeito insinuante e uma certa arrogância, e a substitui pela postura física de um menino frágil e assustado. Esta cena confirma a primeira, ou seja, permite verificar que a conduta dos pacientes "don-juans", que, em uma visão mais superficial, aparenta uma hipersexualizada busca de objeto sexual e de amor, em uma visão mais aprofundada revela que isso constitui não mais do que o uso de primitivos mecanismos defensivos, em uma busca desesperada, por meio dos genitais, de uma reafirmação de si mesmos e como forma de fugir de uma dolorosa "angústia de desamparo". Essa angústia é a mais temida de todas, não só pela razão da falta de apoio e da extrema dependência que ela acarreta, mas principalmente pela ameaça de desorganização do ego.

Outro aspecto interessante do filme é o uso maciço da defesa do tipo negação por parte do personagem, a ponto de ele apresentar uma nítida confusão do sentimento de identidade, ou seja, o mundo da realidade e o da fantasia se confundem.

Reflexões

Com diferentes graus quantitativos, é bastante significativo o alto número de homens que manifestam essa aparência de ser muito beneficiados do ponto de vista da sexualidade, mercê de uma alta capacidade de seduzir as mulheres. Isso lhes dá um imenso prazer, não obstante essa euforia seja de breve duração, porque logo perde o encanto e, compulsivamente, o don-juan deve partir para outras conquistas, as quais lhes são especialmente atraentes quando as mulheres, alvo da sedução, são casadas.

Durante muito tempo, baseados em Freud, os analistas ligavam a origem do don-juanismo a uma má resolução do complexo de Édipo, porém, na atualidade, atribuímos uma importância maior às antigas raízes narcisistas, também mal-resolvidas, que resultaram em buracos afetivos, os quais esses pacientes tentam preencher de qualquer forma, seja com comida, álcool, drogas, peças de vestuário, e também através de uma adição por conquistas amorosas.

85
Marcela e suas fases ninfomaníacas (desejo insaciável por homens)

Em um caso de supervisão com um colega de outro Estado, tomei conhecimento do caso de Marcela, encaminhada à análise por seu clínico em razão de que ela vinha apresentando um estado depressivo, juntamente com algumas manifestações psicossomáticas, como acessos de asma brônquica, eczema na pele e dores no corpo. Jornalista, com 34 anos, casada, duas filhas, muito queixosa da frieza do marido, na terceira sessão ela "confessou" ao analista que omitiu ao seu médico clínico o fato de que ela estava mantendo relações extraconjugais. Segundo Marcela, no começo ela tinha um amante fixo, porém se decepcionou com ele porque descobriu que ele tinha outras amantes, além de continuar casado. Daí, ela arrumou outros amantes, sempre seguidos de decepções e afastamentos. Decorridos muitos meses de análise, já mais confiante na atitude receptiva e não-moralista de seu terapeuta, Marcela "abriu o jogo" e confidenciou ao analista que, em certos períodos de sua vida, como então, mercê de inúmeros subterfúgios, ela mentia aos familiares e fazia programas de relacionamentos sexuais com homens, já então, de uma forma compulsiva e irrefreável. Assim, ela foi perdendo o seu senso crítico, porque não selecionava a quem seduzia. Desta forma, chegou a um ponto de seduzir o companheiro de sua babá em uma ocasião, e, em outra oportunidade, durante uma visita a um presídio, para fins de fazer uma reportagem, Marcela se envolveu com um apenado e manteve um "caso" com ele durante longo tempo. Ficou evidente que, não obstante o fato de que Marcela aparentava tranqüilidade e ausência de culpas, bem no fundo ela estava pedindo socorro para sua conduta de natureza perversa. Contrariando minha costumeira forma de trabalhar analiticamente, na clínica ou em supervisões, em um certo período suas atuações atingiram um grau tão alto de características malignas, que eu propus ao colega em supervisão, deixarmos temporariamente de lado o nosso enfoque habitual em suas motivações inconscientes provindas de seu lado doente, e que começasse a falar com o lado sadio de Marcela. Esta fala deveria ser de forma firme e, talvez enérgica, de que ele não poderia compactuar com os graves riscos que ela estava correndo, de destruir os seus vínculos com sua família, perder o emprego, perder amigas, ser difamada pela sociedade e coisas do gênero. Assim, enfatizei para que o colega terapeuta fizesse uma espécie de apelo para o lado adulto e íntegro de Marcela para que este desse um "pára-te-quieto" no seu lado doente. Ademais, trabalhamos intensamente em supervisão que o colega e a paciente, juntos, poderiam descobrir outras maneiras de ela preencher os seus antigos vazios existenciais, sem ter que recorrer, por via genital, a recursos ilusórios e masoquistas, e, principalmente, a degradação suicida de sua imagem. Deste modo, o colega passou a trabalhar exaustivamente com a paciente no sentido de ela vir a substituir a sua impulsividade por uma capacidade para fazer reflexões, em que pesasse, sobretudo, não unicamente a seqüência de seus atos, mas, sim, fundamentalmente, as conseqüências ("con (interação com outros) + seqüências") dos mesmos. Chegamos a pensar, durante o auge de suas atuações daninhas, em propor a interrupção da análise se ela "não se endireitasse", porém nos contivemos e, felizmente, nunca nos arrependemos, em razão da evolução que o caso teve.

Reflexão

O quadro clínico de Marcela merece um aprofundamento das reflexões porque de forma manifesta, ou dissimulada, de forma permanente, ou alternando períodos normais com outros de intensa prática sexual doentia, existe uma expressiva incidência deste tipo de perversão. Ademais, o normal (um alto grau de erotismo em certas mulheres) e o patológico (a atividade sexual é praticada de forma bastante exagerada, desregrada e de uma forma indiscriminada), muitas vezes, confundem-se. No caso de Marcela, de longe, estava predominando uma patologia psíquica provinda de profundas carências primitivas que resultaram em "vazios" que, inconscientemente, Marcela procurava preencher através de uma atividade sexual sem limites.

O quadro patológico da ninfomania – corresponde ao "don-juanismo" no homem – designa uma condição em que a necessidade compulsória de praticar o sexo representa uma "demanda", ou seja, um desejo insaciável. Além dessa característica, existem outros sinais típicos, como o de um grave embotamento do senso de crítica de sua conduta perversa, de modo que a sensualidade adquire características que, nos dicionários, aparecem com várias denominações, como: lascivo, lúbrico, concupiscência e luxúria. Esta última, a luxúria – segundo a doutrina cristã é um dos sete pecados capitais –, designa um comportamento desregrado em relação aos prazeres do sexo que se realizam de forma insaciável, multiforme e com qualquer pessoa que surja, disponível para uma parceria perversa.

Tanto o "Don Juan" quanto a ninfomaníaca pretendem transmitir uma falsa impressão de serem pessoas "supererotizadas" e que gozam de grande felicidade em cada uma das práticas sexuais, as quais, às vezes, são múltiplas num mesmo dia, com companheiros(as) diferentes. Essa "felicidade" não passa de um grande equívoco. Vejamos: no caso de Marcela, por exemplo, em seu período de ninfomania, tal como foi descrito por meio de defesas de natureza maníaca e de atuações (*actings*), as relações sexuais dela não eram devidas a uma genitalidade amadurecida; pelo contrário, elas eram determinadas por uma ânsia compulsiva de preencher os vazios existenciais que se formaram desde os primórdios da infância.

Cabe dizer que Marcela procurava homens, de forma similar a de como um drogadicto procura a cocaína, por exemplo. Ou seja, pessoas como Marcela vivem em busca de uma dose de ilusão de felicidade, embora esta seja de brevíssima duração; quando recaem na realidade, o juízo crítico do consciente não suporta o acréscimo de culpas, vergonha, sentimento de fracasso e de humilhação, de sorte que procuram negar estes sentimentos tão degradantes. Para tanto voltam a necessitar do efeito do tóxico (droga, parceiro sexual, etc.) e instala-se um crescente círculo vicioso maligno de natureza masoquista (contra si própria) e sádica (contra familiares, amigos, a sociedade, etc.).

86
TRÊS SITUAÇÕES EM QUE COUBE AO ANALISTA PROPOR A INTERRUPÇÃO DA ANÁLISE

Por serem poucas as situações em que o analista é quem toma a iniciativa de interromper uma análise, se eu utilizasse um exemplo da minha clínica privada poderia correr o risco, ainda que remotíssimo, de o paciente ser identificado, por mais que eu dissimulasse a sua apresentação. Assim, vou me socorrer de situações acontecidas com colegas, aos quais pedi a devida licença, durante o trabalho de supervisão.

Primeira situação. Uma colega em supervisão me narrou que um paciente que se dizia ser simpático ao nazismo, ao saber que ela era judia, passava as sessões inteiras não a escutando e muito menos levando a sério o que ela dizia. Pelo contrário, todo o seu discurso se voltava a ataques contra os judeus, lamentando que Hitler não tivesse conseguido exterminar a todos, sem deixar nenhum vivo, para que a humanidade não viesse a correr o risco da reprodução de uma raça tão maldita. Além disso, o paciente era muito rico, tinha acumulado uma fortuna com negócios de duvidosa honestidade e, freqüentemente, desafiava a analista a ousar expulsá-lo da análise, visto que ele a "pagava muito bem".

A colega, por sinal bastante competente, tentou de tudo: mostrou que ele necessitava testá-la até a última gota de paciência para convencer-se de que, ao contrário do que ocorrera com seus pais, ela não desistiria, não sucumbiria e, tampouco, não revidaria. Além disso, ele estaria testando se o seu ódio poderia ser menos destrutivo como, no fundo, ele temia. Como nada adiantava, a analista admitiu na supervisão que a sua contratransferência estava baqueando, ou seja, não obstante estivesse compreendendo as razões inconscientes do ódio do paciente, ocultando um lado extremamente frágil dele, ela se sentia impotente, algo paralisada, reconhecendo nela própria um estado mental de ódio, que ela administrava manifestamente, mas a pecha de que *como todos judeus, você só quer o meu dinheiro* foi a gota d'água que a fez perder o desejo de continuar analisando-o.

Ela pediu a minha opinião e ponderei que, de fato, todos nós temos um limite (físico e/ou mental) e devemos respeitá-lo, porém sugeri que ela colocasse, com toda tranqüilidade que ainda lhe restava, o seguinte dilema para seu paciente: se ele ainda acreditava que a análise poderia trazer-lhe transformações que melhorassem a sua qualidade de vida, ela estaria disponível para continuar, mesmo que ele continuasse atacando-a tão violentamente, porque ela tinha condições suficientes de "conter" ataques sádicos. No entanto, caso ele não tivesse motivação para fazer mudanças, ela não iria reforçar a sua fantasia de que com o seu dinheiro ele corromperia quem quisesse e, portanto, preferia interromper o que não era mais do que um simulacro de análise. Assim foi feito, diante da posição enfática do paciente, de que não queria mudar nada em si.

Segunda situação. Um colega, em adiantado estado de formação como psicanalista, procurou-me para fazer a supervisão de uma difícil situação clínica que ele estava atravessando com uma paciente sua, casada, que estava sexualmente envolvida com um homem, também casado, em circunstâncias inusitadas. O problema era o seguinte: sua paciente, advogada, conhecera seu amante, também advogado, num evento que reuniu advogados fora do Estado. Apaixonaram-se, tornaram-se amantes, o caso prosseguiu quando retornaram a Porto Alegre, porém as idas deles a um motel estavam se tornando perigosas, porque a mulher do seu amante passara a desconfiar que "algo havia" e começou a exercer um rígido controle, provavelmente com a contratação de um detetive especializado.

Passado algum tempo, o colega analista começou a estranhar que a paciente parou de falar no caso com seu amante, visto que em todas as sessões esse assunto era o que vinha ocupando a maior parte do tempo. Então a paciente admitiu que ela e o amante tinham acertado um plano de absoluta discrição: como ele tinha um escritório de advocacia no mesmo prédio que o do analista dela, um pouco antes do horário de ela se dirigir à sessão, o amante, no andar abaixo do consultório do psicanalista, a estaria esperando, encostado na porta que abria para o corredor. Caso ele não estivesse lá, era sinal de que estava ocupado com algum cliente e o encontro ficaria automaticamente adiado até a próxima sessão, visto que ela lhe dera a agenda com todos os dias e horários das sessões analíticas.

O colega analista estava visivelmente constrangido com a situação, pois aumentava progressivamente sua desconfortável sensação de estar sendo cúmplice, ainda que indiretamente, de uma maquiavélica e delicada construção de dupla infidelidade conjugal. Recordo que a minha orientação foi no sentido de colocar claramente à paciente que em condições normais ele não estaria pregando moral, mas se manteria em seu papel de analista de a levar a fazer reflexões sobre as suas motivações inconscientes e os riscos que ela corria. Entretanto, diante das circunstâncias, ele estava num dilema: se ela não relatasse todas as verdades, a análise não seria mais do que uma aparência, uma farsa; se ela contasse tudo, como habitualmente fazia, porque era uma paciente honesta e, analiticamente, trabalhava bem, ele não admitiria ser um "propiciador dos encontros clandestinos", de sorte que solicitou que ela, em poucos dias, refletisse sobre uma escolha: ou pararia de se encontrar com o amante nas condições em que o fazia, ou ele tomaria a desagradável, porém categórica, posição de pararem com a análise. Se ela quisesse, seria encaminhada para um outro analista.

Na sessão seguinte ela declarou que decidira continuar sua análise e que conversou com o amante para, embora com dor, darem um "tempo", de preferência longo, nos seus encontros amorosos, e o tempo diria se o término seria definitivo ou voltariam a se amar em outras circunstâncias.

Terceira situação. Uma colega analista trouxe para a supervisão uma situação de um paciente, que chamarei de Norberto, provavelmente *borderline*, com bipolaridade, que, diante de situações vividas por ele como sendo de abandono e desamparo, tentava impulsivamente preencher os seus "buracos afetivos" com atuações, por via genital, tanto com homens (sempre na condição de ativo) quanto com mulheres, principalmente prostitutas, com as quais se satisfazia unicamente em vê-las se desnudando, tocando-as sem tentar consumar o ato sexual, embora sempre as pagasse.

Norberto tentava telefonar e enviar "torpedos" à analista quase diariamente, sob os mais diferentes pretextos pueris. A analista correlacionava sua angústia por mirar, tocar, conversar, testar mulheres, homens e a ela própria como sendo uma ânsia desesperada de preencher a antiga falta da mãe, deslocada nas namoradas que o abandonavam ou nas prostitutas representantes da "mãe má", que tanto o seduzia, despindo-se diante dele e acariciando-o durante os cuidados higiênicos, na infância.

Da mesma forma, às vezes, a mãe também se afastava dele, assim como em outras ocasiões atendia a todas as suas vontades. Inclusive comprara-lhe uma moto, uma semana depois de ter afirmado enfaticamente que não a compraria porque não tinha dinheiro. Com essa moto Norberto teve sete acidentes, um deles bastante grave. Norberto também deslocava (transferia) para a própria terapeuta a sua ânsia em busca de uma "mãe boa" e deslocava para homens homossexuais a sua desenfreada busca do pai, que não chegou a conhecer, porque este abandonara a mulher e o filho bebê.

Em certos períodos, Norberto melhorava bastante, porém, em outras fases, as suas atuações adquiriam características malignas, perigosas, com defesas maníacas que representavam um sério risco para si próprio (gastos excessivos inúteis) e para outros (agressividade). A analista foi muito enfática ao lhe dizer que o tratamento deveria se adaptar à realidade de sua doença e lhe propor internação e medicação urgente. Norberto repudiava ambas as possibilidades de maneira definitiva, sob a alegação de que o hospital era para loucos, e ele não o era, que os medicamentos eram venenos e seu uso representava para ele que a terapeuta estava cansada dele ou perdera toda confiança nas capacidades dela própria e ele não queria admitir essa possibilidade, porque isso seria o fim de suas esperanças.

Nenhum argumento e esclarecimento da analista eram aceitos por Norberto, que se mantinha irredutível. A analista veio pedir a minha opinião e orientação quanto ao que fazer. Minha posição foi a de na próxima sessão tentar uma atividade interpretativa, acentuando o quanto Norberto estava deslocando para o hospital, medicamentos e terapeuta os mesmos medos que tinha em relação à mãe ambígua e ao pai abandonador de seu passado. Caso nada disso adiantasse, afirmei que, acima de tudo, Norberto necessitava de uma "mãe" que soubesse dar-lhe limites e não incorresse na mesma falha de sua mãe, que não soube recusar-lhe a moto, que se revelou muito perigosa para ele.

O limite seria ela se dirigir de maneira categórica ao lado sadio do paciente e dizer-lhe com toda clareza que, caso ele não quisesse fazer nada do que ela estava propondo como medida terapêutica indispensável, já que sua mãe não respondia aos pedidos para vir falar com a terapeuta e não existia nenhum outro familiar responsável, ela teria que encerrar o tratamento que vinham fazendo, porque ela não podia tratá-lo sem um mínimo de cooperação dele. Ela também tinha um nome a zelar e o direito de não querer naufragar com ele numa causa, no momento, cheia de riscos. Em terceiro lugar, ela não podia e não devia repetir o equívoco de sua mãe, que não lhe dera limites no episódio da moto, fato do qual ele freqüentemente se queixava, ressentia-se e por causa do qual sentia profunda mágoa da mãe, que, segundo ele, fora fraca e quase o levara à morte.

Assim, a colega concordou e colocou em prática a orientação que lhe dei. Norberto aceitou, e num clima manifestamente amistoso, com a garantia de que ela o receberia quando ele aceitasse uma recíproca cooperação, o tratamento analítico foi interrompido A analista lamentou, teve uma desconfortável sensação de fracasso terapêutico, porém não sentiu culpa.

Ficou três anos sem saber notícias de Norberto, que, após esse período, voltou a procurá-la com o pedido de seguirem "aquele tratamento anterior, que foi o melhor de todos".

Reflexões

É indiscutível o fato de que todo psicanalista competente deve ter uma elevada capacidade de ser continente, isto é, de conter as manifestações dos pacientes, por mais psicóticas ou até psicopáticas que estas sejam. No entanto, convém repisar que, antes de sermos psicanalistas, somos seres humanos normais, portanto temos nossos limites e limitações. Como acima de tudo um analista deve ser verdadeiro, especialmente consigo mesmo, é necessário que este tenha a humildade de reconhecer quando suas condições para analisar alguém estão seriamente comprometidas. No primeiro caso relatado, o paciente interrompeu definitivamente a análise; no segundo, a paciente optou por prossegui-la, enquanto o terceiro paciente fez uma interrupção temporária. Acredito que se não fosse a tomada firme de posição dos respectivos analistas, estaríamos diante de um grave "conluio de acomodação" de conseqüências nefastas para todos.

87
Lurdes, uma daquelas mulheres que "amam demais"

Lurdes era uma mulher de fino trato, bem apessoada, principal sócia de uma butique dirigida a um público feminino refinado, com 40 e poucos anos, divorciada pela segunda vez e começando um novo caso de amor. Afirmava ter procurado a análise porque começou a perceber que o novo caso estava seguindo passos muito semelhantes aos que dera com os dois companheiros anteriores, ou seja, tudo começava muito bem, em um estado de recíproca paixão, porém aos poucos começavam a sobrevir desentendimentos, pelo fato de ela ser muito mais amorosa que os homens da sua vida. Assim, ela se queixava da "frieza" deles após o arrefecimento da paixão inicial, enquanto eles se queixavam por ela ser muito exigente, insaciável; boa pessoa, porém que "ama demais".

Lurdes dizia não conseguir entender a queixa de que ela "ame demais" e me perguntou: *O senhor não acha, doutor, que em matéria de amor não existe o demais? A gente ama e pronto, o amor não tem limites. Essa é a minha convicção, mas como é a terceira vez que isso está acontecendo, eu lhe pergunto se eu escolho as pessoas erradas, se é muito azar no amor ou eu estou equivocada na minha forma de amar.* A análise prosseguiu com enfoque no fato de o verbo amar, tomado isoladamente, ser de alta relatividade, porque existem inúmeras formas de amar e de ser amado, desde modos normais até modalidades patológicas.

Pedi que ela me relatasse situações concretas no seu atual caso amoroso em que ela e seu companheiro se atritavam. Todos os exemplos que ela me trazia tinham um denominador comum: a evidência de que aquilo que Lurdes considerava um "amor de entrega total" tinha características possessivas, de controle rígido sobre o outro, de uma demanda afetiva praticamente insaciável, sempre cobrando e reivindicando, com manifestações de carinho e de carícias (aos quais ela chamava de "afagos") tão intensos que os homens diziam que estavam se sentindo sufocados. Em um exemplo concreto, ela me relatou que, na véspera, o seu atual namorado preferiu ficar vendo televisão em vez de dar atenção a ela e ainda se mostrou grosseiro. Procurei esmiuçar melhor as circunstâncias que o levaram à grosseria com ela. Lurdes, com a maior naturalidade, esclareceu: *Foi só porque interrompi um instantinho sua atenção na televisão para fazer uma pergunta sobre nós.* Voltei a perguntar se ela recordava em que momento ele foi interrompido, a ponto de ele ter ficado tão impaciente. Lurdes completou: *Ele é um colorado doente, mas não foi ao jogo com os amigos, só para me fazer companhia em casa, curtindo o nosso amor, porém não adiantou nada, porque ele ficou vendo o jogo pela TV e deu o azar de eu lhe interromper justamente na hora em que o jogador do Inter ia bater um pênalti (no caso, decisivo) e, aí, é claro, eu dei uma bronca nele, ele não gostou e ainda revidou com uma xingada. Assim, mais uma vez, não vai dar certo.*

A análise dessa situação permitiu a aquisição de alguns *insights* importantes, como:

1   a evidência de que faltava para Lurdes a capacidade para ficar só, que permitisse que ela se ocupasse com outros lazeres gratificantes, enquanto seu companheiro curtia algum tempo com amigos e seu esporte predileto;

2   o entendimento de que ela não fazia isso por maldade ou por uma má índole, mas sim pelo fato de ser tão insegura e medrosa de cair em um estado de vazio e desamparo, que isto a tornava excessivamente possessiva, ciumenta (no caso, em relação aos amigos do namorado) e sufocante;

3   a constatação de que o namorado não preferiu trocar o futebol no campo para ficar curtindo mais tempo de amor com ela; na verdade, ele, para não se incomodar, preferiu se submeter à exigência imperativa dela;

4   a conscientização de que não foi por um mero azar que ela o interrompeu num momento impróprio. Lurdes admitiu que ela ouviu o narrador dizendo *fazendo um drama em cima de um pênalti* e, em um breve relance, viu na imagem da TV que a cobrança ia ser imediata. O propósito inconsciente que a levou a interromper a concentração de seu companheiro foi uma intensa necessidade de testar até onde ela seria mais importante que o futebol ou vice-versa;

5   a percepção de sua pequena capacidade de empatia, isto é, sua dificuldade para colocar-se no lugar do outro e poder sentir o que este pode estar sentindo em determinados momentos;

6   a verificação de que aquilo que, muitas vezes, ela pensava ser uma forma de carinho não passava de um sufoco, num intento de posse absoluta do outro. É evidente que a aquisição destes *insights* por parte de Lurdes não ocorreu unicamente no episódio relatado, mas sim num conjunto de situações análogas que sempre convergiam para um tipo de ação-reação, repetitivo, em seus vínculos do presente e do passado. Quando Lurdes conseguiu fazer uma elaboração mais plena dos seus *insights* parciais, ela conseguiu mudar substancialmente seus relacionamentos baseados em "afagos que afogam".

Reflexões

O caso de Lurdes pode servir como modelo de uma forma de amar sutil, porém patológica, de alta freqüência em nossos consultórios e na vida em geral. O problema não está no fato de que mulheres (e também homens) como Lurdes queiram amar intensamente, fazer uma entrega total e, lógico, ter reciprocidade. O problema está no fato de que pessoas assim "amam demais", e posso afiançar sem medo de errar que tudo que é demais, mesmo sendo bom, ótimo, até excelente, quando "é demais" deixa de ser bom e resulta prejudicial para a própria pessoa e aquelas com quem convive.

A causa que origina esse tipo de amor sufocante nas pessoas por demais intensas, na imensa maioria das vezes, é a sofreguidão em preencher antigas lacunas afetivas. Além disso, pode ocorrer que as pessoas vítimas do sufocamento provocado por essa forma de amar acabem abandonando o(a) parceiro(a) por demais "amoroso", reproduzindo a maneira como os pais deste(a) se amavam. No caso de Lurdes, o pai havia abandonado a família.

88
Andréa, uma consumidora impulsiva e compulsiva

O marido de Andréa não agüentava mais seus enormes gastos, especialmente na compra de jóias e de peças de vestuário. Durante viagens, então, ele enlouquecia de impaciência e raiva, estava cansado disso, ela fazia juramentos e promessas de que se conteria no excesso de compras que alimentavam sua ânsia de consumo, porém não conseguia cumprir o que conscientemente se propunha e incidia em novas recaídas. Quando ultrapassou o limite máximo de tolerância do marido, este deu-lhe uma espécie de "cheque-mate": ou ela ia se analisar, ou estava decidida a separação definitiva entre eles.

No dia aprazado para a entrevista inicial, surgiu a jovem senhora, elegantemente vestida, com jóias vistosas, e, sorrindo, já saiu dizendo: *Apesar de eu não acreditar que meu marido vá, de fato, se separar de mim, porque sei que ele me ama, decidi vir a um analista, primeiro para ele se acalmar e, segundo, para eu ver como é um tratamento na base da psicanálise. Pode ser que eu deteste, como tem acontecido com muitas das minhas amigas, mas também pode ser que eu adore, como acontece com outras.* Assinalei que o critério de detestar ou de adorar é muito relativo e que o mais importante seria saber se ela, à parte do marido, tinha um firme desejo de fazer uma verdadeira mudança nessa sua compulsão ao consumo.

Ela fez um silêncio pensativo e disse: *Nem eu sei; às vezes acho que é implicância do meu marido, afinal ele está bem de posses e não vai ficar pobre se eu me der a pequenos luxos que para mim funcionam como uma terapia, mas outras vezes eu me flagro pensando se mais que ter o prazer de comprar, eu posso estar doente. Eu digo isso porque, mesmo que eu queira, não consigo me conter diante de uma vitrine com coisas lindas, ou quando uma vendedora de jóias deixa uma linda na minha casa, com o argumento de que é só para eu experimentar, sem compromisso nenhum. Eu experimento e, se cai bem em mim, não há santo que me segure. Aí então, eu preciso arrumar argumentos mentirosos para o meu marido. Não foram poucas as vezes em que eu lhe pedi cheques em branco para fazer determinadas compras para a casa e desviei para meu consumo particular. Outras vezes já procurei dinheiro em seus bolsos e em sua gaveta privada e depois morri de medo de ser flagrada. Olhando bem, deve ser doença mesmo, e, neste caso, pelo menos neste momento, acho que eu gostaria de fazer uma verdadeira mudança na minha personalidade.*

Gostei do modo espontâneo e honesto como Andréa se expunha na sessão e decidimos fazer um tratamento de fundo psicanalítico. Como era de se esperar nesse quadro clínico, a paciente evidenciou que, desde criancinha, era uma pessoa muito carente afetivamente, insegura em seus relacionamentos, e portava uma desvalia quanto a seus valores internos, julgando-os feios e maléficos. Desse modo, Andréa tentava compensar sua "feiúra" interna pela beleza externa, conferida por uma impecável maquilagem, acompanhada de penteados escorreitos, roupas e calçados muitíssimo bem combinados, jóias vistosas, embora discretas, enfim, era uma pessoa adequadamente elegante.

Não obstante ela ser continuamente elogiada, a sensação de feiúra e de vazio interior persistiam, de sorte que ela necessitava, continuadamente, renovar o repertório de vestuário e de jóias, à moda de uma legítima compulsão à repetição. Ademais, a persistência em seu psiquismo de uma forte parte infantil carente a induzia a funcionar com uma personalidade equivalente à de uma criança de 3, 4 ou 5 anos, isto é, com baixa capacidade de tolerância às frustrações. Substituía, então, a capacidade de refletir por uma impulsividade nos atos. Andréa se mostrou uma paciente assídua, pontual, honesta e corajosa, no sentido de fazer um penoso contato com seu lado frágil e desvalorizado, em grande parte devido às constantes desqualificações de sua mãe, no passado remoto.

REFLEXÕES

De certa forma, o consumismo crônico, impulsivo e repetitivamente compulsivo equivale a uma modalidade de adição, similar à adição a drogas, álcool, cigarro, comida, conquistas amorosas, jogos de azar, etc. As adições sempre estão ligadas a uma tentativa do sujeito de preencher os vazios existenciais decorrentes da primitiva angústia de separação, a qual, na imensa maioria das vezes, é conseqüente das sérias falhas ou faltas dos primitivos cuidados maternos e ou paternos. O manejo terapêutico consiste em propiciar ao paciente o *insight* de que essa sua tentativa é mágica, ilusória, portanto destinada ao fracasso, com o risco de se eternizar, e só encarando, com coragem e tenacidade, seus vazios e os "maus" personagens que habitam seu mundo interior ele poderá se livrar de sua obsessão pelo consumismo irrefreável.

Outro enfoque fundamental consiste em dar condições ao paciente de saber substituir o agir impulsivo e imediato pela capacidade de pensar adequadamente, como, por exemplo, fazer um balanço entre custo e benefício de seus atos, sopesar as conseqüências de suas ações impulsivas, não tomar as partes como se fossem uma totalidade, estabelecer correlações, assumir a responsabilidade por suas decisões, etc.

89
O PODEROSO EMPRESÁRIO TINHA UMA PERVERSÃO: ERA UM FETICHISTA

Fui procurado por Tadeu, um empresário de meia idade, dono de uma forte indústria de calçados, que, inicialmente, se colocou como um chefe poderoso e temido por todos seus subordinados porque era muito enérgico, líder incontestável, ágil na tomada de decisões, algo bruto no trato com os demais, ou seja, ele se descrevia como um "verdadeiro homem", uma espécie de "machão".

Tadeu disse que estava buscando tratamento porque sua atitude de seriedade absoluta estava lhe custando caro, já que o desgastava bastante e o tinha feito perder muitos funcionários graduados. Depois, revelou a verdadeira motivação para se tratar: era um solteirão que não estabilizava vínculo com nenhuma mulher e, pior, era um *fetichista*. À noite, quando voltava do trabalho, sozinho em casa, costumava vestir calcinhas de mulher e, às vezes, apenas vestido com elas, ficava diante do espelho a se exibir para si próprio e, a seguir, ia para a cozinha e sentia um enorme prazer em pesquisar receitas novas, diferentes e cozinhar para ele mesmo. Tadeu vinha cumprindo esse ritual havia mais de dez anos, sem que ninguém desconfiasse de absolutamente nada, porém vinha sentindo um progressivo desconforto com essa situação.

A análise revelou aspectos como o fato de a prepotência de Tadeu servir como uma fachada para ele aparentar ser muito forte e machão, justamente porque, no fundo, ele se sentia o contrário, isto é, uma criança desamparada, frágil, confusa quanto a seu gênero sexual, aspecto oriundo do fato de na infância ele se identificar muito mais com a mãe, a quem idolatrava, que com o distante pai. Assim, no recesso de sua intimidade, Tadeu estabelecia um equilíbrio neurótico: durante o dia era um homem íntegro, forte e batalhador; à noite, dava vazão a sua identificação feminina. Sua condição de celibatário equilibrava as duas partes: não casava porque não confiava em sua capacidade de funcionar como um homem pleno, e, ao mesmo tempo, assim podia dar uma mais livre vazão à parte de seu gênero sexual feminino, o que não significava de maneira nenhuma homossexualidade.

Reflexões

Esse transtorno de gênero sexual consiste no fato de a pessoa experimentar um forte e persistente desejo de pertencer ao sexo oposto ou, em casos mais graves, acreditar ou, pelo menos, insistir em proclamar que pertence ao sexo oposto. Em certos casos raros de condições orgânicas de intersexualidade (por exemplo, uma congênita genitália ambígua) é difícil definir com precisão qual é o sexo verdadeiro e podem ser necessárias pesquisas laboratoriais.

Em crianças, esse transtorno é difícil de diagnosticar. Não devemos confundir o desejo de trocar de sexo com manifestações de meninos afeminados ou de meninas com jeito masculinizado e, muito menos, com homossexualidade. Um caso de transtorno de gênero sexual não se restringe unicamente ao desejo de obter a genitália do sexo oposto; também existe uma preferência por exercer papéis que habitualmente são executados pelas pessoas do outro sexo biológico.

Etimologicamente, a palavra perversão resulta de *per+vertere* (ou seja, pôr às avessas, desviar), designando o ato de o sujeito perturbar a ordem ou estado natural das coisas. Assim, de acordo com essa significação, o conceito de perversão foi estendido por alguns autores para uma abrangência que inclui outros desvios além dos sexuais, como os morais (por exemplo, o dos proxenetas, também conhecidos como "cafetões"), os sociais (casos em que o conceito de perversão fica muito confundido com o de psicopatia), os alimentares (anorexia, bulimia), os institucionais (algum desvio da finalidade para a qual a instituição foi criada), os do *setting* psicanalítico, etc.

No sentido mais estrito, a maioria dos autores psicanalíticos mantém fidelidade a Freud e defende a posição de que, em psicanálise, o termo perversão deve designar unicamente os desvios ou aberrações das pulsões sexuais, embora reconhecendo que estas vêm mescladas com uma patologia das pulsões agressivas. Cabe destacar que o sujeito portador de alguma perversão idealiza a sexualidade pré-genital, de sorte que dificilmente se arrepende daquilo que faz contra si e contra os outros. Aliás, a palavra prepotência, um dos marcantes traços que definem a personalidade ambígua de Tadeu, se origina de "pré-potente", ou seja, são sujeitos que se sentem fixados em posições anteriores à da sexualidade e genitalidade, de modo que substituem a sensação de impotência pela de prepotência quando fazem com que outros se assustem com eles e assumam o papel da fraqueza que negam para si mesmos.

Do ponto de vista clínico as perversões mais comuns são *exibicionismo*, *escoptofilia* ou *voyeurismo*, *sadismo*, *masoquismo*, *fetichismo*, *bestialismo* (prática sexual com animais) e *pedofilia* (abuso sexual com crianças). O homossexualismo, que sempre era considerado como uma típica forma de perversão, na atualidade não está sendo incluído na classificação dos transtornos mentais porque, salvo as formas degradantes de homossexualidade, na atualidade está havendo um crescente respeito pelas diversas formas de as pessoas serem, e, assim, pelo direito de se ter uma livre opção pela orientação sexual.

20
ÂNGELA FOI ABUSADA SEXUALMENTE PELO PAI QUANDO ERA MENINA

Ângela, uma advogada bem-sucedida de pouco menos de 40 anos, casada, com duas filhas, "tinha tudo para ser feliz" mas não conseguia curtir os seus sucessos. Pelo contrário, não conseguia alcançar um pleno gozo orgástico no plano genital e, com freqüência, sentia-se deprimida sem motivos manifestos. Reconhecia que seu marido era uma pessoa "legal", porém mantinha com ele um casamento de natureza sadomasoquista, isto é, viviam "entre tapas e beijos". Por motivos banais ela o enchia de queixas, cobranças e acusações, até o ponto em que ele revidava com violência verbal e, pelo menos uma vez, a agrediu fisicamente. Então Ângela sentia-se justificada no sentimento, alternado, de ódio que nutria pelo marido, mesmo sem saber o porquê deste sentimento raivoso e vingativo, ainda que não houvesse uma razão explícita para tanto.

O casamento de Ângela tivera dois períodos de separação, nos quais ela conhecera outros homens, que, inicialmente, eram idealizados por ela, porém em pouco tempo sobrevinha uma forte decepção, também acompanhada por ódio, desprezo, sensação de ter sido enganada e ímpetos de vingança contra a "raça dos homens" em geral. Observei que o fato de repetitivamente iniciar relações com homens em um plano de idealização seguida de decepções, brigas, afastamentos e retornos, desprezo e o sentimento de ter sido traída por eles, com um misto de culpa e projetos de vingança, poderia indicar que, no passado, ela tivesse tido uma história parecida com o pai, um tio ou alguém semelhante.

Ângela empalideceu e afirmou que não queria tocar neste assunto. Após um breve silêncio começou a chorar e, me olhando fixamente declarou: *Meu pai adotivo foi um abusador*. Gradativamente ela relatou que, no período em que tinha de 5 a 12 anos, seu pai, mediante ameaças e com a aparente ignorância (negação? cumplicidade?) da mãe, mantinha em relação a ela uma continuada prática de abuso sexual. Seu sofrido relato dessas lembranças traumáticas vinha acompanhado de um desabafo de intenso ódio e desprezo por ele. Muitos anos depois, quando soube que o pai adotivo estava sendo processado porque abusara de duas crianças, uma menina e um menino da redondeza, ela rompeu definitivamente as relações com ele, não sem antes lhe mandar cartas com um forte conteúdo arrasador, com acusações e ameaças.

A parte mais difícil da análise consistiu no reconhecimento consciente de que, juntamente com a indiscutível e compreensível indignação que Ângela vinha carregando desde menina, extensiva aos demais homens, ela também portava fortes sentimentos de vergonha e culpa, que derivavam do fato de o abuso sexual ter durado sete anos porque ela também colaborou. Assim, ela e o pai tinham uma cumplicidade, que ela aceitava porque sentia um duplo prazer: o erótico e o de ser melhor do que a mãe, ou seja, intimamente ela se sentia como a grande preferida do pai, a quem, na época, idolatrava.

Seguiu-se um breve período de grande sofrimento para Ângela, porém ela trazia, cada vez mais, novas lembranças e detalhes do marcante abuso sexual. Ficou evidente o seu grande alívio, e acredito que, além do desabafo, valeu minha respeitosa compreensão de analista. *É como se eu tivesse tirado uma tonelada de peso de minha cabeça*, disse ela. O *insight* de Ângela de que ela estava deslocando o papel do pai para o marido e forçando-o, com provocações, a repetir as agressões e abusos contra ela, o que confirmava sua tese de que a vida sempre a escolhia como vítima, modificou substancialmente seu vínculo afetivo com o marido.

Reflexões

O incesto entre pai e filhas ou filhos é relativamente freqüente, basta verificar o impressionante número de perversos pedófilos que, como a imprensa tem noticiado, também inclui abusadores de um bom nível cultural, como médicos, sacerdotes, etc. Em contrapartida, é raríssimo o caso de incesto entre mãe e filho. A freqüência com que ocorrem abusos sexuais por parte de pedófilos justifica o fato de que atualmente essa perversão está sendo considerada um grave problema social, não só pelo estrago permanente que provoca na mente das crianças abusadas, como também por ser muito pobre a resposta ao tratamento, tanto psicoterápico quanto medicamentoso, desse tipo de perversos.

Não há dúvida de que Ângela realmente foi vítima de uma ação covarde (um adulto aproveitar-se da fragilidade de uma criança) e iníqua de um pai perverso, que a deixou profundamente marcada ao longo de sua vida. No entanto, se o analista focar unicamente a condição de vítima deste tipo de paciente, que foi realmente traumatizado com um abuso, corre o risco de aprofundar seu permanente comportamento de pessoa vitimada, provocando, inconscientemente, situações que comprovem essa tese. Assim, sem forçar o ritmo do trabalho analítico da (ou do) paciente, é necessário trazer à tona outros elementos (participação ativa como *partenaire* do vínculo perverso, vergonha, culpas, medos, etc.) que estão reprimidos, determinando comportamentos de natureza masoquista.

91
AS FRONTEIRAS ENTRE O PSÍQUICO E O SOMÁTICO

Celina era uma competente psiquiatra que trabalhava em uma próspera cidade próxima de Porto Alegre, sempre muito interessada em aprender mais e melhor, de modo que, embora já estivesse com um bom preparo como terapeuta psicanalítica, ela fazia questão de manter uma supervisão com regularidade. Foi durante uma dessas supervisões que, de repente, eu percebi que, de súbito, Celina empalidecera, parecia estar desligada, fora do ar, o que me causou espécie, porque, de longa data, eu a conhecia como sempre superligada, atenta, ágil, debatedora.

Deixei passar um breve espaço de tempo, durante o qual, no primeiro momento, aventei a hipótese de algo do material clínico que ela trazia, ou alguma coisa inconveniente que eu pudesse ter dito, ter provocado a reação, provavelmente orgânica, que ela demonstrava pela palidez e pelo aperto de suas mãos na altura do coração. De imediato eu perguntei se ela não estava passando muito bem. De início ela negou, somente me dizendo: *Não é nada, já vai passar.* Contra meus hábitos, resolvi insistir, o que provocou um forte pranto em Celina que, então, me "confessou" que sofria de um problema que ia me decepcionar, já que ela era uma psiquiatra terapeuta. Respondi que não estava entendendo bem o que ela imaginava que poderia me decepcionar e, enxugando as lágrimas, ela me confidenciou que *sofria de uma histeria conversiva. Logo eu, uma psiquiatra, dando um vexame desses.*

Pedi que me explicasse melhor e Celina completou dizendo que sofria de uma forte arritmia, que, sem razões aparentes, disparava uma salva de taquicardia paroxística, com mais de 200 batimentos por minuto. Perguntei se ela já fora a um médico especialista. *Sim, já fui ao Dr. X (na época, um renomado cardiologista que trabalhava na mesma cidade de Celina). Foi ele quem me disse que eu não tinha nenhum problema orgânico e que as minhas extrassístoles eram fruto de ansiedades que eu não expresso verbalmente.*

Ponderei que deveria estar havendo algum equívoco, levando em conta que eu acabara entendendo o problema que a atormentava, porque meu filho Leandro passara alguns anos na Carolina do Norte, nos Estados Unidos, especializando-se justamente em arritmias. Disse que nas visitas a Leandro e sua família eu costumava ir ao centro onde ele estudava e praticava, especialmente o extraordinário recurso da ablação, na época ainda pouco conhecido no meio médico brasileiro. Afiancei a ela que na grande maioria das vezes é indicado esse procedimento, que consiste na introdução de um cateter até o ponto certo do coração, detectado pelos recursos da eletrofisiologia, onde está a lesão que compromete os fluxos do comando dos feixes neuronais que ditam o ritmo dos batimentos cardíacos, ao que se segue um pequeno estímulo elétrico e, como que milagrosamente, a arritmia está curada.

Disse mais: a possibilidade de haver algum risco com este procedimento era praticamente igual a zero. Sugeri a Celina que voltasse a falar com seu médico quanto à possibilidade de ser curada por uma ablação. Celina foi franca e leal com ele e, para minha grande perplexidade, ela me narrou que o seu cardiologista desdenhara tudo o que ela lhe colocou e arrematara dizendo: *São uns médicos novos que vão estagiar nos Estados Unidos, logo voltam com banca de que vão trazer grandes novidades, implantam modismos e nós não podemos entrar nessas frias.* Observando a expressão contrafeita de Celina, o cardiologista amenizou: *Não vamos descartar totalmente a possibilidade de apelar para o recurso da ablação, mas ele ainda está nos primeiros estudos.* Nisso ele estava mal informado, porque a ablação, em centros mais evoluídos, já era uma verdade científica de excelentes resultados práticos. Prosseguiu: *Vamos dar um tempo relativamente grande, para afastar o risco de possíveis complicações sérias.*

Mesmo correndo o risco de transgredir o código de ética médica, eu insisti que ela procurasse Leandro ou quem ele indicasse para obter uma avaliação e orientação. A indicação, para o tipo de arritmia dela, foi a de uma ablação. Celina postergou por um longo tempo, aparentemente pelo medo de que a intervenção, "logo no coração!", pudesse causar-lhe danos irreversíveis, porém, bem no fundo, a evitação de fazer a ablação no tempo adequado se prendia ao medo de ofender seu médico, decepcioná-lo e poder sofrer alguma forma de revide afetivo. Finalmente, conseguimos que ela criasse coragem para enfrentar a ablação, que, como se esperava, foi totalmente normal e com um excelente resultado.

Passo a palavra à própria Celina, que, em um bonito trabalho de pesquisa, para o qual entrevistou várias pessoas que passaram pelas mesmas vicissitudes que ela, trouxe um depoimento comovedor, do qual transcrevo algumas frases.

Há alguns anos fiquei curada da taquicardia supraventricular. Nos últimos tempos, antes da ablação, eu tinha de três a quatro vezes por semana taquicardia que ia até 280 batimentos por minuto. A decisão de fazer ablação foi inicialmente difícil, mas extremamente recompensadora. Eu e meus familiares estamos em estado de graça e agradecimento, curtindo aspectos que podem parecer comuns para quem não vivenciou este sofrimento, como, por exemplo, me movimentar livremente, me esticar na cama, dançar, caminhar uma hora sem cansar, subir e descer escadas, ir a festas despreocupadamente, fazer apresentações de trabalhos em público, viajar desfrutando mais, a cada momento, e desejando que outras pessoas possam se beneficiar com este tipo de tratamento tão eficiente. Pena que muitas pessoas, inclusive médicos, ainda não saibam disso, ou saibam, mas se recusem a acreditar!

Reflexões

O caso de Celina ilustra com muita propriedade aspectos muito importantes no que diz respeito à "relação médico-paciente", como também instiga reflexões sobre a natureza essencialmente "psicossomática" do ser humano, em um conjunto indissociável de fatores inerentes a nossa condição, como os somáticos, os emocionais, os culturais, os socioeconômicos e os espirituais. No caso de Celina, cabe nos perguntarmos como é possível que um médico possa atingir uma posição de alto conceito profissional se lhe falta o mínimo dessa visão integral das pessoas que atende, visto que não sabe "escutar", logo, não tem capacidade de "empatia", ou seja, de "respeito e consideração" pelo sofrimento do outro, deixa que seu raciocínio clínico fique contaminado por "preconceitos", ou seja, antecipadamente, já carrega em sua mente conceitos prévios, que, às vezes, causam sérios "prejuízos" (pré-juízos).

A situação de Celina é exemplar por duas razões: a primeira é a evidência de que um problema orgânico original, de localização cardíaca, obviamente causa um alto grau de ansiedade em quem já passou ou ainda passa por isso; por sua vez a ansiedade elevada pode ser um dos fatores que podem provocar uma alteração – no caso, uma elevada taquicardia –, configurando um delicado círculo vicioso maligno. Reparem no drama de Celina: além de sofrer o constante pânico morrer de um ataque cardíaco, porque seu coração *parecia que estava saindo pela boca*, ela ainda tinha que sentir a angústia de carregar o estigma de ser uma *histérica conversiva, logo ela, uma psiquiatra*.

A segunda razão da importância do relato de Celina reside no fato de que existe uma alta incidência de situações semelhantes no cotidiano das clínicas médicas em geral, e também na de psiquiatras ou de analistas, porque nenhum de nós está totalmente imune a cometer algum tipo de "erro médico". Isto é muito diferente de cometer erros em atos médicos, por negligência, irresponsabilidade ou pelo fato de o médico colocar seus interesses pessoais acima das necessidades específicas de seus pacientes.

Para exemplificar com um erro médico involuntário, embora este possa ter sido causado por uma certa incompetência, creio ser oportuno registrar o depoimento de um reconhecido neurocirurgião que acabara de operar um rapaz de 21 anos, com a finalidade de extrair um tumor cerebral, já com o tamanho de um ovo, e que vinha sendo tratado por um psiquiatra como um surto de esquizofrenia e medicação com alta dosagem de antipsicóticos. Esse diagnóstico fora inspirado pelo surgimento no paciente de sintomas como estado confusional, alguns momentos de conduta bizarra, transtorno na articulação de palavras e na coerência dos pensamentos, sintomas que, às vezes, correspondem a uma possível descompensação psicótica, mas que também podem ser perfeitamente compatíveis com um tumor instalado em certa zona cerebral.

Neste caso, o erro médico consistiu no fato de que o psiquiatra não levantou o passado próximo do paciente (até então este tinha um comportamento perfeitamente normal) e não ter tomado nenhuma providência para que fosse feita uma avaliação orgânica mais completa, uma vez que os sintomas, além de não responderem minimamente à medicação, iam piorando gradativamente. Restrinjo-me aos dois exemplos citados, mas poderia utilizar uma enormidade de situações equivalentes.

Carta aberta aos pacientes e ao público em geral

Este livro, em sua maior parte, é dirigido a todos os pacientes – os pacientes do passado, que, em algum período de suas vidas, já passaram pela experiência de um tratamento de base psicanalítica; os do presente, que, de alguma forma, estão no curso de uma terapia analítica, e também os do futuro, ou seja, todos aqueles que, por razões distintas, cogitam, em algum momento, experimentar a experiência analítica, que, a um só tempo, é algo difícil e fascinante.

Com a carta a seguir, pretendo trazer alguns esclarecimentos, tentar desfazer alguns equívocos, mitos e tabus e reconhecer os inegáveis méritos, porém, também, as inevitáveis limitações e falhas do método analítico. Usei esse recurso também, dirigindo-me aos que estão se iniciando como psicoterapeutas psicanalíticos, em meu livro *Manual de técnica psicanalítica*, 2003. Na carta publicada nesse livro, e dirigida aos jovens (jovens não no sentido cronológico, mas no que tange à disponibilidade para aprender), tomo a liberdade de falar intimamente sobre princípios, valores e posturas a se levar em conta como psicoterapeutas. Penso que aquela complementa a carta a seguir, e aos interessados sugiro que acesse o site da Artmed (www.artmed.com.br), que disponibiliza *on-line* ambas as cartas na íntegra.

Porto Alegre, 2007

Caros leitores

Inicio esta carta dirigindo-me àqueles que pretendem procurar um terapeuta analista, porém estão cheios de dúvidas e ambivalências. Assim, utilizarei o método de um diálogo imaginário com o leitor interessado. Vocês estão com a palavra.

Pergunta – Conheço muitas pessoas que falam com grande entusiasmo sobre a eficácia de um tratamento psicanalítico e que, enfaticamente, recomendam-me que o faça, no entanto, também conheço um grande número de outras pessoas que desqualificam a psicanálise, falam horrores do método analítico e o contra-indicam totalmente. Com quem está a razão?

Resposta – A minha resposta inicial é que nenhum dos dois grupos está com a razão total. Sugiro aos leitores que, de modo geral, na vida e, evidentemente, também em relação à psicanálise, evitem ao máximo adotar tanto uma atitude apologética, que consiste num discurso de extremado louvor, quanto uma atitude apocalíptica, ou seja, que anuncia uma espécie de "fim do mundo", algo horroroso, difícil de aceitar. Com outras palavras, evite uma antecipada extrema idealização e, tampouco, uma extrema desqualificação, principalmente quando esta vem acompanhada por uma total descrença e desconfiança.

P – Mas, por alguma razão, entre o público leigo, a psicanálise criou uma má fama.

R – Sim, e existem várias razões para isso. Uma, é o fato de que, em décadas passadas, o cinema abordava a psicanálise de uma forma grotesca, ridicularizando o processo analítico e também a própria pessoa do psicanalista; já outros filmes passavam a impressão de que uma cura analítica se processa magicamente. Também pelo fato de até há pouco tempo os psicanalistas evitarem se expor na mídia, o espaço foi sendo ocupado por "picaretas" e charlatães, que reforçaram uma imagem bastante negativa da psicanálise. Na atualidade, tanto o cinema, como o teatro, a mídia, etc., abordam os temas psicanalíticos com maior seriedade e respeito. Uma outra razão do descrédito da psicanálise são os mistérios e fantasias que povoam nossa mente diante daquilo que desconhecemos, como é o caso do mundo inconsciente, cuja existência não se tem como poder provar concretamente.

Porém, também devemos atribuir uma larga parcela de responsabilidade pela má fama da psicanálise aos próprios psicanalistas, notadamente aos do passado, que se encastelaram numa torre de marfim e davam a entender que o método psicanalítico era algo complicadíssimo, e muitas "interpretações", dentro ou fora da situação analítica, que eles faziam de tudo e de todos, soavam como uma espécie de maluquice. Isso também foi sensivelmente reduzido na atualidade.

P – Afinal, a psicanálise pode ser considerada uma ciência ou ainda está fixada nas especulações que Freud lançou?

R – Entendo que a psicanálise é uma ciência e uma arte. Ciência, porque, não obstante não ter como ser comprovada de maneira concreta, é justo afirmar que os resultados analíticos, bons ou maus, verificados na prática clínica, assim como algumas pesquisas feitas com rigor científico e as recentes colaborações conjuntas de psicanalistas e neurocientistas confirmam que os princípios teóricos e técnicos da psicanálise constituem, sim, uma ciência. Ao mesmo tempo, ela é uma arte, pelo fato de que, indo muito além dos fatos concretos e objetivos, entra em contato íntimo com áreas ocultas do psiquismo, com abstrações, com sentimentos profundos e ocultos, com um mundo de emoções e de fantasias inconscientes. Ela abrange, inclusive, não só o plano do psiquismo como também o da espiritualidade do ser humano. Não é por mero acaso que a palavra psiquismo origina-se do termo *psyche,* que, em grego, significa alma.

P – O que o senhor quer dizer com áreas ocultas?

R – Para simplificar a resposta, vou utilizar uma metáfora: todos concordamos que um navio contorna com facilidade a parte visível de um *iceberg*, porém é na parte invisível, submersa nos oceanos, portanto oculta, que os navios podem se espatifar. Da mesma forma, nós, seres humanos, temos um relativo domínio de nossa parte perceptiva e volitiva, que corresponde ao nosso consciente, porém muita gente se espatifa na vida é no choque com suas partes invisíveis, que procedem do inconsciente, onde estão ocultas, causando sérios danos, sob a forma de comportamentos patológicos, como os sádicos, masoquistas, psicóticos, fóbicos, paranóides, obsessivos, histéricos, psicossomáticos, psicopáticos, etc.

P – Se alguém está cogitando fazer um tratamento pelo método analítico, quais são as principais dúvidas que podem estar ocupando sua mente?

R – Geralmente, quem está "namorando" a idéia de se analisar, costuma levantar para si próprio questões típicas, como: a quem vou recorrer para me indicar o nome de um bom psicanalista, quando começar a análise? Como será a forma de o analista conduzir o tratamento? Qual o custo financeiro e quantas sessões por semana terei? Como será que funciona uma terapia analítica? E se o analista ficar silencioso o tempo todo? O que é que eu posso esperar, ao final de um tratamento pelo método psicanalítico? Quanto tempo ele vai durar?

Cada uma dessas perguntas, dentre tantas outras mais que poderiam ser levantadas, merece algumas considerações especiais. Assim, de fato, cabe valorizar o tipo de encaminhamento e de quem partiu a referência, como explicarei mais adiante. Vou tentar responder às dúvidas mencionadas, prosseguindo com o mesmo método de utilizar um diálogo imaginário com o leitor.

P – O que significa motivação para se analisar e por que o senhor a considera tão importante?

R – Vamos supor que alguém procure um tratamento analítico unicamente pelo fato de sua mulher ter imposto uma condição do tipo "ou você vai se tratar, ou vamos partir para o divórcio". Neste caso, o hipotético paciente não está comprometido com seriedade em reconhecer seus pontos patológicos e fazer transformações em si próprio. Assim, caso essa intenção de apenas agradar a mulher perdurar, estaremos diante de uma pseudoanálise, em que o paciente está perdendo tempo e dinheiro, porque nada de essencial mudará nele. Uma outra situação relativamente comum: o paciente procura análise porque espera um "milagre", ou para ter alguém para "desabafar", para não se sentir sozinho, para satisfazer somente seus anseios de dependência e outros motivos similares. Recordo de um paciente extremamente narcisista que, logo no início da tentativa de se submeter ao tratamento analítico, confessou que a sua motivação era provar para si e para os outros que já experimentara fazer análise e que nem esta e nem o psicanalista "puderam" com ele. Situações dessa natureza podem prolongar um tratamento indefinidamente, sem que sejam obtidos resultados analíticos. É importante consignar que, embora o paciente comece o tratamento analítico nessas condições de falsa motivação, nem sempre, porém em inúmeros casos, um trabalho com muita paciência e eficácia por parte do analista pode reverter a situação e conseguir que a terapia analítica adquira uma rota de verdadeira análise.

P – Pela maneira como o senhor está colocando, dá a impressão de que o único método válido é o psicanalítico. É isso mesmo?

R – Não. A minha ênfase na abordagem psicanalítica é coerente com a proposta deste livro de ficar restrito às reflexões em termos dos princípios da psicanálise. Porém este não é o único método, e a escolha depende muito das circunstâncias e particularidades de cada paciente. Assim, em determinadas situações, um psiquiatra que lida bem com a moderna psicofarmacologia ou com uma necessidade de internação pode ser muito mais útil do que um psicanalista, como, por exemplo, em casos de alcoolismo ou de severa depressão, crises de pânico, etc. Outras vezes, uma terapia cognitivo-comportamental, para pacientes com determinadas fobias, transtornos alimentares, etc., pode ser a mais indicada, e assim por diante. No entanto, meu caro leitor, cabe fazer duas observações: uma é que, em termos ideais, um paciente adicto a álcool e a drogas, um bipolar severo, um portador da síndrome do pânico e de tantos outros quadros clínicos alcançaria uma maior possibilidade de sucesso, se, juntamente com o atendimento psiquiátrico, estivesse sendo acompanhado por uma terapia psicanalítica. A segunda observação é que, não obstante o atendimento psiquiátrico empreste uma inegável importância à aquisição de benefícios terapêuticos, acredito que a aquisição de autênticos resultados analíticos implica a necessidade do emprego do método psicanalítico.

P – Neste caso, como proceder para encontrar um bom analista?

R – Vamos por partes. Valorize a opinião da pessoa (geralmente um familiar, amigo, médico, colega) que está lhe referindo o nome de algum terapeuta psicanalítico, de modo que, caso você tenha um bom conceito dessa pessoa e admiração por ela, principalmente se ela se trata ou já se tratou, com resultados positivos evidentes, podemos considerar que estamos diante de uma boa indicação. Tenha alguma restrição quando o encaminhamento partir de alguém que prioriza uma "cura mágica", que seja um "deslumbrado", ou, pelo contrário, faça um certo terrorismo ou algo assim.

P – Como posso reconhecer um bom analista?

R – A melhor forma de você reconhecer um bom analista começa já no primeiro contato (o telefônico, inclusive). Nas entrevistas iniciais, você começará a perceber se está se instalando uma recíproca empatia, uma sensação de que está sendo compreendido nas suas dores, respeitado como um ser humano cheio de falhas e limitações e reconhecido em seus méritos, potencialidades e possibilidades de crescimento. Ademais, não confunda analista "bom" com analista "bonzinho"; muitas frustrações a certos desejos seus são inevitáveis e, muitas vezes, necessárias e sadias. Da mesma forma, não confunda um analista firme com aquele que apresenta uma constante posição de rigidez, radicalismo e abuso do emprego do imperativo ("Você tem que...").

P – Qual é o momento certo de começar a análise?

R – O momento certo de alguém começar a terapia psicanalítica é variável, depende do grau da sua angústia existencial, de suas aspirações a conseguir fazer um crescimento nos relacionamentos em geral e no seu campo profissional, etc. Entretanto, fique atento à possibilidade de que você possa estar se precipitando, assumindo um compromisso, geralmente de longa duração, sem ainda ter as condições (motivação, recursos econômicos, etc.) suficientes. Igualmente, verifique se você não está utilizando as mais diversas racionalizações (explicações vazias, com uma aparência de serem lógicas), postergando o início de uma análise há bastante tempo, visto que essa prolongada relutância, por si só, já pode ser um sintoma, no caso, o de uma fobia a enfrentar uma situação nova e desconhecida.

P – Qual o tempo de duração de uma análise?

R – O tempo de duração de uma análise formal deve ser medido em anos e não em meses. No entanto, o melhor indicativo de que é hora de pensar em seu término é o fato de tanto o paciente quanto o analista "sentirem" que está na hora certa de cortar o "cordão umbilical". Particularmente, eu não levo em conta o tempo de duração da análise, porque não vejo razão para forçar seu término enquanto eu e o paciente achamos que continua havendo uma significativa evolução na resolução de pontos cegos e de aspectos difíceis de ser resolvidos (um exacerbado narcisismo, por exemplo).

P – Quantas sessões por semana são necessárias?

R – Em relação ao número mínimo de sessões ser obrigatoriamente de quatro por semana, cabe dizer que este ponto está sendo objeto de fortes polêmicas entre os analistas contemporâneos. Um grande contingente de psicanalistas, entre os quais, alguns de reconhecida capacidade e prestígio, não abrem mão dessa exigência, enquanto um outro contingente, igualmente grande, entre os quais eu me incluo, não leva essa exigência ao pé da letra, salvo nas situações em que o paciente esteja fazendo uma análise didática, para sua formação como psicanalista. Assim, prezado leitor, penso que se você procurar um terapeuta que tenha uma sólida formação e experiência psicanalista a análise pode ser feita com três, duas, ou uma sessão semanal; o essencial é saber se estão acontecendo significativas mudanças estruturais do psiquismo, logo, da conduta.

P – Que resultados posso esperar de uma análise?

R – Convém dizer que as pretensões variam de paciente para paciente, além de existir um grande leque de objetivos a ser alcançados. Assim, alguns pacientes contentam-se com a resolução de crises agudas, com o esbatimento de sintomas manifestos ou com uma melhor adaptação conjugal, familiar, social e profissional, enquanto outros fazem questão de vencer profundas inibições e conflitos internos, com o propósito de abrir passagem para o desabrochar de capacidades latentes e o acréscimo de uma sadia curtição de prazeres e de lazeres.

Dirijo-me agora a você, leitor que já fez um tratamento pelo método analítico. Creio que cabe lançar algumas questões, com o objetivo a instigá-lo a fazer reflexões. Assim, começo perguntando: você terminou a sua análise por tê-la concluído satisfatoriamente ou a interrompeu? A minha questão tem um significado relevante. Um término formal da análise, é evidente, não significa que o paciente ficou "perfeitamente analisado", porém algumas conquistas mais importantes devem ter sido alcançadas. No caso de ter havido uma interrupção, cabe perguntar se esta foi transitória ou definitiva e qual foi a razão: uma contingência externa, como uma longa viagem, mudança, falta de condições de pagamento, etc., ou o fato de, pensando de forma diferente de seu analista, você ter acreditado que estava bem e querer "caminhar com as próprias pernas"? A causa de sua interrupção também pode ter sido o fato de você ter achado que a sua análise "já dera o que tinha que dar" e ter entrado num estado de tédio e mesmice e, por isso, você ter decidido experimentar outro analista.

Como se pode ver, existem inúmeras possibilidades de interrupção e término de uma análise, que muitos ainda chamam de alta. Elas podem ter razões neuróticas ou, por mais paradoxal que possa parecer, ter um significado sadio. Um exemplo de interrupção por uma razão neurótica: certas pessoas não suportam um estado de êxito e de felicidade, porque, muitas vezes devido a culpas, não se sentem merecedoras de ir bem na vida e se sabotam. Essa última possibilidade é denominada no jargão psicanalítico reação terapêutica negativa (RTN), não é muito rara de acontecer e merece uma boa análise específica.

O paradoxo de alguma interrupção ter representado um ato sadio de sua parte, leitor, consiste na possibilidade de você ter se dado o direito de não suportar determinadas atitudes e posições repetitivas de seu analista, de modo a mostrar a si mesmo coragem e valioso auto-respeito. Neste último caso, uma recomendação que pode ser feita é que, uma vez tomada a decisão irreversível de fazer a interrupção, no lugar de você simplesmente "desaparecer", o mais adequado seria, se for possível, trabalhar durante as sessões as suas argumentações e ponderações, com lealdade ao analista e com firmeza, para efetivar o seu direito a uma eventual interrupção.

A RTN significa, portanto, que uma grande piora do paciente pode ser devida a uma grande melhora deste. Mas será que, quando isso acontece, a responsabilidade é sempre e exclusivamente do paciente? Durante muitas décadas, os analistas pensavam que sim. A responsabilidade inconsciente de uma séria recaída, com surgimento de uma RTN, era conseqüência unicamente de forças sabotadoras, no psiquismo do paciente, do direito ao crescimento e a uma vida feliz.

Isso, em muitas situações analíticas, pode ser real, por uma série de fatores, entre os quais o que era mais destacado pela psicanálise: a presença no psiquismo do paciente de um sentimento excessivo de inveja em relação ao analista. No entanto, desde a vigência da contemporânea psicanálise vincular, ficou patente que é impossível tentar separar as responsabilidades do paciente e do analista, porque ambos estão em permanente interação, com recíprocas influências positivas e/ou negativas. Assim, atrevo-me a afirmar que, em grande parte das RTN, a responsabilidade maior cabe justamente ao analista, devido a sua falta de empatia, continência, reconhecimento das melhoras, narcisismo excessivo, etc., de modo que, em tais casos, em vez de falarmos em *reação* terapêutica negativa, o mais justo seria dizermos *relação* terapêutica negativa.

P – Como posso avaliar se minha terapia analítica foi bem-sucedida?

R – Essa questão é importante e merece uma reflexão. Você acredita que os resultados positivos que colheu em sua análise foram profundos, estruturantes e permanentes ou você e seus circunstantes pensam que os benefícios adquiridos foram muito lábeis, ou seja, que, usando uma metáfora meteorológica, poderíamos dizer que o tempo é bom, mas sujeito a chuvas e trovoadas emocionais? Nesta hipótese, você pensa em retomar a terapia analítica? Se retomá-la, será com o mesmo analista com quem se tratou ou prefere uma experiência nova, com outro profissional? O tipo de resposta não é o mais importante, o mais relevante é que você já se sinta em condições de possuir uma liberdade interna – portanto, por conseqüência, também externa – para tomar uma decisão sua, autônoma, autêntica, livre, sem se deixar contaminar por sentimentos como ingratidão, culpas, sensação de fracasso, etc., em relação ao analista com quem você se tratou durante tanto tempo.

A propósito, por ocasião do término formal da análise ou de uma interrupção desta, de comum acordo com o analista, vocês combinaram alguma forma de manter o vínculo? Não me refiro a se tornarem "amiguinhos", mas, sim, pessoas amigas, que podem combinar algo como um asseguramento, por parte do analista, no sentido de que as portas de seu consultório permanecerão permanentemente abertas ao paciente que está saindo. Você está pensando em fazer uma reanálise, que é bastante freqüente? Nesse caso, procuraria o mesmo analista que o tratou antes ou prefere ter uma experiência diferente? Ambas as possibilidades podem ser perfeitamente válidas.

Por fim, ex-pacientes em geral, peço permissão para provocar em vocês o exercício de refletir se a análise de cada um foi bem-sucedida. Assim, instigo-os a perguntar a si mesmos se, na análise que já fizeram, além de ter analisado os importantes aspectos dos conflitos inconscientes; o problema das identificações (as sadias e as patológicas); os mecanismos de defesa inconscientes que o seu ego utiliza para se defender das ansiedades, houve um aprofundamento na aquisição de *insight* no que se refere às pulsões e vinculações.

As pulsões e vinculações referem-se aos sentimentos de amor (tanto o lado do erotismo, quanto o da afetividade e dos relacionamentos); de ódio (tanto a agressividade boa, porque construtiva, como também os ímpetos de agressão destrutiva); aos vínculos do conhecimento (desenvolveram o "amor às verdades" ou, melhor dizendo, consideram que atingiram a condição de ser pessoas "verdadeiras"?) e ao vínculo do reconhecimento (nas suas múltiplas faces de fazer reconhecimentos dentro de si próprio, de ser reconhecido às demais pessoas que merecem a sua gratidão e a ânsia de que os outros reconheçam o seu valor, méritos, etc.).

Também avaliem a análise que fizeram ou não dos núcleos predominantemente narcisistas. Igualmente, reflita se cada um de vocês entrou em contato íntimo com a parte psicótica da personalidade (resquícios de onipotência, onisciência, prepotência, excesso de projeções sobre os outros, etc.) e, principalmente, se desenvolveram a função psicanalítica da personalidade, a qual vai propiciar um continuado exercício de auto-análise. Pense com sinceridade antes de responder. Se estiver em dúvida, não há nada de errado, acho que é normal. Se a sua resposta for francamente negativa, isto é, se concluir que não transitou por esses pontos na sua análise, o meu caro leitor vai me desculpar, mas creio que, não obstante tenha se beneficiado visivelmente da análise, entendo que ela ficou algo incompleta.

Volto a repisar que a psicanálise não é mágica, sempre restam certas limitações em todos que já foram analisados, inclusive nos muito bem analisado. Freud dizia que uma análise pode ajudar bastante a resolver os problemas neuróticos, porém ela pouco pode fazer para resolver os problemas próprios da realidade da miséria humana.

Finalmente, para finalizar esta já longa carta aberta, passo a dirigir-me aos leitores que neste momento de sua vida estão em pleno curso de alguma forma de terapia psicanalítica. Ainda que cada um esteja numa fase diferente, alguns recém começando, enquanto outros são veteranos, isso não impede que os analisandos façam algumas reflexões. Assim, cabe partir de perguntas que os levem a refletir sobre o "clima" do vínculo analítico e como sentem que estão decorrendo o processo analítico. Vamos continuar mantendo o diálogo imaginário, de modo que passo a palavra a vocês.

P – Como posso avaliar o relacionamento com meu analista e com o processo analítico?

R – Muitos analisandos, sobretudo no início da análise, consideram que uma sessão foi boa quando saem aliviados e felizes, e que foi má quando saem tristes e pensativos. Este critério pode ser enganador. O fundamental consiste em você perceber se existe entre você e o analista um recíproco clima de empatia. Isto é, você sente que está sendo levado a sério pelo seu terapeuta, que ele o escuta com verdadeiro interesse e atenção, acha que ele consegue conter suas necessidades, desejos, demandas e conflitos e, sobretudo, você se sente compreendido por ele? Ou, pelo contrário, você acha que seu terapeuta é "bonzinho" demais, uma verdadeira "mãezona", ou, no extremo oposto, considera-o por demais rígido e radical em suas posições, repetindo e até reforçando o modelo dos seus pais no passado?

P – Então o fundamental no vínculo analítico é que o paciente esteja em uma transferência positiva, e a situação não vai bem quando existe uma transferência negativa?

R – Essa pergunta está muito bem formulada, porque propicia uma correção de entendimento. Os analistas pioneiros, contemporâneos de Freud, de modo geral, pensavam da forma como você colocou. Ainda existem alguns analistas que pensam assim e, igualmente, pacientes. A correção que se faz necessária repousa nos argumentos a seguir: o rótulo de positiva ou negativa está ligado a um juízo de valores, sendo a primeira considerada boa, e a segunda, má. Assim, um segundo argumento é o fato de hoje sabermos que é possível ter uma transferência considerada positiva porque não está havendo a mínima frustração, nem o necessário surgimento de sentimentos considerados maus ou perigosos pelo paciente. Em contrapartida, uma transferência considerada negativa pode estar significando uma boa evolução analítica do paciente, porque ele está se permitindo ensaiar a verbalização de idéias e sentimentos agressivos, paranóides ou narcisistas, porque, ao contrário do que pode aparentar, pode estar expressando uma maior confiança em seu analista.

Em resumo: muitas vezes a transferência positiva não é mais do que um conluio de recíproca fascinação narcisista ou de acomodação com o analista, enquanto uma transferência negativa pode ser altamente positiva, desde que bem compreendida e bem manejada pelo terapeuta. Assim, um critério para você avaliar se tem um bom vínculo com seu analista é saber se você consegue ter absoluta sinceridade e franqueza com ele ou receia que ele se decepcione ou enfureça com você, revide ou se deprima, etc. Tenho certeza de que você já captou o que eu quis transmitir.

P – Existe algum critério seguro para saber quando chegou o momento certo de terminar a análise ou tudo fica a juízo do analista?

R – Na psicanálise contemporânea, nada mais é unilateral, tudo fica a juízo de uma troca de idéias e de sentimentos entre paciente e analista. Um excelente sinal para o término da análise é quando ambos, concomitantemente, sentem que chegou a hora certa. Leia mais sobre isso no trecho dirigido aos ex-pacientes em relação aos critérios de interrupção e de término da análise.

P – Será que vale a pena sofrer tanto durante muitos anos, com um alto custo financeiro, sem ao menos ter a garantia absoluta de pleno sucesso?

R – A antecipada garantia de pleno sucesso não pode ser dada com total convicção, até porque o significado de sucesso é muito relativo e depende das expectativas de cada um. Na minha experiência clínica, tive poucos fracassos, muitos resultados satisfatórios e outros tantos bastante bons. Também tive casos de excelentes resultados analíticos, a ponto de os circunstantes quase não reconhecerem o paciente, de tanto que sua personalidade mudou. Quanto ao grande sofrimento psíquico a que você fez referência, é útil esclarecer que, em primeiro lugar, o sofrimento não é tão grande, muito menos contínuo, ao longo da análise, como muitos apregoam. Em segundo lugar, existem certos estados passageiros durante a análise, de sofrimento, de dor psíquica, que são muito penosos do ponto de vista do paciente – e o mínimo que devemos esperar do analista é que ele tenha uma total capacidade de empatia e de continência desse sofrimento –, porém, do ponto de vista da tarefa analítica a que a dupla paciente-analista se propôs, tais fases podem representar excelentes momentos de evolução analítica na direção de verdadeiras mudanças, que conduzem ao crescimento mental.

Creio que posso reconhecer os momentos difíceis de sofrimento pelos quais todos os pacientes muitas vezes passam. Sintetizo o espírito deste livro transcrevendo um trecho do belo poema *Faxina na alma*, de Carlos Drumond de Andrade: "Não importa onde você parou, em que momento da vida você cansou, o que importa é que sempre é possível e necessário recomeçar. (...) Sofreu muito neste período? Foi aprendizado. Chorou muito? Foi faxina da alma. (...) Sentia-se só por diversas vezes? (...) Acreditou que tudo estava perdido? *Era o início de tua melhora* (o grifo é meu).

Palavras Finais

Ao concluir um livro, todo autor fica impregnado de um conjunto de sentimentos, tanto de expectativas animadoras como também pessimistas, de modo que é assaltado por um montante de dúvidas e, por que não, por um certo grau de angústia diante dos seus questionamentos íntimos: será que o livro atingiu os seus objetivos iniciais? Será que ele terá uma acolhida calorosa ou fria, ou, pior, receberá total indiferença por parte dos possíveis leitores? Será que as vinhetas clínicas, com as respectivas reflexões, conseguiram provocar a identificação dos leitores com os sofrimentos neuróticos e acontecimentos traumáticos pelos quais, de alguma maneira e em algum grau, todos nós passamos?

Será que as reflexões puderam esclarecer a mente do leitor comum, a ponto de incentivá-lo a fazer suas próprias reflexões a respeito de si próprio e de seus circunstantes mais próximos? Ou, pelo contrário, ficaram demasiadamente teóricas e difíceis de ser acompanhadas ou restaram muito superficiais? A editora terá interesse em publicar e divulgar um livro como este, diferente dos habituais? Corro algum risco, por mais remoto que seja, de algum paciente ser identificado nas vinhetas clínicas? Será que algum possível leitor se animaria a colaborar comigo enviando seu parecer, com qualquer tipo de sugestão ou de crítica? Os aspectos negativos e positivos devem coexistir neste livro: quais deles se superam? Essas são algumas das questões, entre tantas outras, que, neste momento, cruzam pelos meus pensamentos e sentimentos.

Considero positivo o fato de as vinhetas clínicas terem sido selecionadas com o propósito prioritário de apresentar situações bastante freqüentes na prática clínica dos psicoterapeutas e, principalmente, que o leitor possa se identificar com o paciente da ilustração clínica. Essa identificação é capaz de provocar sua curiosidade acerca de si mesmo e de pessoas próximas, além de haver a relevante possibilidade de o relato clínico completado com comentários nas *reflexões* instigar o leitor a pensar, a refletir sobre os seus conflitos, inibições, comportamentos, tipo de relacionamentos, escolhas de namorados(as), de amigos ou de sócios, possíveis fobias, obsessões, paranóias, atos de sadismo ou de masoquismo, etc.

Entre os aspectos que me parecem podem ser negativos, ocorre-me, em primeiro lugar, o fato de que inúmeras outras situações referentes a uma qualidade de vida prejudicada pela interferência de fatores inconscientes poderiam servir de ilustração a este livro, no entanto, levei em conta que um excesso de ilustrações clínicas poderia correr o risco de tornar a leitura cansativa ou até enfadonha.

Não obstante seja muito delicada a tarefa de falar da intimidade de pessoas e os relatos analíticos possam aguçar a curiosidade de reconhecer algum paciente retratado nas vinhetas, isso não é possível, porque os exemplos da clínica psicanalítica não se referem especificamente a algum paciente do passado e, muitíssimo menos, do presente. Na verdade, trata-se de uma miscelânea de situações colhidas de inúmeros pacientes que apresentam algo em comum e que completei aportando um tanto de ficção.

Outra questão que me provoca um certo desconforto é o fato de, no começo do livro, ter incluído recordações sobre minha mãe, meu pai, amigos, filhos, as quais, para mim, são muito significativas, porém é possível que para a maioria dos leitores essas evocações não despertem o mínimo interesse. Ousei arriscar e tive de me conter para não incluir no livro uma série de outras vivências que tive de perto na minha vida privada, pela razão principal de evitar o risco de que o livro, mesmo de longe, pudesse lembrar uma espécie de autobiografia ou memorial.

Acredito que, nas histórias narradas neste livro, tenham predominado resoluções satisfatórias, gratificantes, porém não tenho a menor dúvida de que eu também cometi erros, equívocos, sofri algumas rejeições e também tive fracassos. No entanto, também mantenho a convicção de que, mais do que os eventuais erros, que, de resto são relativamente comuns para a maioria de todos nós, eu tive o mérito de saber aprender com as experiências, com as boas e, principalmente, com as más. Assim, posso ser criticado por muitas falhas e limitações, menos uma, porque então a crítica não seria justa, isto é, nunca deixei de respeitar e querer muito bem a todos os meus pacientes, do passado e do presente, aos quais eu deixo um forte e carinhoso abraço, com a minha gratidão por tudo e pelo muito que me ensinaram.

Eu não poderia concluir totalmente este livro sem fazer agradecimentos às pessoas queridas que aceitaram o meu convite para fazer uma leitura preliminar, com carta branca para fazer correções e apresentar sugestões.

Assim, começo deixando um beijo no coração de meus amados filhos Leandro e Idete. Leandro, auxiliado por Adriana, minha querida nora, fez uma leitura minuciosa, escreveu seus comentários, críticas e sugestões e revelou uma impressionante sabedoria, adequação, competência e senso de ética. Muito obrigado, meu filho, médico cardiologista, pelo orgulho em ser teu pai e teu amigo.

Obrigado, amada Idete, a um só tempo, minha filha, colega, na condição de médica, psiquiatra e psicanalista, e colaboradora, que, com o apoio das opiniões sensatas de Jorge, grande genro, sempre demonstrou plena disponibilidade, talento e muito amor em tudo o que faz. Em relação ao presente livro, agradeço à Idete calorosamente pela excelência das críticas, correções, comentários, ensinamentos e, especialmente, pela sua fundamental contribuição na sua estruturação.

Resta evidente que, se tanto elogiei as virtudes de meus filhos, é pela razão óbvia de que eles tiveram bons modelos de identificação e, por isso, deixo meu profundo reconhecimento à minha querida Guite, cujo modelo, possivelmente, é o maior responsável pela maioria das aludidas virtudes Minha gratidão pela bela família que nossa parceria construiu.

Também faço questão de agradecer aos meus colegas Sheila Borowski, Tânia Guimarães, Flávio R.Corrêa, Bernardo Brunstein, Marcelo Blaya e tantos outros que, de uma forma ou outra, além de carinho, preciosos comentários e acréscimos, deram-me seu incentivo para enfrentar mais este desafio.

Também quero estender meus agradecimentos à Artmed Editora pela constante confiança que deposita em mim.

E, como não poderia deixar de ser, deixo um agradecido e forte abraço a todos os meus atuais e ex-alunos, supervisionandos e, principalmente, pacientes, com os quais, nas mais distintas épocas e circunstâncias, tive e continuo tendo um íntimo convívio durante um período de quase 50 anos.

Neste exato momento de minha escrita, em que dou por concluído este livro, recordei que meu filho Alexandre tinha escrito uma excelente monografia, para a conclusão do seu curso de publicitário, intitulada *Aspectos psicológicos da publicidade*, que ele, de forma extremamente carinhosa, dedicou a mim, de modo que retribuo e, com o mesmo carinho e amor, dedico integralmente este livro à saudosa memória do meu querido e eterno filho Xandi, esteja ele onde estiver.